SIMPLIFIED ENGLISH FOR ARABS LEARN ENGLISH FROM HOME

BOOK 1. SENTENCE AND PARTS OF SPEEECH

M. A. AL TAMIMI

SAME

﴿إهداء﴾

الى المُعَلِّم .. أينَما كان

" قُم للمُعَلِّم وفِّهِ التَّبجِيلا، كادَ المُعلِّم أنْ يكونَ رَسولا "
(أميرُ الشُعراء أحمَد شَوقي)

مُعلِّمي (ومُعلِّمتي) – في مراحل تعليمي، هُما يَنبُوعُ العِلمِ وَالحِكمَةِ والأدَب الرَفِيعِ،
إذ اضطَّلعا بمسؤوليتيهما التَّعليمية والتَّربوية على خيرِ وَجهٍ، فَجادا عَلَيَّ دُونَ مِنَّة،
بقَدرٍ وافرٍ مِن رَواسخ العِلم ومَكارِم الأخلاق وأصائل الأدَب والإعتدال في
الدِّينِ، دون تَطَرُّف أو مُغالاة؛ لَهُما مِنِّي أبد الزَّمان كُلَّ التَّوقِير والثَّناء والعِزفان
بالفَضل الجَميل لِعظيم صبرهما عَلَيَّ وسَخاء حِلمِهِما معي وإفراط عزمهما في تَعليمي
وتأديبي وتصويبي. أكرَمَ اللّهُ المُعَلِّم، هذا الذي مازال بيننا، و ذاك الذي عنَّا قد رَحَل.

Quotation

"As to knowledge connected with books, there is a step to be taken before you can fairly enter upon any path.

In the immense field of this kind of knowledge, innumerable are the paths, and GRAMMAR is the gate of entrance to them all."

WILLIAM COBBETT
"A Grammar of the English
Language", London, Nov. 25, 1820

CONTENTS

PREFACE

تَقْديمٌ

بِسْمِ اللَّهِ الرَّحْمٰنِ الرَّحِيمِ

اللُّغةُ نشاط اجتماعي مُكتسَب، تخلقه البيئة التي يولد ويَترعْرَع وينشأ فيها انسانها المعبِّر، (من خلال الألفاظ ودلالاتها المعنوية، وعلاقاتها المتبادلة فيما بينها ضمن نسَق الجملة المفردة، أو ضمن البناء العام للجملة)، عن أفكاره وعواطفه ومشاعره، تلك الأفكار والعواطف والمشاعر التي تصوّر علاقة الإنسان بالواقع والوجود من جهة، وعلاقته بذاته من جهة أخرى.

ومن هنا، عُدَّت اللُّغة قاعدة الفكر الأنساني على اختلاف أنماطه، وأشكاله، وأبعاده، واتجاهاته، ومضامينه.

فلا فكر بلا لغة، ولا وجود لأمة من الأمم بلا لغة، ولا قيمة لحضارة بلا لغة تسجّل أحداثها وتؤرّخها وتجسّد أصالتها، وتُحدّد موقعها في تأريخ حضارات الأنسان.

والكتاب الذي بين يديك أيها القاريء الكريم، دارِساً، أو مُدَرِساً، أو مثقَّفاً، أو متعلِّماً، يقدّم لك اللُّغة الإنجليزية الحديثة، وهي واحدة من أكثر لغات العالم المعاصر إنتشاراً، تقديماً علمياً حديثاً، تستطيع بعد تعلُّمها وإتقانها معرفة الكثير، الكثير عمّا يدور حولك من أحداث علمية، وفكرية، وأدبية، وحضارية.

وقد اجتهد مُعِدُّه، أو اذا شئنا مؤلِّفُه الأستاذ محمد علي التميمي، إجتهاداً علمياً موفَّقاً في تقديمه اليك بطريقة حديثة، سلّطت الضوء ساطعاً على كل جزئيات اللُّغة الإنجليزية لغوياً، ونحوياً، وصوتيّاً، معتمداً ـ في ذلك كله ـ على تأمُّله وسعة إطلاعه على مصادر هذه اللُّغة من جهة، وعلى حسِّه، وذوقه الأدبي وتجربته الشّخصية في هذا الميدان الواسع الرحب من جهة أخرى، فجاء عمله في أربعة كتب تضمّنت:

تركيب الجملة الإنجليزية وأصول قواعدها وأقسام الكلام فيها، وهو الجانب النحوي منها، وأصول الرسم والإملاء، وكيفية التَلفُّظ الصحيح والتَهجِئة السليمة، وهو الجانب الصوتي، أو المدخل الصوتي لهذه اللُّغة، وأخيراً الكتاب الرابع، الذي تناول بالتفصيل والتحليل والتطبيق، الأخطاء التي قد يرتكبها الطالب أو المتعلِّم، سَعياً الى تجنبِّها وتحاشيها بطريقة علميَّة حديثة.

والكتب الأربعة بعربيتها الفصيحة تُقدِّمُ لنا اللُّغة الإنجليزية الحديثة تقديماً علمياً ممتعاً، بموضوعيتها، وشموليتها، وأمثلتها، مُظهرةً جُهد مُعِدّها، ذلك الجهد الذي يستحق عليه كل تقدير وإعجاب وثناء.

وَفَّقَ اللَّهُ الأستاذ محمد علي التميمي في مَسعاه، ورَعاه، وسَدَّد نحو العلم والخير خُطاه، "فكلّ لسانٍ في الحقيقة، إنسانٌ"، و"مَنْ عَرِف لسان قَومٍ أمِنَ شرَّهم". بغداد 1988.

خَطَّهُ شَيخ النُقّاد العَلاَمَة الجَليل والأثَر الأصِيل

المغفوز لَهُ بإذن الله الأستاذ الدكتور عناد غزوان إسماعيل (طَيِّبَ اللَّهُ ثَراه).

أستاذ كلية الآداب في جامعة بغداد.

أ. د. عناد غزوان اسماعيل الجنابي، العراق 1934-2004، أكاديميٌ ولُغويٌ ومؤلِّف وأديبٌ وشاعرٌ وباحثٌ ومُنظِّرٌ وناقدٌ أدبيٌ ومئَرجم عراقي، من الطراز الأوَّل، لُقِّبَ بشيخ النُقّاد، نافت كتبه على الأربعين كتاباً، وهو في ذلك واحدٌ من كبار المؤلفين المبدعين في الوطن العربي شأنه شأن طه حسين وعبّاس محمود العقّاد وابراهيم المازني. شغل مواقع عدة منها، رئيس المجلس الأعلى للجمعيات العلمية في العراق، ورئيس جمعية المترجمين العراقيين، ورئيس إتحاد الكتّاب والأدباء في العراق.

FOREWORD

مُقَدِّمَتي

(وَقُل رَبِّ زِدْنِي عِلْمًا)
صَدَقَ اللَّهُ العَظيم (طه - 114)

بسم الله تعالى وبحمده أفتتح كتابي هذا في تعلُّم اللغة الإنجليزية وتعليمها والتفنُّن في استخدامها، فكُلَّما تَعلَّمَ المرءُ لُغةً جديدةً وأحسن استعمالها أمست له وعاءاً أميناً لنقل أفكاره وأحاسيسه، فيزداد بذلك فِهماً لما يَدورُ حوله وتتعدَّد مواهبه وتكثر فُرَصَه في النجاح بل يحظى بالمزيد من الإحترام المُؤَطَّر بالإطراء والتكريم. ومِمَّا لا رَيْبَ فيه أنَّ الطريقة الجُمَليَّة في تعليم اللُّغات الحيَّة، بتوظيف عناصر الجُملة في الكلام المَنطوق والمَرسوم، هي أنْجَع الطرائق وأعظمها نَفْعاً في تحقيق المعرفة التوظيفية والإستعمال السليم الراسخ لكلِّ مفردة في اللُّغة حسب موقعها المُناسب في الجُملة ووظيفتها هناك، وقد اتفقت الفلسفات القديمة والحديثة لتعلُّم اللُّغات على هذه الحقيقة الراسخة.

ونظراً للإهتمام الكبير الذي نشهده اليوم لدى الشباب في بلداننا العربية بهذه اللُّغة الثرية المشتركة عالمياً، ورغبتهم الجامحة في تعلُّمها وإحكام مفاصلها، واستثمار جهودهم الفكرية في تطوير مَلَكَاتهم اللُّغوية بهدف إمتطاء صهوة العُلا والتَفَوُّق في ميادين العمل المتنوِّعة وتطبيق ذلك في المواقف التي يمرون بها في العالم الحقيق، والمضي قدمًا في المنافسة الشغوفة، أو حاجتهم للقراءة والتحادث والتعارف والتخاطب الراقي بالإنجليزية عبر شبكة الأنترنت ووسائلها في التواصل الإجتماعي والسفر، وبين هذا وذاك إذ أغمَّني كثيراً ما لَمِسْت لدى كثرة من شباب الغُرب المتحدِّث باللغة الإنجليزية، مِن تَدَهورٍ ملحوظ في طرائق استعمالها وتوظيفٍ بائسٍ لمفرداتها وأخطاء جسيمة في أحكام نطقها مِمَّا يُعطِّل من مسيرة التقدم والنمو، بيد أنِّي أيقَئتُ الحاجَة العاجلَة الى إرساء الأساس الراسِخ الثابت والمنهجي في العِلم لهذه

اللغة والوقف على أسباب الخطأ فيها وتصويب كل ذلك.

لذا فقد قرَّرتُ، بعد الأتكال على المَوْلى القدير، توظيف دراساتي الرصينة وخِبراتي الغزيرة في قواعد اللُّغة الإنجليزية وآدابها ونحوها وصرفها وما تَلألأ من لآلئٍ عِقدِها وما تعلمته من صافي دُرَرِها في التَدريس والكتابة والتَرجمة، لتصويب الأمر ولأنفضَ عنه ما أشابه من غبار الزمان، وأنْ أجتهد دونَ كللٍ وبكلِّ دقّةٍ وموضوعيّة وحِيادٍ وتَجرُّدٍ وتأنٍّ واعتِدال، في استثمار وقتي الذي مافتيء يُمسي شحيحاً نزيرا، بعد إنْ كان فائضاً غزيرا، في إعداد هذا الكتاب الذي يتناول القواعد الرئيسة في فن الكلام والتحكّم في بناء الجُملة الإنجليزية، ويبيِّن مكوِّناتها من أقسام الكلام وأصولها النحوية والصرفية، التي هي حقائق ثابتة في صناعة اللغة الأنجليزية وإيلاء الإهتمام الرئيس لتفسير ذلك. كُلُّ ذلك خدمةً متواضعة لمن يروم إثقان هذه اللُغة الحَيِّة المتجدِّدة من الطلبة والدارسين والباحثين من أبناء العروبة، لجعلهم يهتمون بما يتعلمونه من معلومات، وتذكيراً بما قد غفلوه منها، وتطويراً لمهاراتهم اللُّغوية فيها، لتصبح لهم مَئْهَلاً مُستداماً ينفعُ الأجيال في حاضرِها ومستقبلِها في انتهال العلم والمعرفة والبلاغة من مَنابعها الأصيلة ومَشاربها العَذبة. بَيد أنِّي، قبل كل هذا، أشدُّ على يدي الدارس الحاذق، الماهر، الفطن، أن يجتهد في بناء المجد لنيل المعالي وقطف الثُريّا.

إن الإسلوبَ السَّهل الماتِع والشائق الذي اعتمدته في فصول هذا الكتاب والشَّرح المبسَّط المُستفيض بجلاء الدقّة والتَفسير للأمثلة والشَواهد المتنوِّعة لأبرز كُتّاب الإنجليزية من المتقدمين المؤسِسين والمُجدِثين المُجدِّدين، في التعريف بالمصطلحات اللُّغوية واستعمالاتها اليومية في الجملة وأقسام الكلام، كُلُّ ذلك جعل هذا الكتاب سَلِس القراءة للدارِس والمدرِّس، ليصبح بنكهته اللُّغوية الطَيِّبة لهم خيرَ جليساً في البيت وأنْفعَ أنيساً في السَّفر.

لقد أخذتُ في الإعتبارِ، ما اقترحَهُ عَلَيّ عدد من الهامَات الشامِخة من أعْمِدة اللُّغة الإنجليزية وأفذاذاها وأعْلامها الخوافِق من أساتذتي الأفاضِل، من تَعديلاتٍ في مُسَوَّدَة ما أعدَدته من موادِ لُغويّة صافية من العيوب، واستأنَسْتُ بها لانتخاب الأنسَب والأصلح لهذا الكتاب، كما عَكِفْتُ على تنقيح موادِه وتعديلها، لِيَخرج وافياً ومُغْنياً للقارِيء الكريم في ضُوء ما احتواه بين

طيّاته من عَرضٍ للمفردات والجُمَل والتعابير والمصطلحات النحوية والصرفية المستعملة في دراسة هذه اللُغة الثريَّة، وشَرح وافٍ للأحكام والقواعد اللازمة لصياغة الجُملة الإنجليزية الرائقَة، المتينَة في إسلوبها والبليغَة في معناها والأنيقَة في مظهرها، وعَرض مُبسَّط بوضوح عظيم لأقسام الكلام ووظائفها واستعمالاتها في هذه الجملة أو تلك، فَضلاً عن الأمثلة الإيضاحية التي انتقيتها بعناية فائقة وحرص كبير من بطون أمَّهات الأدب الإنجليزي.

مع وجود بعض الشكوك حول جدوى التعليم الذاتي للطالب بفعل غياب المراقب المتابع في ضل جائحة كورونا لكن من المفهوم أن الآباء يريدون مساعدة أبناءهم في اتقان اللغة الإنجليزية، ليس لمجرد اجتياز الأمتحانات المدرسية الدورية أو الأختبارات السنوية النهائية بل ليستطيعوا استعمالها في حياتهم العملية مستقبلاً، لذا يمكن أن تكون هذه السلسة التخصصية الجديدة من كتب التعليم الحديث اختيارًا موفقًا للعديد من العائلات وتحديد ما إذا كانت الفوائد من التعليم الذاتي تعوِّض الطالب عن الحاجة الى المدرِّس الخصوصي في زمن جائحة كورونا وتفوق المخاطر المحتملة من ذلك.

وما كتابي الأوَّل هذا، إلّا سابقة فكرية لثلاثة كتب أخرى مُتمِّمَة له، تناولْتُ فيها بإسلوبِ الزاهدِ الوَرِع- بالعِلْمِ والتَحليل والتَفسير والنَقد، مواضيع رئيسة في النظام اللُغوي عالَجَتْ بحرصٍ عظيم الجوانب اللُغوية والتزكيبية والنَحوية والإملائية والنَطقية كافَّة، وقد إنعكَسَتْ مضامينها في العنوانات التالية:
الإنجليزيَة المُبَسَّطة لِلعرب
تعلم الإنجليزية في البيت
الكتاب الثاني: الإمْلاءُ والتَشكيل في الكتابَة الإبداعيَّة

Book 2. Simplified English For Arabs
Learn English From Home
Spelling and Punctuation in Creative Writing

الإنجليزيَة المُبَسَّطة لِلعرب
تعلم الإنجليزية في البيت
الكتاب الثالث: التَلَفُّظ

Book 3. Simplified English For Arabs

Learn English From Home
Pronunciation

الإنجليزِيَة المُبَسَّطة لِلعرب
تعلم الإنجليزية في البيت
الكتاب الرابع: أخْطاءُ الجُملة

Book 4. Simplified English For Arabs
Learn English From Home
Sentence Errors

لقد جاءَت هذه الكتب الأربعة جميعها، بفضله تعالى، وِحدةً متكاملة بجواهرها، اذ تَرَصَّعَت بكوكبةٍ من أعمال النُّخبة من عُلماء فقه اللُّغة الإنجليزية والصَّفوة من أساتذتها، والأقتباس النافع والقياس الجامع من جهابذتها في مشارق الأرض ومغاربها، الى جانب ما وضعته فيها من مطيِّبات بنكهة عطرة هي خلاصة خبراتي وعلومي وتجاربي الثرية في الكتابة والتدريس والترجمة، وما هي إلّا نتاج جهود مُضنية دامت زُهاءَ أربع سنين من الكتابة والوَضع والتَأليف والتَرجَمة والتَدوين والإعداد والمُتابَعة، ثم البحث العميق والتَحرِّي والتدقيق والإستقْصاء والجَمْع والتَصنيف، والاستيضاح والتَحليل الكمي والكيفي، والتَحقيق في عصارة روائع الأعمال الجادَّة من بين جُلِّ ما كُتِب في الإتجاهات المعاصِرة في تعليم اللغة الإنجليزية وعلومها وأدبها، أرجو مُخْلصاً أنْ تكون ذات نَفعٍ عَظيم للجميع لاكتساب الدراية الوثيقة بقواعد النَحو والكتابة فيها والوقوف على أسرارِها، ممَّا يُعزِّزُ من مَهارة الطالب والمُدرِّس والمُثَقَّف لاستكشاف مَكنونات ثناياها وإتقان خَفاياها وتوظيف هذا الإستخدام التَعبيري في صياغة جُمَلاً صحيحة التركيب، مَتينة البناء شائِقة الأسلوب وبليغة المعنى، ويُحفِّز النقد والنقاش وينشط الحجّة حول الموضوعات الأساسية فيها، ويشرك محققين آخرين من الأساتذة الأكارم أصحاب الدراية والتخصُّص في توسيع هذا العمل بالإقتراح المفيد والتوجيه السديد والتصويب الحميد ليشمل المواضيع النحوية والصوتية والبلاغية بأكملها، ومراجعتة وفك طلاسمه، وشحذ ما فيه من معلومات نافعة واسناده بالجديد المفيد.

كما أعتمدت في طرح المواضيع وتوضيحها للطالب والدارس، إسلوب critical thinking التفكيك والتبسيط وتوظيف مهارات التفكير النقدي

التحليلي باللُّغة الإنجليزية من خلال الشروحات والملاحظات والتحليل والتفسير التي سعيت قاصداً الى ذكرها في كل مادة وموضوع، وعملت على زيادة كفاءة الطالب وتعزيز ثقته بقدراته اللامتناهية في التعلُّم، لأنهي الى انتباهه أهمية شحذ قدراته الذاتية في الملاحظة والمراقبة الدقيقة والإستفسار الذهني عن البناء النحوي والقواعدي والبلاغي في اللغة، واتقان التلفظ الصحيح، وقواعد الإملاء، واتجاهات التنقيط الحديثة وتشكيل الكتابة فيها، والتساؤل الذاتي والتحقيق والتشكيك فيما يرده من معلومة في كتبي هذه، لتحثّه على التأمُّل والتفاعل والانفعال والإبداع والتطوير فيما يقرأ ليفهم المعلومة بعمق ويحفظها تلقائياً عن يقينٍ ثابتٍ راسخ في جُوٍ من الراحة والرفاهية النفسية، وليس بالتلقين البارد الجامد، وتعلُّم الإستجابة للمحادثة بالتعبير الحُر عن أفكاره ومشاعره بالإنجليزية بثقة عالية وطلاقة كبيرة مما يشجع الطلاب على الالتزام والحماس، ويجعلهم يشعرون بالرضا عن قراراتهم لتعلم اللغة الإنجليزية، بدلاً من التقنيات التربوية الأخرى التي تعمل على تَلَقيه التلقين الآلي للكلام وركونه الى المعلومة المجرَّدة والعبارة الجامدة، ومعاينتها بنظرة الشَّك والحذَر بفعل التوتر والقلق، والسعي لنسخها بضجرٍ وحفظها بتلكؤٍ وعلى مَضَضٍ، دون تمتعه بفسحة للتفكير الذاتي فيها والبحث في تكوينها وكيفية تطويرها.

ولا تُعَدُّ هذه الرُّباعيَّة من النتاج الفكري المُتناسق والمُكثَّف، بديلاً عن كُتب التَّعليم المنْهَجية الرَّسْمية ومقرراته، ولا تُحاكي في مادتها العلمية ما نُشِرَ من الكُتبِ المتداولة في تعليم اللُّغة الإنجليزية في شيءٍ، بَل هي أشمَلُ من كل ذلك وأوْسَعُ في موادها وأثقَلُ في موازينها منها. حيث تقدِّم التعليم المَرِن باسلوب الحوار التفاعلي الممتع المباشر مع القاريء ليدرك المقصود بالتوضيح الفوري المُوَسَّع والشرح الآني المُبَسَّط والفهم المُثقَن الراسخ لبيان كل ملاحظة فيه، وليتمكن من حفظ الحقائق وتقليل الأخطاء في واجباته المدرسية دون الولوج في الطريقة التقليدية كما في التعليم المنهجي (وفي العديد من كتب التعليم الرائجة في الأسواق) التي تعتمد في إقحام الفكرة في ذهن الدارس، على التمرينات المكرَّرة، وهذه لاشك وسيلة فعالة في التعليم، بَيدَ أنَّها تقتضي وجود المدرِّس في حينها لتنوير الدارس، وإلّا سوف تبقى أسئلته الحرجة دون جواب ولاتَ ساعة منقذ.

ولعلَّني لا أغالي إذا قُلت أنَّ هذا العَمل هو دليلٌ عمليٌّ للجَميع، فَريدٌ من صِنفه،

لا يُقَدَّرُ بثَمن، ومَرجِعٌ تعليميٌّ ثَريٌّ لا غِنىً عنه ليُرافق الدَّارس والمُدرِّس ومن يَصحبهم في رحلة المَعرفة والتَعلُّم في المدارس والمعاهد والكُلِّيات وسواها، ليجعل التعليم والتعلُّم جليلةً فوائده وعظيمةً نتائجه. فقد أفرَغت فيه، دُونَما تقصيرٍ في العَطاءِ أو بُخْلٍ في العِلمِ، خلاصة ثلاثين عاماً من الخِبرة، وأغنيته بأجمل الورود وأشواكها من رياض العلم والمعرفة في تعليم الإنجليزية للشباب. كما يجدر بي القول أني اعتمدت في خطابي صيغة المُذكَّر لمخاطبة أبنائي من الإناث والذكور دون تمييز أو تفريق، لهم مِنِّي جميعاً أطيَب الأماني باطِّراد النَّجاح والتَوفيق.

الحَمدُ لِلَّه كثيراً و لهُ كُلَّ الثَناء على ما منحني من قوةٍ وعزيمةٍ وصبرٍ، كانوا لي خيرَ العَون في إعداد هذا العَمل الذي أرتَجى منه عند اللَّه لي ولأهلي صَدقة جارية، وأطمَعُ أنْ يكونَ الدَعامة الثابتة للمعرفة اللُّغوية للأجيالِ في تصويب أخطاء الجملة والنحو والإملاء والتَلفُّظ في لغتهم الإنجليزية؛ فيه تَمام الفائدة وحُسن الإنتفاع لدارسي الإنجليزية، وأنْ ينال استحسان التذريسيين والمدرسين والكُتَّاب الشباب ومن يُهوى تَعلُّمها، كل هذا طاعةً لقوله تعالى (وَأمَّا مَا يَنفَعُ النَّاسَ فَيَمْكُثُ فِي الأرضِ) صَدَقَ اللهُ العظيم ــ سورة الرعد (آية رقم 17).

وختاماً، لا يسَعَني إلّا أن أزجي الشُكر خالصاً، للأساتذة الأفاضِل من عُلَماء اللُّغة الإنجليزية كافَّة الذين تكرَّموا علَيَّ بمقترحاتهم السَّديدَة وملاحظاتِهم الرشيدة، وأخصُّ منهم بالذكر المُؤَوَّقر:

المغفور له بإذن اللَّه شَيخ النُقّاد والعَلّامة الأستاذ الجليل الدكتور "عناد غزوان إسماعيل" أستاذ كلية الآداب في جامعة بغداد ورئيس إتحاد الكتّاب والأدباء في العراق ــ طَيَّبَ اللَّهُ ثَراه.

والمغفور له بإذن اللَّه الأستاذ الجليل الدكتور "عبّاس الوهّاب" رئيس قسم اللُّغة الإنجليزية في كلية التَّربية للبنات في جامعة بغداد ــ طَيَّبَ اللَّهُ ثَراه.

والأستاذ الفاضل المتفضِّل "خطّار حسَين عَسكر"، أعزَّه اللَّه، على جهوده في تَمحيص لُغَة الكتاب العَربية الفَصيحَة، وكذلك لكلِّ من ساعد في طباعة هذه الكتب ونشرها وتوزيعها، ما أوجَبَ لهُم علَيَّ جميعاً ثَناءً جَميلاً، وشُكراً جزيلا.

ولمَّا كان كُلُّ إنسان بسجيَّته عِرضَةً للغَفْلةِ، فقد لا يخلو عملي هذا من الخَطأ رغْم تكراري فيه محاولات الإمْعان في التدقيق والتَصويب ناشداً كمال التَوفيق حتى غارت العين في مَحْجِرِها وزاغَ البَصَر عن سمته وتَشتَّت الفِكر عن غايته، لذا أستمْحي القاريء الكريم المَعْذرة عن ذلك، كما ألتمِش الصَّفْحَ الجَميل عند ذوي العِلْم والتَخَصُّص من الأساتذة الأكارِم، آملاً ترفُّقَهم بالتنبيه البَنَّاء الى ما يكون قَد فَرِط من عِقْدِه الثمين، فالكمال لِلّه وحدَه، واللّه تَعالى أسألُ أن يوفِّقَنا جَميعاً الى سَواء السَبيل والصواب، ويُسدِّدَ خُطانا في نَشرِ العِلْم والمَعرفة، نَستَمِدُّ منهُ العَون وَهو وَليُّ التوفيق.

محمد علي التَميمي/ أمستردام، تشرين الثاني- اكتوبر 2020

INTRODUCTION

المَدْخَل الى الكتاب

أيها القاريءُ الكريم قَبل أنْ تَبدأ في تَعَرُّفِ مضامين كتابي الأول هذا، اسمَح ليَّ أن أوجِز اليك فيما يأتي، بكلِّ سرورٍ، ما تتضمنه هذه الثَروَة اللّغوية الثَّمينة التي بين يديك من جَواهر نفيسَة في تعليم أصُول اللُّغة الأنجليزيَة وتجاوز وأقسام، syntax وكيفية بناء جُمَلها، false grammar، الأخطاء في قواعدها فيها، لعلّني بهذا أقدِّم لك فكرة واضحة عمَّا تتوقَّعهُ parts of speech الكلام من كتابي هذا ليَكُن لك رفيقاً أميناً وصديقاً مرشداً في رِحلة البحث عن المعرفة، يُساعدك في سَبرِ أغوار اللُّغة الأنجليزية وكشف أسرارها. ويمكن استخدام هذا الكتاب كمرجع في يد المعلم أو المدرس، أو كوسيلة للتعليم الذاتي في يد الطالب والمثقف.

تتركَّز الخطوة الأولى لتعلُّم أية لُغة في معرفة بناءها النَحوي

grammatical construction

وفهم ذلك جيداً، لذا أدعوك أولاً، أنْ تُمعِن النَّظر فيما ستقرأ هنا عن اللُّغة الأنجليزية لتتعرَّف تراكيبها النَحوية وتستطلع خزائن مفرداتها، وتتقن استعمالها الصحيح والأنيق، لتَتَمَكَّن، بعد ذلك بِكُلِّ ثقةٍ واقتدارٍ، من كتابة جُمل وعبارات سليمة القواعد، متينة البناء، زاهية المظهر، بليغَة الإسلوب وفصيحة المَعنى؛ وقراءَة الإنجليزية بِرِقَّة النسيم ونطقها بسلاسة الماء الزُلال وعذوبته.

طرائق تدريس اللغات
الطريقة المباشرة

Direct Method

لقد ظهر ابتكار الطريقة المباشرة في تدريس اللغات الأجنبية في القرن التاسع عشر، وانتشر بسرعة كبيرة في القرن العشرين، مما أدى إلى بروز عدد من المنهجيات المختلفة، المتضاربة في بعض الأحيان، كل منها يحاول أن يقدّم

تحسنًا كبيرًا مقارنة بالطرائق الأخيرة أو الأساليب المعاصرة الأخرى.

لقد عمل اللغويون التطبيقيون الأوائل، أمثال مانيسكا وأولندورف وسويت ويَسبرسن وبالمر

Jean Manesca (1778-1838)، Heinrich Gottfried Ollendorff (1803-1865), Henry Sweet (1845-1912), Otto Jespersen (1860-1943), Harold Edward Palmer (1877-1949).

على وضع المبادئ والنُهج الواضحة في التدريس بناءاً على النظريات اللُّغوية والنفسية، على الرغم من تركهم العديد من التفاصيل العملية المحددة للقادمين من بعدهم لإبتكارها ونشرها.

إنَّ تطوير تدريس اللغات الأجنبية ليس شكلاً بيانياً خطيًا ثابتاً، بل هو نتاجٌ فكريٌ متطورٌ ومتحرك. اعلم أن هناك فرعين رئيسيين في مجال التدريس، ألا وهما الإتجاه التجريبي والنظري، ولهما تاريخان منفصلان تمامًا تقريبًا، حيث يكتسب كل منهما أرضية على الثاني في وقت ما أو آخر. وأمثلة على الباحثين من الجانب التجريبي العملي والتطبيقي هي الشخصيات التالية: يسبرسن وبالمر وبلؤمفيلد الذين يروِّجون للتقليد والحفظ باستخدام التمرينات النموذجية.

Jespersen, Palmer and Leonard Bloomfield.

تتبع هذه الأساليب الموقف التجريبي التطبيقي الأساسي الذي يُنتج عنه اكتساب اللغة بشكل رئيس من العادات التي ولَّدها التكييف والتمرين المتواصلين.

من جانب آخر، برز علماء اللغة الآخرين مثل غوين و بيرليتز و ذي ساوزه

Francois Gouin، Maximilian Delphinius Berlitz and Elime de Sauze.

التي تتوافق نظرياتهم العقلانية في اكتساب اللُّغة مع العمل اللغوي الذي قام به عالم الصوتيات نعوم تشومسكي وآخرون، مما نشر في عمله الموسوم (قواعد تشومسكي في النحو التحويلي).

Noam Chomsky (1928, 92 years)
Chomsky's Transformational Grammar Paradigm.

لقد أدى ذلك إلى ظهور مجموعة متنوعة من طرائق التدريس، من الترجمة النحوية التطبيقية

Grammar Translation Method GTM

إلى "الطريقة التسلسلية (التصويرية التحاورية)" للُغوي غوين، أو الطريقة المباشرة لكل من برليتز و ذي ساوزه. حيث يتم تدريس اللغة الإنجليزية (الهدف) من خلال اللغة الإنجليزية ذاتها، ويتعلّم دارس اللُغة الإنجليزية (الهدف) من خلال ملاحظة ما حوله في الطبيعة من أشياء والتفكير في الكلمة والمناقشة والمحادثة والإصغاء والقراءة بتلك اللغة مباشرة، أي تعليم الطلاب كيفية استخدام اللغة بشكل عفوي وشفوي، وربط المعنى باللُغة الهدف.

وباستخدام هذه الأساليب المتنوّعة في التدريس، يستطيع الطالب تكوين جملاً أصلية وذات مغزى وإكتساب معرفة وظيفية بقواعد النحو. وكرد فعل على طريقة الترجمة النحوية التطبيقية وتحت تأثير الصوتيات لسويت، وزميله يسبرسن، بدأت الطريقة النظرية بالظهور.

وتميزت طريقة التدريس هذه بأسبقية اللغة المنطوقة بمساعدة النصوص المنسوخة صوتيًا

Phonetically transcribed texts

والرموز الصوتية phonetics حيث، بدأ الناس في استخدام الصوتيات في تدريس اللُغة. و يُعَدّ بالمر، وزميله دانييل جونز من phonetic symbols رواد الطريقة الشفهية في التعليم.

The Oral Method - H. E. Palmer and Daniel Jones.

والتي قدَّمت اقتراحات عملية لمواد التدريس حيث شدَّدت على أهمية التحكُّم في المفردات اللُغوية وضبطها واحكام معرفتها كما هي.

يحتاج طلاب اللغة الأنجليزية في هذه الأيام، أكثر من مجرد القدرة على التواصل بالإنجليزية بثقة؛ بل أن يكونوا قادرين على إثبات الدقة النحوية ومهارات القراءة والكتابة الجيدة من أجل النجاح في أنظمة اختبارات اللغة الإنجليزية وامتحاناتها الوطنية والدولية.

وتصبح الحال أكثر صعوبة في بلدان الشرق الأوسط العربية التي تعتمد فيها أساليب تعليم اللُغة الإنجليزية بشكل أساس على اعتبارها لغة أجنبية دخيلة

لا تستعمل في الحياة اليومية بغزارة (كما هي الحال في الهند والفلبين، مثلاً).

English as Foreign Language EFL

لاحظ الحاجة الى ما يلي:

أولاً. فرصة لتطبيق اللُّغة عملياً واستعمالها بشكل متواصل في مواقف الحياة الواقعية اليومية خارج جدران الفصول الدراسية بعد أوقات الدراسة الفعلية في المدرسة أو الكلية.

ثانياً. وجود المعلمين (والمدرسين) الذين لديهم المستوى المطلوب من القدرة في تعليم اللغة الهدف (الإنجليزية) (بمستوى الناطقين الأصليين بها بكونها اللُّغة الأُم)، والإبداع لتقديم أمثلة واقعية تتفاعل ايجابياً مع فهم المتلقي لتوضيح ما تعنيه عناصر اللغة في واقع الأمر.

ثالثاً. سد النقص في المعرفة بالأساليب التربوية الناجعة والنافعة لتدريس الإنجليزية.

رابعاً. والأهم من ذاك، الصفات الشخصية للمعلِّم، وهي التي تبني عملية التعلُّم أو تكسرها.

لذا ولسهولة تناول كتابي هذا، فقد أعددت مواده بما يُتيحُ لك أن تختار، وفي أي وقت تشاء، التَنَقُّلَ بِحُرِّيَةٍ واستقلاليةٍ بين فُصُوله المتنَوِّعة بكلِّ تناغُمٍ ويُسرٍ وانسيابيةٍ، لتَغتَرف منها ما راق لك من تَمام العِلمِ وأصَالة المعرِفة والدِقَّة في قواعد الكتابة الصحيحة والتَّعبير السليم والعبارات الجميلة، وذلك دون حاجتك الى التَقيُّد التَتَابعي (الروتيني) في مواصَلة القراءَة التَسلسُليَّة التقليدية في حتمية الإنتقال من فَصلٍ لآخر يتبعه مباشرة في الكتاب.

نصيحتي اليك أيها المُطالِعُ المُجتهد، أن تتأمَّل فيما تقرأ على مَهَلٍ، ولا تَكُنْ في عُجالة من أمرك، بَل كُنْ دقيقاً في النقد وحريصاً في التحقق والإستقصاء في اللُّغة التي هي عند الأنسان صفة العقل ووسيلة التَّواصُل والتَّعارُف بين الأُمم.

إليك مُجمَل ما سوف تَتَعلَّمه خطوةً بعد خطوةٍ، بالشَّرحِ المُمتع المُفيد

وبالتفصيل المُبسَّط الفَريد ممّا تحتويه فصول هذا الكتاب لترتقي فيها من السهل البسيط الى الصعب المعقَّد، ولتبلغ ما فاتك من القواعد ولتدرك ما فيها من نصائح لتطوير مهاراتك في القراءة والنحو.

أهو حرفٌ صحيحٌ ساكِن، letter، والآن، انظر الى الحرف المُجرَّد البسيط وإنْ كانَ كذلك، أهو حرفٌ صامت وفي الصوت المخفف، consonant، وفي الصوت شبه الساكن semi-vowel؛ أم شبه مُعتَلٍّmute المكتوم صائت متحرك؟vowel أم رُبَّما هو حرفٌ مُعتَلٌّ، semi-soft؟

ثم انظر الى الكلمة المفردة word أهي اسمٌ noun، أم ضَمير pronoun، أم فِعلٌ verb، أم أداة -article للتَعريف definite، أم للتَنْكير indefiniteأم؛ أداةُ جَر preposition، أم عَطف conjunction، أم وَصل relative، أم تَملُّك possessive، أم اسم إشارة demonstrative، أم تَعَجُّب interjection؟

(declension) فإنْ وَجَدْتَ الكلمة إسماً (أو ضميراً)، أهو اذاً تصريفٌ للإسم (case)؛ أم حالته الإعرابية (gender)، أم نوع جنسه (number)، في عدده أم (subject)، أفاعلٌ(predicate) أو خبَر (nominative)، أم هو مُبتدأ أم (substantive)، أم موصوفٌ (adjective)، أم صفةٌ (object)، مفعولٌ به أم مُحايِّد (feminine)، أم مؤنَّث (masculine)؛ أمذكَّر(adverb) ظرف أم (singular)؛ وهل هو ياترى مفردٌ(common) أم شامل (neuter)، مجمُوع (plural)؟

أم ماضٍ (present tense)، أهو مضارعٌ (verb) وإنْ كانت الكلمةُ فعلاً (imperative)؛ أم فعل أمر(perfect)، أم تَّام (future)، أم مُستقبل (past)، لازمٌ لا يأخذ مفعولاً (irregular)، أم غير قياسي (regular)، أهو قياسيٌّ (main)؛ أهو الرئيسُ في جملته(intransitive) أم مُتعدّ (transitive) به أم مجهُول (active)؛ أم معلومٌ(linking) أم رابط (auxiliary) أم مساعدٌ (passive)؟

منتهي (gerund) أهي مصدرٌ (verbal) وهل الكلمة هي من مُشتقات الفعل

أم اسم، (to)، بعلامتة (infinitive) أم مصدرٌ كامل، (ing-) باللاحقة النحوية
(past participle)؟ أم اسم مفعول، (present participle) فاعل

وإنْ كان كذلك، أهي رئيسة، (clause) وانظر الى تركيب الكلمات، أهو عبارة
(main)، (subordinate) أم ثانوية (subordinate) ثم أهي إسمية، (noun في جملتها العامة
أم تدلنا على المحذوف من، (adverbial) أم ظَرفية، (adjective) أم وَصفية، (clause
الكلام (elliptical)؟

وإنْ كانت كذلك، أهي إسمية، (phrase) أم أنَّ ذلك التركيب هو شُبه جُملة
(nominative) أم وصفية، (adjectival) أم ظرفية، (adverbial)أم أنَّه ؛
(sentence) جملة كاملة ذات معنى.

أم ثانوية تابعة، (main) أهي رئيسة، (sentence) وإنْ كان جملةٌ
(interroga-) أم استفهامية، (declarative) ؛ أهي خَبَرية(subordinate)
أم تَعَجُّبية، (imperative) أم آمِرة، (conditional) أم مَشَروطة، (tive
(exclamatory)أُمْثْبَتةٌ ؛ affirmative، أم مَنفيَّة negative، أم للمقارنة
(compara-وإنْ كانت كذلك، أهي تفضيلٌ نسبي بين اثنين، (comparison)،
superlative degree؟ أم تفضيل مُطلَق بين ثلاثة وأكثر، tive degree

لا تدع القلق يدب الى عروقك، فالأمر سهل جداً وفي غاية البساطة، سوف
أشرح لك كل ذلك رويداً رويدا، وما عليك سوى التحلِّي بالصَّبر الجَميل
والتَأنّي والإستمتاع في تناول أجزاء هذا الكتاب تَدَرُّجاً جذَّاباً، وبالمُثابرة
والتَمرين الجَاد سوف تتمكن بكلِّ يسر من فَهم مواضيعه فِرادىً وجَمعاً، دون
كَلَلٍ أو مَلَل.

لمساعدتك في فهم مفردات اللغة الإنجليزية وتعلمها وحفظها بطريقة علمية
وعملية، فقد وجهت الكلام لك في موضوع "مدخل الكتاب" في كتابي
الثاني الموسوم (الإنجليزية المُبَسَّطة لِلعَرب - الإمْلاء والتَنْقيط في الكتابة
الإبداعية.
Book 2. Simplified English For Arabs -Spelling and Punctuation
in Creative Writing

للحديث مفصّلاً عن العقلية الإستراتيجية والتفكير الإستراتيجي

Strategic Mindset and Strategic Thinking

وأهمية ذلك في التعلم الذاتي، وأدعوكِ هنا الى قراءة ذلك الموضوع لأهميته في بناء المقدرة الذاتية لدى الإنسان للتعلُّم الإيجابي الفعّال. إغلَم أنَّ الفَصلَ الأخير هنا ـ المُصطلحات النَحويَّة

GRAMMATICAL TERMS

يحوي كنزاً ثَرياً بالمفردات الإنجليزية المُستعمَلة في دراسة هذه اللُّغة واستعراض قواعدها وتدريسها، وسَيطِلُّ عليكِ بعضها حِيناً بعد حين عند قراءتكِ للفصول الأخرى، فالأمل في التعليم كله أنت والأماني أن تتقن أسرار هذه اللغة، لذا أنصح لك بلطفٍ شَديد، أنْ تُخَصِّص لها، أولاً وقبل كل شيءٍ، بعض الوقت والجُهد لتتأمّلها بِرَوِيَّة وتَفَكُّر، وتتعرّفها بعنايةٍ فائِقة، لأنَّ في ذلك، لا رِيب، تَسهيل لمهمَّتك في فَهم ما بين يديك من عِلمٍ و معرفةٍ، وفَوْقَ كُلِّ ذِي عِلمٍ عَليم.

أتمَنى لك رِحلةً نافعةً بين صَفحاتِ هذا الكتاب لتَستَقِيم بمواده لُغَتكَ الإنجليزية ويَشتَدّ بها أزرك في الكتابة والقراءة والتكلُّم، فَحَظّاً طَيِّبا لكَ، ووَقتاً ممتِعاً بإذنٍ مِنَ اللهِ وتَوفيقه.

CHAPTER I. SENTENCE AND ITS PARTS

الفصل الأول. الجُملة وأقسامها

THE SENTENCE

الجُملة

الجُملةُ هي تكوين من مجموعة من الكلمات، وتنفصل عن باقي الكلام بنقطة واحدة تُسمّى نقطة وقوف period، أو نقطة كاملة full point. ولِيام كوبيت، قواعد اللغة الإنجليزية،

A Grammar of the English–William Cobbett, 1818.

والجملة تكون إسميّة nominal من المبتدأ subject والخبر predicate، أو فعلية verbal (من الفاعل subject والفعل verb. وقد يأتي المبتدأ (أو الخبر) اِمّا اسماً، أو ضميراً، أو اسم اشارة، أو اسماً موصولا. كما قد تدخل اضافات على الجملة الإسمية (أو الفعلية)، وتقع في بدايتها، أو في نهايتها.

والآن، مع دخولك في هذا الفصل من دراستك، فإن هدفي هو تعليمك كيفية إعطاء الكلمات الإنجليزية التي تستخدمها، وضعها الصحيح عندما تقوم بتوظيفها في جُملة للتعبير عمّا تريد منها التعبير عنه من أفكار وأحاسيس. ومع ذلك، إذا كنت ترغب في مراعاة مبادئ النّحو وأصوله وقواعده، فقد تكون جملتك أحياناً غير صحيحة، أو قد لا تعبِّر، في بعض الحالات، عمّا تريدها أنْ تعبِّر عنه تماماً.

سأدلي اليك ببعض الملاحظات حول طريقة تجميع الجُمل معًا، وما يلزم القاريء (أو المتلقّي) لفهمها بسهولة، حتى تتمكن من كتابة سلسلة من الجُمل المفيدة والشائقة. آمل أن تعلمك هذه الملاحظات كيف تتجنُّب الأخطاء الشائعة جدًا، التي تجعل من كتابتك مشوَّشة وغير مفهومة.

تتكوّن الجملة الإنجليزية، كما تعلم، من مجموعة كلمات تربط فيما بينها علاقة الإسناد أو العائدية، وتنتهي بنقطة وقوف full stop، تعطي القاريء معنى كاملاً. والجملة، كما تعلم، هي وحدة الكلام، لذلك يبدأ تعليم اللغة بتدريس أنماط الجُمل مع توضيح لبناء الكلمات الفردية فيها. وهذا يُمَكِّن الدارس من استيعاب هيكل اللغة الإتجليزية (الهدف). يتم إدخال عناصر المفردات الجديدة تدريجاً بناءً على مبدأ الإختيار والتدَرُّج.

ولضمان المعنى المطلوب في الجملة، والذي يُعبِّر عن ذهن الكاتب (أو الْمتكلِّم) وأفكاره ومشاعره، يلزم توفُّر عنصرين أساسيين في تكوين الجملة

composition of the sentence

أو في علم بناء الجملة syntax، هما المبتدأ subject والخبر predicate.

فيما يلي اليك تعريف المبتدأ وخبره في الجملة الإسمية، وهذان التعبيران سيمران عليك مراراً وتكراراً، لذا فمن المفيد لك أن تفهمهما جيداً وتتذكرهما حينما يردك ذكرهما.

Subject
المبتدأ

هو الشَّخص (أو الشيء) (الإسم أو الضمير) الفاعل الذي يشير الى ماهيَّة الجملة ويجري الكلام عنه فيها، (وهذا ما يوضحه لنا الفعل في الجملة). كما يُسمَّى أيضاً (المُسنَد إليه، حيث يسند اليه الخبر الوارد في الجملة) أو المنشوبٌ اليه. مثال.

The new Star Wars movie is a box office hit.

Predicate
الخبر

هو ما يُقال عن الشَّخص (أو الشيء) من كلام في الجملة، ويُسمَّى أيضاً (المُسنَد - الى المبتدأ) أو المنسُوب. وهو المعنى أو المفهوم المُعَبَّر عنه في الجملة والمُراد إيصاله الى القاري (أو المُتَلقِّي). كما أنه المُسند (مع الكلمات المتعلقة به في الجملة) أو الجملة ذاتها، ويعبر عمًّا يفعله الفاعل (المبتدأ) أو ما يقوم به أو ما يكون عليه. مثال.

Birds fly.

The partygoers celebrated wildly for a long time.

لا يمكننا في الواقع، الحصول على جملة كاملة البناء ومفهومة المعنى، دون ذكر المُبتَدأ والخَبر فيها. فعلى سبيل المثال، حين نذكر الأسم Tom فقط، فهذا لا يعني اننا قد بنينا جملة، وإنَّما فقط ذكرنا (اسم عَلَم، مذكَّر، مفرد) للتعريف بشخص، ربما باستطاعتنا التحدث عنه بمزيد من المعلومات الأخرى لاحقاً. كما انَّنا لم نذكر الخَبر antecedent المُتعلق بذلك الشَّخص، وهو المعلومة الإضافية المطلوبة لإتمام الغاية من الجملة وفهما.

وكذلك حينما نذكر الفعل المضارع البسيط laughs فقط، لا تتكون لدينا جملة، لأننا لم نأتِ بالشَّخص أو الشَّيء (الفاعل) الذي يتحدَّث عنه الفعل المذكور، أي لم نذكر المبتَدأ. لكن اذا ما جمعنا بين الكلمتين معاً، ستظهر لنا جملة بسيطة ذات فكرة واضحة ومعنى تامّ.

Tom laughs.

ويمكن توسيع حجم الجملة بتكبير المبتَدأ فيها، وكما يلي:

Tom, the funniest clown in town, laughs.

يتمثل المبتَدأ في الجملة الطويلة - الأولى، في حين تعكس الكلمة - الأخيرة، الخَبر في الجملة. كما يمكن كذلك توسيع الجملة بتكبير الخَبر فيها، كما يلي:

Tom laughs mockingly بازدراء, bitterly بمرارة, ironically بسخرية.

أو بتفخِّيم المبتَدأ والخَبر معاً في الجملة، مثال:

<u>Tom, the funniest clown in town, laughs mockingly, bitterly, ironically.</u>

لاحظ مجموعة الكلمات التالية:

<u>The beautiful girl of the fairytale, a drudge كادِحة by day and a princess by night.</u>

تم وصف الشَّخص في هذه الجملة ببعض المفردات المفضَّلة، إلّا أنَّ مجموعة الكلمات هذه تبدو ناقصة، إذ يعوزها الخَبر الخاص بالشَّخص المذكور فيها، ولسَدِّ تلك الثغرة، نضيف الخَبر الى الجملة، وعلى النَّحو الآتي:

<u>The beautiful girl of the fairytale, a drudge by day and a princess by night, has vanished.</u>

إنَّ مجموعة الكلمات الطويلة في الجملة السابقة تزيد من حجم المبتَدأ girl، بينما يتكوَّن خَبر الجملة هنا من عبارة الزمن المضارع التام المتكونة من الفعل vanished المسبوق بالفعل المساعد has. (الخَبر هو ما يريد الكاتب أن يخبرنا به عن المبتدأ في الجملة).

لاحظ مجموعة الكلمات الإسنادية في جملة المبني للمجهول passive voice tense، في المثال التالي:

<u>Have been stolen</u> by a highly organized and exceedingly clever gang of international thieves operating from a dozen ports throughout the Near East.

في المثال السابق، أيضاً ينقص شيء ما لتكوين جملة متكاملة. لقد قيل الكثير، لكن عن أي شيء يدور الحديث؟ فالمبتَدأ غائب في الجملة، ويمكننا أئ نضيفه اليها وعلى النحو التالي:

The jewels have been stolen by a highly organized and exceedingly clever gang of international thieves operating from a dozen ports throughout the Near East.

وكما ترى فالمبتدأ هنا هو الكلمة المُعرَّفة the jewels.

Recognizing Subject And Predicate

معرفة المبتَدأ والخَبر

كما علمنا آنفاً، يسمى المبتَدأ subject بالمُسنَد اليه أيضاً، ويسمى الخَبر predicate بالمُسنَد (الذي يُسنَد الى المبتدأ). ولمعرفة الكلمة أو الكلمات التي تُكوِّن المبتَدأ، نسأل ببساطة عمَّن أو عمَّاذا يخبرنا كاتب الجملة؟، مثال:

Barking <u>dogs</u> never bite.

من الواضح أن الكلام في الجملة يدور حول الكلمة dogs، لذا تكون المبتَدأ في الجملة، والكلمة (barking) اسم فاعل تصف المبتَدأ dogs.

مثال آخر:

A rare <u>instance</u> of charity by a miser is news.

وبما أن الكلام يدور حول الكلمة instance، اذاً فهي المبتَدأ في الجملة.

ولتعرُّف الكلمة أو الكلمات التي تكوِّن الخَبر في الجملة، نطرح السؤال التالي:

ماذا قيل عن المبتَدأ؟، مثال:

<u>A fool and his money</u> are <u>soon parted</u> يفترقان.

ماذا قيل هنا عن المبتَدأ A fool and his money؟

الجواب: they are soon parted.

وهذا ما يُمثِّل الخَبر (المُسنَد الى) المبتَدأ (المُسنَد اليه) في الجملة. مثال:

The <u>inclusion</u> of proper names in a dictionary, might be defended on the ground that it would be convenient to have them there.

المبتَدأ هنا هو الكلمة inclusion، والمبتَدأ الكامل هو:

The inclusion of proper names in a dictionary.

أما الخبر (المُسند الى المبتَدأ) الذي يعطينا معلومات عن الكلمة المبتَدأ subject، فهو مجموع الكلمات الآتية:

might be defended on the ground that it would be convenient to have them there.

KINDS OF SENTENCES

1. أنواع الجمل

كما سبق القول، أن الجملة الإسمية الإبتدائية المفيدة هي مجموعة من الكلمات تحتوي على مُبتَدأ subject وخَبر predicate، و تعبِّر عن فكرة تامَّة المعنى ومتكاملة.

تنحصر الغاية من الجملة في الأغراض الثلاثة الآتية: جملة للإخبار (خبرية)، وجملة للسؤال (إستفهامية)، وجملة للأمر. وفيما يلي أوضح لك ذلك بالتفصيل.

Statement

جملة الخبر:

الجملة الخبرية statement هي التي تعطينا معلومة ما (أو تنفيها)، وتسمى أيضاً الجملة التصريحية declarative sentence، مثال:

The boy <u>finished his homework early</u>.

Interrogative Sentence

جملة الإستفهام:

الجملة الإستفهامية interrogative sentence، وهي جملة تطرح سؤالاً، كما تسمى كذلك جملة السؤال sentencequestion، مثال:

Did the boy finish his homework early?

Imperative Sentence

جملة الأمر:

تمثِّل هذه الجملة (أو الكلمة أو العبارة) صيغة الأمر، كما تسمى الجملة الأمرية imperative sentence، وهي صيغة يطلب بها من الفاعل المخاطب عَمَلُ الفعل، ولا يقع الحدث المطلوب عمله إلَّا مستقبلاً (أي بعد اصدار الأمر)، مثال:

Halt!
Let me work!
Leave me alone!
Girl, <u>do</u> your homework now!
"<u>Sit</u> <u>down</u> to write what you have thought, and not to think what you shall write!" (William Cobbett, Page 180-A Grammar of the

English Language, 1818).

Sentence Classified According to Use

تصنيف الجملة وفقاً لإستعمالها

يتم تصنيف الجُمل وفقاً لإستعمالها (أو تركيبها)، حيث تعمل الجملة بأربع طرائق للتعبير عن الأفكار، والأحاسيس والمشاعر الإنسانية للكاتب، و على النحو الآتي:

1)   الجُملة التصريحية

Declarative Sentence

هي جُملة تُصَرِّح للقاريء بمعلومة خبرية مثبتة أو منفية، مثال:

In 1666 much of London was consumed by fire.

وقد تعطي الجملة التصريحية بطبيعة الحال، معلومة خبرية غير صحيحة، مثال:

In 1620 the Great Fire of London occurred.

(2   الجملة الإستفهامية

Interrogative Sentence

هي جملة تطرح سؤالاً و تنتهي بعلامة إستفهام (؟)، مثال:

Where are the snows of yesterday?

Imperative Sentence
(3   الجملة الأمرية

هي جملة تُفيد بطرح صيغة أمر على المُتلقّي أو المُستمع، مثال:

Give us this day our daily bread.

غالباً ما يكون فاعل جملة الأمر مفهوماً من سياق الجملة وغير مكتوب. وفي المثال السابق، الفاعل هو (You) المفهوم ضمناً. مثال آخر.

Be seated somewhere; and until you can speak pleasantly, remain silent. (Jane Eyer –Sharlotte BRONTË)

Exclamatory Sentence
4) الجملة التعجُبية

تعبّر جملة التعجُب exclamation عن متنفّس للمشاعر القوية والأنفعالات الأنسانية – مثل الغضب والأسىّ و الحزن والدهشة والندم، وما شابه ذلك، مثال.

<u>Oh!</u>, Hamlet, thou اثنان hast (has) cleft my heart in twain أنت.

<u>Alas!</u> Yes; no jail was ever more secure. (Jane Eyer –Sharlotte BRONTË)

Sentence Classified According to Structure
تصنيف الجملة وفقاً لتركيبها

تصنف الجملة وفقاً لتركيبها، وللجملة أربعة أنواع من التراكيب، مبيّنة فيما يلي.

Simple Sentence

1) الجملة البسيطة

تتضمن الجملة الإبتدائية بسيطة التركيب والمفيدة، مبتدأ subject (واحد)، وخبر predi-cate (واحد) في بنائها (فاعل وفعل)، مثال:

People love.

هذه هي أبسط صيغة تركيبية لجملة بسيطة تحتوي على اسم مبتدأ وفعل محدِّد finite verb (يفيد التعريف والتحديد والحصر والأيضاح الدقيق والتوصيف والتفسير) يكون خبراً فيها. ويمكن بالطبع، توسيع تركيب الجملة البسيطة باضافة محدِّدات لغوية modifiers وتكملة complement اليها، مثال:

Neurotic men and women love only themselves.

لا يُغيّر المبتدأ المركَّب men and women من تركيب الجملة البسيط، وقد يأتي المبتدأ والخبر بصيغة مركَّبة في الجملة البسيطة.

ملاحظة: بغض النظر عن تركيب الجملة بسيطاً، أو مركَّباً poundcom أو معقداً complex، إلّا أنّه يمكن استعمالها لإعطاء معلومة خبريّة تصريحيّة declara-tive statement، أو إستفهاميّة interrogative، أو أمريّة imperative، أو تعجُبيّة exclamatory.

Compound Sentence

2) الجملة المركَّبة

تحتوي الجملة المركَّبة المفيدة على أثنتين (أو أكثر) من العبارات الرئيسة main clausem، (كما تسمى أيضاً المستقلة clauseprinciple - independent clause)، مثال:

Man has his will, *but* woman has her way.

أداة الربط but التي تربط بين العبارات المتساوية في الأهمية في الجملة، تربط هنا بين العبارتين المستقلتين في المثال السابق. كما يمكن استعمال الفارزة المنقوطة (;)semi colon للربط بين العبارتين بدلاً من أداة الربط but وعلى الشكل التالي:

Man has his will; woman has her way.

معلومة: تُستخدم الفارزة المنقوطة [;] (أو الفاصلة المنقوطة) Semi-Colon في تفكيك الجمل البسيطة أو تقسيمها، في الحالات التي لا تكون فيها الفارزة [,] (أو الفاصلة) كافية تمامًا للحفاظ على معنى الجملة البسيطة بشكل كافٍ.

Complex Sentence

3) الجملة المعقَّدة

تتضمن الجملة المعقَّدة المفيدة عبارة رئيسة main clause واحدة، إضافة الى واحدة أو أكثر من العبارات الثانوية subordinate clause (التابعة للعبارة الرئيسة). مثال:

This woman is the most inconsistent compound of ob-متناقض stinacyعناد and self-sacrifice <u>that I have ever seen</u>.

تضُم هذه الجملة العامة عبارة رئيسة واحدة، وجملة ثانوية واحدة (تحتها خط). مثال آخر:

You are such a provoking person because, though you are never right, you are never more than half wrong.

تحتوي الجملة العامة على عبارة رئيسة واحدة، وعبارتين ثانويتين:

though you are never right, you are never more than half wrong.

Compound-Complex Sentence

4) الجملة المركَّبة-المعقَّدة

يضم هذا النوع من الجمل المركبة-المعقَّدة المفيدة أثنتين (أو أكثر) من العبارات الرئيسة main clause وواحدة (أو أكثر) من العبارات الثانوية التابعة subordinate clause.

مثال:

<u>However great may be the love that unites them</u>, a man and a

woman are always in mind and intellect; they remain combat-ants <u>who belong to different races.</u>

في المثال السابق، تحتوي الجملة العامة على عبارتين رئيستين (main clause)، (لا يوجد تحتهما خط)، وعبارتين ثانويتين (subordinate clause)، (تحتهما خط). أما الفارزة المنقوطة (;)semicolon بين العبارتين الرئيستين، فهي بديل عن فارزة، أو أداة ربط، وتربط بين العبارتين الرئيستين في الجملة العامة.

The Parts Of Speech

2. أقسام الكلام

يتناول هذا الفصل أقسام الكلام وتأثير كل كلمة من أقسام الكلام في الجملة، أي وظيفتها في الجملة وحالات استعمالها فيها.

توجد في أقسام الكلام، بعض الكلمات التي، تحت ظروف معيّنة، تنتمي الى أكثر من قسم واحد من أقسام الكلام كما نرى ذلك فعلاً في أسماء المفاعيل participles. ولكن هذا لا يقتصر بأي شكل على هذا التعريف الخاص للكلمات. مثال:

The message was sent <u>by</u> him.
He stood <u>by</u> at the time.

ان الأداة by، في الجملة الأولى، هي حرف عطف preposition، لكنها أتت ظرفاً-adverb في الجملة الثانية.

بالتالي لا تنسى، إنَّ المعنى الذي تُستخدم فيه الكلمة، (وليست الحروف التي تتكون منها)، هو الذي يحدّد للقاريء نوع قسم الكلام الذي تنتمي إليه.

نصيحة: حاول التعلُّم عن طريق التمرين practiceلفهم معنى الكلمات والجمل ومعرفة طبيعتها، بدلاً من اللجوء الى طريقة الحفظ و الإستذكار عن ظهر قلب to get by rote، لأن مَن يفشل في التعلُّم بالتطبيق العملي، سرعان ما يلجأ الى الأعتماد على قوى الذاكرة في التعلُّم. وبالنتيجة سوف يكون الأمر، بالفعل، سيئاً للغاية، فالنسيان عند الإنسان، في الغالب، نعمة، ولكنه قد يصبح نَقمةً أحياناً.

سوف تعطيك هذه الطريقة في التعلُّم متعةً فائقةً ودفعاً قوياً، حينما تكتشف انك على صواب، وستتلهف لإكمال ما ستقتنع به وما بدأته بنجاح. كما سوف تفخر أنك، وبدون أية مساعدة من أحد، قد اكتسبت حقًا معرفة جديدة لن تنساها أبدًا.

ولوجود تسع وظائف مستقلة للكلمات التعبيرية المستعملة في الجملة، تم تقسيم تلك الكلمات الى تسعة أقسام للكلام Parts of Speech، وعلى النحو الآتي:
1.أدوات التعريف والتنكير

2.الأسم (أو الموصوف)

3.الضمير

4.الفعل

5.الصفة (النعت)

6.الظرف

7.حرف الجَّر

8.حرف العطف (أو الربط)

9.أداة التعجب

ويقابلها في الإنجليزية مايلي:

1. Articles
2. Noun (n.), or Substantive (s.)
3. Pronoun (pron.)
4. Verb (v.)
5. Adjective (adj.)
6. Adverb (adv.)
7. Preposition (prep.)
8. Conjunction (conj.)
9. Interjection (interj.)

يبين لك الجدول التالي وظائف أقسام الكلام واستعمالها في الجملة، مع الأمثلة

الإيضاحية.

1.أدوات التعريف والتنكير: للتعريف بالشخص أو الشيء أو جعله غير محدَّد

(نكرة). مثال.

the doctor, a doctor, an orange

2.الأسم (n.): لتسمية شخص، أو مكان، أو شيء، أو خاصية، أو حالة، أو عمل.

مثال.

Adam, London, pen, wit, joy, laughter

3.الضمير (pron.): يحل محل الإسم، ويعوِّض عنه في الجملة. مثال.

he, she, it, we, they, you

4.الفعل (.v): يعبّر عن عمل، أو حدث، أو فعل، أو حالة وجود. مثال.

run, talk, think, is, was, will be

5.الصفة (.adj): تحدّد الإسم أو الضمير وتصفه أو تعيّنه. مثال.

strong man, ugly city, limited quantity, few hours

6.الظرف (.adv): يحدّد الفعل أو الصفة أو الظرف (الحال). مثال.

think quickly, very fast, unusually smart

7.حرف الجَر (.prep): يوضّح علاقة الإسم أو الضمير مع الكلمات الأخرى. مثال.

cart before horse, dog in house, bombs over Berlin

8.حرف العطف (.conj): يربط بين كلمتين، أو بين مجموعتين من الكلمات. مثال.

Jack and Jill, candy is dandy but liquor is quicker

9.أداة التعجب (.interj): تبيّن الأحاسيس والشعور. مثال.

Good God!, Heigh-ho!, Hurrah!

تأتي الكلمة في الجملة إسماً أو فعلاً أو صّفةً، أو أي قسم آخر من أقسام الكلام في اللُغة، وذلك استناداً الى وظيفتها أو الغرض من استعمالها فقط. أي، تكون الكلمة إسماً اذا استعملت إسماً في الجملة، وتكون حرفاً للجَر فيها، اذا استعملت على هذا النحو وأظهرت العلاقة بين الأسماء والكلمات الأخرى في الجُملة، وهَكَذا دَوالَيك.

في القطعة التالية، لاحظ استعمالات الكلمة (round) بخمس وظائف متنوّعة.

As I <u>round</u> (1) the corner of the building, I reflect that our <u>round</u>

(2) world spins <u>round</u> and <u>round</u> (3) on its axis, at the same time

making a circle <u>round</u> (4) the sun that results in the <u>round</u> (5) of seasons.

الشرح:

(1 فعل مضارع يعبّر عن الحركة بمعنى يلِّف حول، أو يدور حول:

I <u>round</u>

(2 صفة (نعت) تشخّص الأسم world وتصفه بكونه مُدَوَّر الشكل:

<u>round</u> the world

(3 ظرف يوَضِّح لنا كيفية عمل الفعل spin.

spins <u>round</u> and <u>round</u>

(4 حرف جَّر يبيِّن العلاقة بين الأسمين circle, sun.

circle <u>round</u> the sun

5) أسم يُسمِّي شيئاً ما:

<u>round</u> of seasons

تمرين: لاحظ أنواع أقسام الكلام (تحتها خط) في الجمل الآتية:

<u>Jack</u> and <u>Jill</u> went up the <u>hill</u>.

To *fetch* a <u>pail</u> <u>of</u> <u>water</u>.

<u>Jack</u> <u>fell</u> <u>down</u> and <u>broke</u> <u>his</u> <u>crown</u>.

<u>And</u> <u>Jill</u> <u>came</u> tumbling <u>after</u>. تتعثر

تحليل الكلمات وأقسام الكلام ووظيفتها في التمرين:

Jack

اسم يدل على شخص محدد

And

حرف عطف يربط بين اسمين

Jill

اسم يسمِّي شخصاً محدداً

went

فعل ماضي يوضِّح الحدث الواقع في الجملة

up

حرف جَّر يبيِّن علاقة الفعل went مع الأسم hill

CHAPTER II. THE NOUN

الفصل الثاني. الإسم

تعني الكلمة noun (.n) الإسم name الدال على الأشخاص والأشياء. ويعمل الإسم في الكلمة، على تسمية شخص معيّن، (أو مكان، أو شيء، أو خاصية، أو حالة معيّنة، أو عمل معيّن) فيها. وهو ما يُعرَّف به الشّخص أو الشّيءُ ويُستدَلُّ به عليه.

وللإسم في الإنجليزية أربعة أنواع وكما يلي.

(1)   الإسم النكرة Common Noun، مثال:

dog, table, man

(2)   اسم العَلَم Proper Noun، مثال:

Joseph, Tom, Josephine, France, London, Mrs. Smith

(3)   اسم المَعنى المُجّرد Abstract Noun، مثال:

beauty, fear, courage, joy

(4)   اسم الجَماعة Collective Noun، مثال:

swarm حشد team, crowd ,سرب;
flock مجموعة herd ,جماعة group ,قطيع

ملاحظة: تُصاغ بعض الأسماء المُرَكَّبَة في الإنجليزية من التركيب التالي:

مفعول به object يتبعه فاعل subject، مثال:

Ticket <u>office</u>
Book <u>store</u>,

تعتبر الكلمة office، في المثال السابق، فاعلاً subject لأنها المكان الذي يبيع البطائق Ticket التي هي مفعول به object.

وتكون الكلمة store فاعلاً subject لأنها المكان الذي تحفظ فيه الكتب Book والتي هي مفعول به object.

ولا يعني هذا امكانية صياغة الإسم المركّب بهذه الطريقة دائماً.

1. KINDS OF NOUNS

أنواع الأسماء

Common And Proper Nouns

أولاً. الإسم العام وإسم العَلَم

يكون الإسم العام (الشائع) common noun إسما عاماً وشائعاً ومشتركاً، يستعمل للتعميم والشمولية لجميع الأشخاص أو الأشياء بدون تحديد أو تعريف.

بينما يكون الإسم العَلَم proper noun، إسماً مقتصراً على شخص معين من بين مجموعته أو فئته، أو صنفه، يختلف عن بقية الأشخاص (أو شيء معين يختلف عن الأشياء الأخرى) ومستقل عنها. مثال:

فيما يأتي الأسماء العامة المشتركة. وتجد تحتها أسماء العلم.

Man
Henry James, G. B. Shaw
City
London, Amsterdam
Hill
Tower Hill
Smith
Captain John Smith
Albert
Albert Einstein
Book
Tom Sawyer
Poem
"The Waste Land"

ملاحظة: يكتب الحرف الأول من أسماء العَلَم عادة بحرف كبير (Capital Letter) أينما تقع في الجملة، بينما تُستَهَلُّ الأسماء العامة (الشائعة) بكتابتها بحرف كبير (Capital Letter) عندما تأتي في أول الجملة فقط.

Concrete And Abstract Nouns

ثانياً. اسم الذات واسم المَعَنى

ـ   إسم الذات

concrete noun

هو اسم الأشياء المادّية التي يمكن لَمسَها، ورؤيتها، وسَماعها، وشَمَّها، وادراكها بالحواس، مثال:

coward, democrat, beggar

ـ   إسم المعنى

abstract noun

هو اسم الخاصيّة والحالة، والعمل، وهو فكرة (أو مفهوم أو معتقد) و بالتالي لا يمكن لمسة باليد أو رؤيته أو سماعه، أو ادراكه بالحواس، مثال:

fear, democracy, poverty, conscience, vanityغرور ,
vice, sobrietyبسالة, valor ثبات , steadinessاعتدال

Collective Nouns

ثالثاً. إسم الجَماعة

يستعمل إسم الجماعة للتسمية الشمولية لمجموعة من الناس (أو الأشياء) كما لو أنهم كانوا شخصاً واحداً، ويكون مفرداً singular noun في صيغته المكتوبة ومجموعاً noun collective في معناه، مثال:

هيئة محلفين flock, قطيع، جمهور committee, لجنة jury
أسرة mob, حشد، جماهير، غوغاء regiment, كتيبة family

ويأتي الإسم الجَمْعي أما مُفرداً أو مجموعاً في الجملة، وذلك استناداً الى الغرض الذي يستعمل من أجله، مثال:

The committee <u>was</u> unanimous.

أي أن اللجنة عملت بوصفها وحدة واحدة، أو كياناً واحداً.

The committee were arguing among themselves.

أي أن اللجنة، كما هو واضح، كانت تعمل بأعضائها، كل بمفرده، وليست ككتلة واحدة متحدة..

2. Inflection Of Noun

تصريف الإسم

يدلُّ تصريف الإسم في الإنجليزية على التغيير الحاصل في تهجئة (الإملاء) الكلمة ليحدث تغييراً في معناها- الاختلاف في شكل الاسم أو الضمير أو الصفة، والذي يتم من خلاله تحديد الحالة النحوية والعدد والجنس. كما يبين التصريف في الأسماء declension التغيير الحاصل في الصيغة العددية للإسم man, men، أو في نوع جنسه man, woman، أو في حالته الإعرابية man, man's.

3. Number In Noun

حالة العدد في الإسم

العدد في الأسماء، هو صيغة الإسم العددية التي تدل على عدد الأشخاص أو الأشياء المعدودة (ويسمى بالعدد الأصلي)، أو على رتبتها، فيقال له (العدد الترتيبي أو الصفة العددية).

وتبين حالة العدد لنا ما اذا كان ذلك الإسم يعبّر عن المفرد، أو المجموع- أي اذا كان يدّل على شخص واحد، أو شيء واحد، أو مجموعة من الأشخاص أو الأشياء (أثنان وأكثر)، وغيرها، مثال:

girl, country, joy   (singular صيغة المفرد)
girls, countries, joys   (plural صيغة الجمع)

4. The Plural Number In Noun

الجمع في الإسم

1) نجمع الإسم المفرد، في الغالب، باضافة اللاحقة النهائية المتمثلة بالحرف التالي (-s) في آخره، مثال:

lands, lovers, books, battles

2) تُصاغ صيغة المجموع للأسماء المفردة المنتهية بالنهايات:

-o, -ss, -s, -ch, -sh, -x, -z

وذلك باضافة النهاية (-es) الى آخرها، مثال:

Heroes, kisses, misses, taxes, waxes, mazes, blazes, dishes, wishes, churches

ملاحظة: نضيف الحرف (s-) الى نهاية الإسم المفرد لتكوين صيغة الجمع منه، وذلك حينما يتساوى عدد المقاطع اللفظية syllables في كلا الصيغتين (في حالتي المفرد والمجموع).

ونضيف الحرفين (es-) الى نهاية الإسم المفرد لتكوين صيغة الجمع منه، وذلك عندما يزيد عدد المقاطع اللفظية في صيغة المجموع على عدد المقاطع اللفظية الموجودة في صيغة الإسم المفرد بمقطع لفظي واحد.

وهكذا، فان لفظ الكلمة المفردة book يشبه لفظ الكلمة books التي في صيغة المجموع، اذ يتكون كلاهما من مقطع لفظي واحد. ولذلك نضيف الحرف (s-) فقط الى نهاية الكلمة المفردة لتكوين صيغة المجموع منها وحسب الملاحظة السابقة.

ولكن يوجد في الكلمة المفردة kiss مقطعا لفظياً (مقطع صوتي) واحد، بينما لصيغة المجموع منها مقطعان لفظيان، لذا نضيف (es-) الى نهاية الكلمة المفردة لتكوين صيغة المجموع.

وكدليل مساعد ونبراس واضح في كتابة الإملاء الصحيح للأسماء، نتلفّظ صيغة المفرد للكلمة ونقارنها بلفظتها حينما تكون في صيغة المجموع، وبالتالي يمكننا تحديد نوع لاحقة الجمع المطلوبة. مثال.

book, book**s**
kiss, kisse**s**

(3) نجمع الأسماء المفردة المنتهية بالحرف (y-) المسبوق بحرف صحيح ساكن con-sonant، وذلك باستبدال الحرف (y-) الموجود في نهاية الإسم، بالحرف (i-) و اضافة اللاحقة النهائية (es-) الى آخر الكلمة، مثال:

fly, fli**es**
baby, babi**es**
agency, agenci**es**
lady, ladi**es**
study, studi**es**
vanity, vaniti**es**

ملاحظة: نجمع الأسماء المفردة المنتهية بالحرف (y-) المسبوق بحرف علّة (مُعتَل) vowel، باضافة الحرف (s-) فقط الى نهاياتها، مثال:
d**a**y, day**s**
b**o**y, boy**s**

chimn<u>ey</u>, chimney<u>s</u>
monk<u>ey</u>, monkey<u>s</u>

(4)   نجمع الأسماء المفردة المنتهية بالحرف (o-) المسبوق بحرف صحيح (conson)
(ant، وذلك باضافة اللاحقة (es-) الى آخرها، مثال:

he<u>r</u>o, hero<u>es</u>
mosqui<u>t</u>o, mosquito<u>es</u>
pota<u>t</u>o, potato<u>es</u>
volca<u>n</u>o, volcano<u>es</u>

الكلمات التالية مستثناة من القاعدة السابقة:

halo, halos, piano, pianos, silo. silos
kilo, kilos, photo, photos, No.. Nos.
casino, casinos, zero, zeros, dynamo, dynamos
concerto, concertos, cappuccino, cappuccinos, memo, memos

(5)   نجمع الأسماء المفردة المنتهية بالحرف (o-) المسبوق بحرف علّة (vowel)
في الكلمة، وذلك باضافة اللاحقة (s-) الى آخرها، مثال:

studi<u>o</u> – studio<u>s</u>, portfoli<u>o</u> – portfolio<u>s</u>, cuck<u>oo</u> طائر الوقواق -
cuckoo<u>s</u>

(6)   الأسماء (الأثنا عشر) المفردة التالية، المنتهية بالحرف (f-)، أو (fe-)، نجمعها
باستبدال هذه الحروف بالحرف (v-) ثم اضافة اللاحقة (es-) الى آخر الكلمة، مثال:

cal<u>f</u>, cal<u>ves</u>, sel<u>f</u>, sel<u>ves</u>
hal<u>f</u>, hal<u>ves</u>, shea<u>f</u>, shea<u>ves</u>
kni<u>fe</u>, kni<u>ves</u>, shel<u>f</u>, shel<u>ves</u>
li<u>fe</u>, li<u>ves</u>, thie<u>f</u>, thie<u>ves</u>
lea<u>f</u>, lea<u>ves</u>, wi<u>fe</u>, wi<u>ves</u>
loa<u>f</u>, loa<u>ves</u>, wol<u>f</u>, wol<u>ves</u>

الكلمات التالية مستثناة من القاعدة:

chief, chiefs, proof, proofs
cliff, cliffs, roof, roofs
fife, fifes, safe, safes
grief, griefs, strife, strifes
gulf, gulfs, turf, turfs

ملاحظة: يمكن جمع الأسماء الآتية على صيغتين، أمّا باضافة الحرف (s-) الى نهاياتها، أو
بحذف الحرف (f-) من آخرها واضافة اللاحقة الأخيرة (ves-) بدلاً عنه اليها.

scarf – scarfs, scarves وشاح
wharf – wharfs, wharves رصيف
hoof – hoofs, hooves حافر

(7)   نجمع الأسماء المفردة الثمانية التالية بتغيير أحّد (أو بعض) حروف العلّة
(vowels) أصوت العلّة اللّيّئة، فيها، مثال:

man, men, mouse, mice

woman, women, louse, lice
tooth, teeth, dormouse, dormice
foot, feet, goose, geese

(8)   الأسماء الأربعة المفردة التالية، تُجمع باضافة اللاحقة (en-) أو (ne-) الى
نهاياتها، مثال:

ox – oxen,

cow – kine ماشية, cows,
child – children,
brother – brethren.

ان صيغتي الجمع الأكثر شيوعا في الكلمتين brother و cow هما brothers و
cows. وتعني الكلمة brethren أيضاً أُخُوّة (في المذهب أو القومية أو المعتقد)،
وتلفظ /brethrin/.

(9)   تُجمع الأسماء المفردة المركبة compound باضافة الحرف (s-) الى نهاية
الكلمة الأكثر أهمِّية في التركيب، مثال:

mother-in-law, mothers-in-law,
court-martial, courts-martial محكمة عسكرية
will-O'-the wisp سراب , will-O'-the wisps,
sister-in-law , sisters-in-law

ملاحظة:

ـأ في الأسماء المفردة المركبة من مقطعين و تتصدرها الكلمة man أو الكلمة
woman، يتم استحداث صيغة المجموع وذلك بجمع المقطعين فيها، مثال:

Manservant - menservants

ب- تجمع الأسماء المفردة المركَّبة الخالية من الفاصلة الخطيَّة (-) (التي تجمع ما بين مقاطعها)، وذلك باضافة الحرف (s-) الى آخرها، مثال:

pickpocket نشّال , pickpockets,
stepmother   , stepmothers

ت- في الأسماء المفردة المركبة المكوَّنة بواسطة حرف جَر preposition أو ظرف adverb، تُجمع الكلمة الأولى فيها فقط. وعندما تكون الكلمة الأخيرة في التركيب صِّفة adjective، فهي التي يجب تغييرها الى صيغة الجمع، عادة، مثال:

father-in-law, fathers-in-law

ث- نجمع الكلمة المفردة المنتهية باللاحقة الأخيرة (ful-)، باضافة الحرف (s-) الى نهايتها، مثال:

Handful, handfuls,
Armful, armfuls,
Spoonful, spoonfuls

(10   في الأسماء المفردة غير الإنجليزية الأصل، وما لم تكن مألوفة تماماً، يتم جمعها وفقاً لتصريفها اللُّغوي الأصلي استناداً الى قواعد الجمع المتبعة في اللُّغة المصدر.

توجد في اللغة الإنجليزية اليوم، عدة آلاف من الكلمات (الأسماء) الأجنبية الأصل والتي تستعمل فيها وحسب الظَّرف المناسب، أذكر لك منها الأسماء التالية:

الكلمات اللاتينية:
صيغة المفرد تتبعها صيغة الجمع.

addendum, addenda
alumnus, alumni
datum, data
erratum, errata
agendum, agenda
memorandum, memoranda
radius, radii
terminus, termini

الكلمات الإغريقية (اليونانية):
صيغة المفرد تتبعها صيغة الجمع.

axis, axes
analysis, analyses
basis, bases
crisis, crises
oasis, oases
phenomenon, phenomena
thesis, theses

الكلمات الفرنسية:
صيغة المفرد تتبعها صيغة الجمع.

bandeau, bandeaux
monsieur, messieurs
crème brûlées, crèmes brûlées

(11) للأسماء الأجنبية الأصل المستعملة في اللغة الإنجليزية، صيغتا جمع عادةً، وكما يلي:

• صيغة جمع أجنبية (ليست إنجليزية)، تعود الى قواعد أصل الإسم الأجنبي (غير الأنجليزي).

• صيغة جمع إنجليزية، أي باضافة الحرف (s-) أو (es-) الى نهاية الإسم (الأجنبي) المفرد.

يبيّن المثال الآتي بعضاً من تلك الأمثلة.

الكلمات اللاتينية:

تجد في المثال التالي صيغة المفرد تتبعها صيغة الجمع الإنجليزي ثم صيغة الجمع غير الإنجليزية ـ اللاتينية على التوالي.

apparatus, apparatuses, apparatus
aquarium, aquariums, aquaria
formula, formulas, formulae
millennium, millenniums, millennia
ultimatum, ultimatums, altimata

الكلمات الإغريقية (اليونانية):

في المثال التالي صيغة المفرد تتبعها صيغة الجمع الإنجليزي ثم صيغة الجمع غير الإنجليزية - الإغريقية على التوالي.

automaton, automatons, automata
gymnasium, gymnasiums, gymnasia
hippopotamus, hippopotamuses, hippopotami
exicon, lexicons, lexica

الكلمات الفرنسية:

يبين المثال التالي صيغة المفرد تتبعها صيغة الجمع الإنجليزي ثم صيغة الجمع غير الإنجليزية - الفرنسية على التوالي

adieu, adieus, adieux
flambeau, flambeaus, flambeaux
portmanteau, portmanteaus, portmanteaux
trousseau, trousseaus, trousseaux

الكلمات الإيطالية:

يبين المثال التالي صيغة المفرد تتبعها صيغة الجمع الإنجليزي ثم صيغة الجمع غير الإنجليزية - الإيطالية على التوالي

bandit, bandits, banditti
concerto, concertos, concerti
fascist, fascists, fascisti
libretto. librettos, libretti

12) تأخذ بعض الأسماء صيغتي جمع، ولكل صيغة منهما معناها الخاص بها، لاحظ ذلك في المثال الآتي:

index
books have <u>indexes</u>.
numbers have <u>indices</u>.

die
machinists use <u>dies</u>.

gamblers use <u>dice</u>.

genius
<u>geniuses</u> have high intelligence quotients.
<u>genii</u> act as guardian or demonic spirit.

(13)   تأتي بعض الأسماء في صيغة الجمع فقط، مثال:

cattle, scissors, people, police
goods, billiards, bellows, alms
shoes. commons, blues, athletics
trousers, forceps, economies, dregs

(14)   أمّا الأحرف والإشارات والأعداد، وبعض الألفاظ التي تُعَدّ كلمات، تُجمع كلها باضافة اللاحقة (s-) في آخرها، مثال:

Cross your t's and dot your i's.
Omit t's and –'s.
Excise all the this's and that's.
They were at 6's and 7's.

ملاحظة: الكلمات التالية ton, ounce, pound تجمع باضافة اللاحقة التالية (s-) في نهايتها وذلك عندما تكون أسماءاً noun في الجملة، مثال:

six pounds of salt

كما لا تأخذ الكلمات stone, hundredweight اللاحقة (s-) في نهايتها عند جمعها، وذلك عندما تستعمل في الصفات المُرَكَّبة، مثال:

A ten-ton lorry.

(15)   تحتفظ بعض الأسماء بصيغة المفرد singular form دائماً، منها:

advice, brain, character, dirt, furniture
information, luggage, machinery, news, wisdom

ملاحظة: لا تتغيّر صيغ أسماء بعض الحيوانات والأسماك في حالة الجمع، ومنها:

sheep, deer, trout, salmon, grouse
one sheep, six sheep
one fish, ten fish

ملاحظة: نجمع الكلمة (penny) بحالتين، أمّا بالصيغة (pennies)، أو بالصيغة (pence).
وتستعمل صيغة الجمع (pence) عند ذكر مبلغ النقود، مثال:

The ticket costs four pence.
If you have four pennies, you can get it from the machine.

5. Gender

صيغة جنس الأسم

تبين لنا صيغة النوع جنسه gender في اللغة الأنجليزية التذكِّير و التأنِيث في الإسم، أي فيما اذا كان الإسم مذكّراً masculine gender، أو مؤنثاً feminine gender، أو محايِداً neuter gender، أو بالصيغة العامَّة المشتركة common gender. واليك فيما يأتي الإيضاح المُبَسّط لهذه الصيغ الأربع، واستعمالاتها مع الأمثلة على ذلك.

(1)   صيغة الإسم المذكَّر Masculine Gender

تسعمل هذه الصيغة للذكور من النّاس والمخلوقات الأخرى، مثال:

boy, father, Joseph, bull, cock, stallion, lion

(2)   صيغة الإسم المؤنَّث Feminine Gender

تسعمل هذه الصيغة للإناث من المخلوقات (والأشياء) الأخرى، مثال:

girl, mother, Josephine, cow, hen, mare, lioness

(3)   صيغة الإسم المحايد Neuter Gender

تستعمل هذه الصيغة للأسماء التي ليست بالمذكّر ولا بالمؤنّث، (أو أن جنسها غير واضح في ساعة الكلام)، أي، كلمات يستوي فيها المذكّر والمؤنّث (مثل: قتيل، عجوز، جريح)، ومثال على ذلك:

flower, fire, furnace فُرن

(4   صيغة الإسم العامَّة (المشتركة) Common Gender

هذه صيغة عامة ومشتركة لأسماء الأشخاص أو الحيوانات أو النباتات التي تشير بشكل عام لكلي الجنسين، مثال:

cousin ابن أو ابنة العم أو الخال
parent أحد الوالدين
child, fish, bird.

يمكننا معرفة نوع الإسم (المذّكر والمؤنّث) والإستدلال عليه بالطرائق الثلاث الآتية، وكما مؤَّضح في الأمثلة المذكورة.

(1) باستعمال كلمتين مختلفتين لتسمية كل من حالة المذَّكر والمؤنَّث.

(2) بتغيير اللاحقة الأخيرة في الكلمة المذَّكرة masculine، ليصبح جنسها مؤنثاً feminine. ويمكن ذلك بإضافة اللاحقة النهائية الموقع (ess.-) الى آخر الإسم المُذَّكر. وغالباً ما يتم حذف الحرف النهائي (e.-) أو (o.-) من آخر الأسماء المذَّكرة المنتهية بالتركيب (er.-) أو (or.-)، عند صياغة المؤنَّث منها.

(3) بإضافة كلمة جديدة الى الإسم المذَّكر لتكوين الصيغة المؤنَّثة منه.

لزيادة الإيضاح، لاحظ الأمثلة التالية.

(أ). باستعمال كلمتين مختلفتين للإسم في صيغتي المذَّكر المؤنَّث، مثال:

المعنى	المؤنَّث	المعنى	المذَّكر
عمَّة أو خالة	aunt	عم أو خال	uncle
نعجة	ewe	كبش	ram
بقرة	cow	ثور	bull
دجاجة	hen	ديك	cock
مهرة	filly	مهر الخيل	colt
عروس	bride	عريس	groom
فرس	mare	حصان	horse
بطة	duck	ذكر البط	drake
سيِّدة	Lady	سيِّد	Lord
أخت	sister	أخ	brother
انثى الظبي	doe	ذكر الظبي	buck

(ب). بتغيير اللاحقة الأخيرة في الكلمة المذَّكرة، مثال actor:

المعنى	المؤنَّث	المعنى	المذَّكر
ممثِّلة	actress	ممثِّل	acto
بارونة	baroness	بارون	baron
مُحصِّلة	conductress	مُحصِّل	conductor

duke	دوق	duchess	دوقة
god	إله	goddess	إلاهة
hero	بَطَل	heroine	بَطَلَة
manager	مدير	manageress	مديرة
widow	أرمل	widower	أرملة

(ج). باضافة كلمة جديدة الى الإسم المذَّكر، مثال:

المذَّكر	المعنى	المؤنَّث	المعنى
billy goat	تيس	nanny goat	عنزة
bridegroom	عريس	baroness	عروس
Landlord	مالك الأرض	Landlady	مالكة الأرض

ملاحظة: تأخذ أسماء البلدان والسُفن صيغة المؤنَّث feminine في الإنجليزية، مثال:

The ship is sailing tomorrow, <u>she</u> is loaded with wood
and <u>her</u> name is "Pearl of East".

Scotland lost many of <u>her</u> bravest men in two great rebellions.

تأخذ أغلب الأسماء الصيغة المشتركة للمذكَّر وللمؤنَّث، مثال:

parent, child, author, cousin, painter, artist, rider, driver,
cock, prisoner, singer, dancer, scientist, reporter, journalist.

6. Personification

تشخيص الإسم

تضاف الصفات البشرية (بشكل مجازي) الى بعض الأشياء، أو المفاهيم ذات الجنس المحايد neuter، وذلك لمنحها صفة شخصية ـ جعلها تبدو وكأنها ذات قوى بشرية، أو شبيهة بالبشر، وبالنتيجة، يجوز أن تأخذ صيغة الجنس المذكَّر masculine أو المؤنَّث feminine. وعادة ما تُكتب الأسماء المُشخَّصنة personified باستعمال الحرف الكبير Capital

Letter في مُستهلها، مثال:

<u>Crops</u> fail at times, but <u>Death</u> always reaps <u>his</u> harvest.

تفسير: تُجنى المحاصيل في أوقاتها، لكن الموت يَجني محصوله متى شاء. أي أن الموتَ لا يُمهل.

Then Ire came in, his hand upon his knife.

تفسير: ثم دخل الغَضَب ويده على سكينه. أي ان الغَضَب هو مَنْبع الشُرور.).

She has her sister-ships.

تفسير: لها مثيلاتها من الشُفن الأخرى.

Fame smiled, displaying her false teeth.

تفسير: ابتسمت الشهرة كاشفة عن أسنانها الزائفة.

7. Case

الحالات الإعرابية في الإسم

تعريف الحالة الإعرابية: هي شكل الإسم noun أو ضمير pronoun يعكس وظيفته النحوية في جملة كفاعل they، أو مفعول به them، أو ضمير تملُّك their. مثال.

<u>She</u> ، that pleased employees a raise ضمير تملُّك <u>her</u> gave اسم فاعل <u>them</u> greatly. ضمير مفعول به

تعكس حالة الإسم النَحوية التغيير الذي يحصل في صيغة الإسم القواعدية، وتوضِّح لنا علاقة الإسم النَحوية مع الكلمات الأخرى في الجملة. فاذا قام الإسم بالعمل (الحدث في الجملة) باعتباره فاعلاً subject في الجملة، أو وقع عليه فعل العمل (الحدث في الجملة) لكونه مفعولاً به object، تبقى صيغته الإملائية نفسها دون أي تغيير، أي لا تتغير حروف تهجئة الإسم. مثال:

<u>Alex</u> threw the *bull*.
The <u>bull</u> threw *Alex*.

إيضاح: نفهم من الجملة الأولى، أن الفاعل Alex قد طرح المفعول به الثور bull. بينما انعكست الحالة في الجملة الثانية، حيث أصبح الأسم Alex مفعولاً به، حينما طرحه الثور bull، الفاعل subject في الجملة، مع ذلك لم يتغير شكل الصيغة الإملائية في كتابة الإسمين في الحالتين.

بينما يغيِّر الإسم من شكله (أو تهجئته)، عندما يستعمل للدلالة على الملكية فقط، وذلك لدخول الأضافة (اللاحقة) عليه، التي تكوِّن صيغة التملُّك فيه، مثال:

John's cape eluded the bull's horns.

فَلَتَ رداء جون من قرني الثور.

أستعرض لك فيما يلي بالشرح والتفصيل والأمثلة حالات الإسم الإعرابية التقليدية الثلاث. وأدعوك الى قرائتها باهتمام.

أولاً. حالة الرفع الإسمية

The Nominative Case

يكون الإسمُ (أو الضمير) مرفوعاً (دالاً على حالة الرفع)، أو مبتدأ مرفوعاً (subjective) في الحالات التالية، عندما يكون:

• فاعلاً subject لفعل الجملة، (أو تكملة للفاعل)، أو

• خبراً إسمياً مرفوعاً predicate nominative، أو

• كلمة نداء في صيغة الكلام المباشر vocative، أو

• بدلاً (عطف) appositive لكلمة أخرى في حالة الرفع في الجملة.

لتوضيح ذلك، لاحظ حالات الإسم التالية.

Subject of a Verb
أ_   الأسم فاعل لفعل في الجملة

لكي نجد الكلمة (أو الكلمات) التي تكون فاعلاً subject لفعل في الجملة، نضع أداة السؤال (من؟) Who? أو (ماذا؟) What? قبل فعل الجملة. بالتالي يكون جواب السؤال هو فاعل الجملة (أو المبتدأ) فيها، مثال:

Jonah was in the belly of the whale for three days and three nights.
Who was in the belly pf the whale?

الجواب هو Jonah، وهو اسم مبتدأ للفعل was (مع التكلمة، خبر الجملة).

Mike, Tom and Bill played football.
Who played football?

المبتدأ الثلاثي المركَّب Mike, Tom and Bill هنا، هو الفاعل للفعل played في الجملة. مثال آخر.

The nations are as a drop of a bucket.

<u>What</u> <u>are</u> as a drop of a bucket?

ما الذي عِبارَة عن قطرة (ماء) من دلو؟ الجواب The nations المبتدأ.

How beautiful upon the mountains <u>are</u> his <u>feet</u>?

هنا، لا يسبق الفاعل feet الفعل are، كما تعوَّدنا ملاحظته سابقاً، مع ذلك تبقى طريقة معرفة الفاعل ذاتها كما تعلمناها.

What are beautiful?

الجواب، feet. مثال آخر:

<u>He</u> shall not <u>strive</u>, nor <u>cry</u>, neither <u>shall</u> <u>he</u> <u>complain</u> in the streets.

تحتوي هذه الجملة على الأفعال striveshall و cry، و shall complain، والضمير he هو الفاعل subject لجميع الأفعال الثلاثة، بالتالي نستطيع الإستدلال عليه ومعرفته بوضع أداة الإستفهام who قبل الفعل المُراد الإستفهام عن فاعله.

Who shall strive?, Who cries?, Who shall complain?

Predicate Nominative

ب- الإسم الخبر المرفوع في الجملة

تستعمل الحالة الإسمية nominative case في الجملة بعد فعل الوصل ـ الفعل الرابط copula أو linking verb. و يكون الإسم noun هنا مكمِّلاً لمعنى جملة الفعل الرابط وخبراً للمبتدأ فيها.

لاحظ في الأمثلة التالية، كيفية تأثير الخبر المرفوع (الكلمة التي تحتها خط) ليحدِّد لنا الإسم (أو الضمير) المبتدأ الفاعل و يوضِّحه في الجملة.

God is <u>one</u>.
The Bible has become a little-known <u>book</u>.
We shall have been <u>friends</u>.
We remain neighbors.
The poet turned <u>traitor</u>.

The Linking Verb
تعريف الفعل الرَّابط

الفعل الرَّابط copula أو linking verb هو نوع من الأفعال التي تربط بين الفاعل

وبقية الجملة، ويقوم بالتصنيف classification أو بالتعريف identification.

ويعكس هذا الفعل الرابط حالة الوجود، أكثر ممّا يعبّر عن حدث ما في الجملة، ويعمل بصفته علامة مساواة تربط بين المبتدأ الفاعل subject والخبر المفعول به object – تكملة الجملة.

ويعدُّ فعل الكينونة to be أو فعل الصَيرُورة و الوجُود مع تصريفاته النّحوية، من أكثر الأفعال الرابطة شيُوعاً واستعمالاً في هذا المِضمار:

is, was, are , were, will be, have been, had been, etc.

كما يمكن استعمال الأفعال الآتية (و غيرها) بصفتها أفعال رابطة في الجملة:

appear, become, look, prove, seem

Direct Address

ت ـ حالة التخاطب المباشر (النداء)

تسمى الكلمة المستعملة لمناداة شخص ما (أو لتسميته) بالمبتدأ الإسمي المُنادى المباشر nominative of direct address وقد تكون إسماً أو أداة نداء (للمناداة)، مثال:

<u>Villain</u>, unhand me! (A short story by R. E. HOWARD.)

"<u>Oh Judgment</u>, thou art fled to brutish beasts!" (William Shakespeare, Julius Caesar), (Old English: thou = you, art = are).

من مسرحية يوليوس قيصر Julius Caesar لشكسبير، (الفصل 3 المشهد 2 الصفحة 5)، وفيها، يُذكّر أنتوني Antony الجمهور، في خطبته، أنَّ لديهم كل سبب لندب موته، مناشداً "آهِ أيها القدر! أنت هربت إلى الوحوش الضاريات".

Will you roam, <u>Romans</u>?

يا أيها الرومان، أوَ تتسكعون دون هدف؟

Your enemies, <u>my friends</u>, are my enemies.

أعداءكم، يا أصدقائي، هم أعدائي.

Appositive

ث ـ الإسم البَدل

يعدُّ الإسم بدلاً لإسم آخر، (أو في حالة بدَل مع إسم آخر)، عندما يُعرِّف لنا نفس الشَّخص، (أو نفس الشيء)، المقصود ضمن ذلك الإسم (الثاني) في الجملة.

كما يكون الإسم في حالة الرفع الإسمّية nominative case اذا جاء بدلاً لإسم آخر في حالة الرفع الإسمّية أيضاً. مثال:

<u>Tom</u>, <u>the grocer's son</u>, took the pigeons.

Mary, <u>a gardener</u>, planted irises.

8. Possessive Case

حالة الملكية

يكون الإسم المفرد أو المجموع (المذكَّر والمؤنَّث) في حالة الملكية possessive case (وتُسمَّى أيضاً حالة المضاف اليه genitive case، وذلك عندما تضاف الى آخره الفارزة العُليا (') apostrophe المتبوعة بالحرف (s-). أو عند اضافة الفارزة العُليا (')-apostrophe فقط الى آخره في الإسماء المفردة والمجموعة المنتهية بالحرف (s-).

وذلك للدلالة على علاقة التملُّك أو عائدية الشيء أو مصدره أو أصله، أو التكوين أو التأليف والإنشاء، أو المرافقة والترابط وما شابه ذلك من علاقات الملكية الأخرى بين الأسماء المذكورة في الجملة.

Use of Possessive Case
أ. استعمالات حالة الملكية
تستعمل حالة الملكية أو التملك ownership، مثال:

Mark's millions,
Edward's courage

للدلالة على:

أولاً. المصدر source أو الأصل origin، لبيان مالك الشيء، الإنسان أو الحيوان بوضعه في صيغة الملكية، و ليس باستعمال حرف الجَّر (أو أداة التَّملُّك) (of). مثال:

Adam's sin,
God's country,
the cat's bowl,
the Pope's encyclical رسالة بابوية,
mother's son.

ثانياً. الصنع أو الخلق manufacture، أو الإبداع أو التأليف authorship. مثال:

Johnsons' <u>baby lotion</u>

Johnsons' "<u>Lives of Poets</u>".

ثالثاً. المرافقة association والترابط connection والأنتساب attribute والبقاء، كذلك للدلالة على المدة الزمنية duration أو الحدث الزمني في الجملة، و الأدوات واستعمالاتها، مثال:

a woman<u>'s</u> work,
a month<u>'s</u> delay
at a sword<u>'s</u> point

Formation of the Possessive
ب. تكوين صيغة الملكية

لتكوين صيغة الملكية (التملك)، نضيف الفارزة العُليا (أو الفاصلة العُليا) (') apostrophe المتبوعة بالحرف (s-) الى نهاية الصيغة البسيطة للإسم التي تكون في حالة الرفع sub-ject، مثال:

child's play, Keats's odes قصائد , women's work
Thomas's doubts, Harold's hope, Dickens's novels

ملاحظة: صيغة المُلكية والحروف الصفيرية.

اذا تسبّبَ اضافة الحرف (s-) الى نهاية الكلمة، تكوين صوتاً ذا صفير sibilant – يصدر صفيراً s-sounds عند تلفّظها، عندها، تتم إضافة الفارزة العُليا (') apostrophe فقط الى نهاية الكلمة لتكوين صيغة الملكية منها. مثال الحروف الصفيرية (غلط):

Aristophane<u>s's</u> comedies, Dr. Seu<u>ss's</u> cartoons

الصواب

Aristophane<u>s'</u> comedies, Dr. Seu<u>ss'</u> cartoons

(1)   صيغة الملكيّة في العبارة و شبه الجملة

عندما يتبع إسم المالك (مباشرة) شبه جملة phrase، أو عبارة clause، إستعمل حرف الجَّر of لتتحصل على صيغة الملكية، مثال:

Novels are waste of time, was the opinion <u>*of* my father</u>,
<u>who had never read a novel in his life</u>.
The boys rushed that way and that, obeying the direc-
tions <u>of a man</u> <u>with a whistle</u>.

(2)   صيغة الملكيّة في أسماء الجماد

في الأستعمالات الرسمية، لا تأخذ أسماء الأشياء الجماد حالة الملكية، لذا نستعمل عادة حرف الجَّر of لتكوين صيغة الملكية لتلك الأسماء.

باستثناء بعض الصيغ القديمة التي انقضى عليها زمن طويل في اللُّغة. مثال:

the walls of th town

(the town's walls) بدلاً من

the legs of the table

(the table's legs) بدلاً من

pages of a book

(a book's pages) بدلاً من

principles of grammar

(grammar's principles) بدلاً من)

process of evolution

(evolution's process) بدلاً من

leaves of a tree

(a tree's leaves) بدلاً من

(3)   صيغة الملكية في العبارات الخاصة

تأخذ العبارات التالية صيغة الملكية بأضافة اللاحقة (s-)، (أو) الفاصلة العُليا (')-apos trophe (فقط)، الى نهاياتها. مثال:

day's march, goodness' sake, hair's breadth

conscience' call, earth's surface, razor's edge

(4)   صيغة الملكية في أسماء الجمع المنتهية بالحرف (s-)

في أسماء الجمع المرفوعة، المنتهية بالحرف (s-)، تتكون صيغة الملكية فيها، باضافة الفاصلة العُليا (') apostrophe (فقط)، الى نهاياتها. مثال:

أسماء جمع لا تنتهي بالحرف (s). مثال.

children's play
people's voices
freshmen's folly
oxen's burdens
brethren's resolve

أسماء جمع تنتهي بالحرف (s). مثال.

horses' tails
Thomas' doubts
devils' delights
ladies' day
mangoes' boxes

(5)   صيغة الملكية من الأسماء المركبة.

لتكوين صيغة الملكية من الأسماء (المفردة أو المجموعة) المركَّبة من مجموعة كلمات (أو المنحوتة من الحروف الأولى لعدَّة كلمات) تتضمن فكرة واحدة، أو تعطي معنى واحداً، نضيف الفارزة العُليا المنتهية بالحرف (s'-) الى نهاية آخر إسم في المجموعة، مثال:

brother-in-law's house
brothers-in-law's house
The U.N.D.P.'s programme (program – is the American spelling)
Kaufman and Hart's The Man Who Came to Dinner.

(6)   توظيف أدوات التعريف في صفة الملكية

لاتستعمل أداة التعريف the أو أداتي التنكير a, an قبل الإسم المَملوك في صيغة المِلكية ، مثال:

the horns of the bull, the bull's horns

(7)   صيغة الملكية بدون اللاحقة (s-)

تتكون صيغة التملك في التراكيب اللفظية الشائعة الإستعمال جداً، بوضع عناصر التركيب اللفظي معاً باعتبار أن الإسم الأول في التركيب يكون صِّفة adjective للإسم الثاني الموصوف substantive، ودون استعمال اللاحقة النهائية (s-) بينهما.

استعمالات صيغة التملك في الألفاظ والعبارات الشائعة بدون النهاية (s-).

أـ كثيراً ما تستعمل هذه الطريقة للدلالة على موقع الشيء ومكان وجوده، مثال:

hall door,
dining room table,
street lamp,
kitchen sink,
street art

ـب   نستعمل صيغة التملك للدلالة على أسماء المدن، وأسماء المناطق، أحياناً، مثال:

London Transport,
Liverpool Cathedral,
New York Police Department (NYPD).

ـت   لبيان العلاقة مع الوقت أو الفترة الزّمنية في الجملة، مثال:

summer holidays, winter sports, autumn colours, spring
fever
November fogs, Sunday dinner, birthday party, Christmas
tree

ـث   لبيان العلاقة بين أسماء الأدوات أو الملابس، أو الأجهزة، والسيارات، وغيرها،
بمجالات إستعمالها، مثال:

golf club, tennis shoes, football ground,
shoe polish, snow plough, coffee cup

ـج   لبيان علاقة العائدية في أنواع القصّص والروايات، مثال:

detective storie, crime stories, murder stories
fairy stories, ghost stories, adventure stories

(8)   صياغة حالة الملكية في الأسماء الخاصة.

أـ في الكلمات الدالة على الزمن، وتتكون صيغة الملكيّة possessive form بإضافة
التركيب (s'-) في آخر الكلمة (الإسم) التي تدل على الزمن، أو الوقت، أو المدة، مثال:

a day's work, today's paper, a week's holiday, two years' pay

بـ صياغة حالة التملّك في أسماء النقود monies والعملات currencies أو الكلمات
التي تدل عليها، مثال:

money, shilling, pound, dollar, half-dinar, etc.

تتكون حالة الملكية من هذه الأسماء وذلك باضافة الفارزة العُليا (') apostrophe، (أو الفارزة العُليا المتبوعة بالحرف s (s'-) الى نهاية الإسم الدال على النقود ثم نتبعه بالعبارة worth of مباشرة، والتي تعني (ما يساوي، أو ما قيمته، أو ما ثمنه، أو بقيمة). مثال:

A shilling's <u>worth of</u> parsley

بقدونس بقيمة شلن واحد

Ten dollars' <u>worth of</u> orchid

ما يساوي عشرة دولارات من أزهار الأوركيد

ج- صيغة التملُّك من الأسماء الكلاسيكية (التقليدية). يتم بناء حالة الملكية من الأسماء الإنجليزية الكلاسيكية (والأسماء الأقلّ شيوعاً) المنتهية بالحرف الصحيح (s-)، وذلك باضافة الفارزة العُليا (') apostrophe الى آخرها (بعد الحرف (s في نهاية الكلمة)، مثال:

<u>Archimedes'</u> law,
<u>Keats'</u> poetry,
<u>Hercules'</u> mighty power

د- أسماء الألقاب. تصاغ حالة الملكية (صيغة التملك) من أسماء الألقاب. مثال.

<u>George the first's</u> reign عهد جورج الأول

9. Objective Case

حالة المفعولية

تعريف المفعول به object: هو الاسم noun أو الضمير pronoun الذي يكمل جملة جر prepositional phrase أو معنى فعل مُتعدّ transitive verb. مثال.

Frost <u>offered</u> *his audience a poetic performance* they would likely never forget.

أ. استعمالات حالة المفعولية.

يكون الأسم noun في حالة المفعولية أي مفعول به object عندما يأتي في الحالات التالية:

• مفعولاً به مباشراً للفعل direct object of a verb

• مفعولاً به غير مباشر للفعل indirect object of a verb

• مفعولاً به لحرف الجَرّ object of a preposition

• بدلاً لكلمة أخرى في حالة المفعولية appositive of another word in the objective case

كما يكون الإسم في حالة المفعولية إذا جاء فاعلاً للمصدر في الجملة. (راجع موضوع "المَصدر Infinitive"، في الفصل السابع من كتابي الرابع التالي.

الإنجليزية المُبَسَّطة لِلعَرب- تعلم الإنجليزية في البيت الكتاب الرابع. أخطاء الجُملة

Simplified English For Arabs – Learn English From Home
Book 4. Sentence Errors

يشير الإسم في حالة المفعول به object، الى شخص معيّن أو شيء محدّد يتلقَّى الحدث، ويقع عليه تأثير الفعل المذكور في الجملة، مثال:

Oliver <u>pulled</u> Mary.

في هذه الحالة، الإسم Mary هو المفعول به object الذي تلقَّى الحدث، ووقع عليه تأثير الفعل الذي أحدثه Oliver الفاعل subject في الجملة.

ب. معرفة المفعول به في الجملة

(1) المفعول به المباشر للفعل

Direct Object of a Verb

لمعرفة الكلمة (أو الكلمات) التي هي في حالة المفعول به في الجملة، نضع إحدى أدوات السؤال التالية:

الأداة whom? (من؟، للعاقل)، أو

الأداة What? (ماذا، لغير العاقل)

بعد الفعل، فيكون جواب السؤال هو المفعول به في الجملة. مثال:

<u>Bring</u> the smart <u>phone</u>.

<u>Bring</u> the smart <u>what</u>?

الجواب، phone هو المفعول به لفعل الجملة bring.

She <u>approved</u> my <u>proposal</u>.

She approved <u>what</u>?

الجواب، proposal هو الإسم المفعول به لفعل الجملة approved.

We <u>met</u> our old <u>neighbor</u>.

We met <u>whom</u>?

الجواب، neighbor هو الإسم المفعول به لفعل الجملة met.

Death his <u>dart</u> shook. (المعنى: هَزَّ الموتُ سَهمَهَ)

Death shook what?

الجواب، dart هو الإسم المفعول به لفعل الجملة shook، وهنا تقدم المفعول به على الفعل.

(2) المفعول به غير المباشر للفعل

Indirect Object of a Verb

بالأضافة الى وجود المفعول به المباشر direct object لفعل الجملة، والذي هو الكلمة (تسمّي شخصاً أو شيئاً) التي يقع عليها الحدث، فقد يأخذ فعل الجملة مفعولاً به (آخر) غير مباشر indirect object أيضاً.

ويدلّ المفعول به غير المباشر على (شخص ما، أو شيء ما) وقع له (أو لأجله) الحدث في الجملة، مثال:

The teacher <u>gave</u> his *student* a <u>book</u>.

تحليل: الكلمة student هي المفعول به غير المباشر للفعل gave. لأن المُدرّس teacher الفاعل subject في الجملة، قام أولاً بجلب الكتاب book المفعول به المباشر direct object في الجملة، الذي وقع عليه الحدث (الأول)؛ بعد ذلك أعطاه للطالب student، المفعول به غير المباشر indirect object، الذي وقع من أجله الحدث (الثاني) وانتهى اليه الأمر.

ولأيجاد المفعول به غير المباشر indirect object في الجملة، الذي عادةً ما يأتي (قبل) المفعول به المباشر direct object، نضع <u>بعد الفعل</u> احدى أدوات السؤال التالية:

to whom? للعاقلfor whom?   للعاقل

to what? لغير العاقلfor what?   لغير العاقل

وذلك لصياغة السؤال الذي يكون جوابه هو المفعول به غير المباشر للفعل، وعلى النهج

لنأخذ المثال السابق.الآتي:

The teacher <u>gave</u> his *student* a <u>book</u>.
The teacher <u>gave</u> to whom?

الجواب، his student مفعول به غير مباشر للفعل gave.

The professor taught his <u>students</u> grammar.
The professor <u>taught to whom?</u>

الجواب، his students مفعول به غير مباشر للفعل taught.

The actress showed the <u>producers</u> her talents.
The actress showed whom?

الجواب، producers مفعول به غير مباشر للفعل showed.

She wrote the <u>soldier</u> a love-letter.
She <u>wrote to whom?</u>

الجواب، soldier مفعول به غير مباشر للفعل wrote.

He bought his <u>wife</u> a floor-mop.
He bought for whom?

الجواب، wife(his) مفعول به غير مباشر للفعل (ughtbo).

He gave the <u>museum</u> a shrunken head.
Gave to what?

الجواب، museum مفعول به غير مباشر للفعل gave.

(3) المفعول به لحرف الجَرّ

Object of Preposition

يعرّفنا حرف الجَرّ preposition في الجملة على العلاقة بين المفعول به object (لحرف الجَرّ) وبين كلمة، أو بضع كلمات أخرى موجودة في الجملة، مثال:

He <u>presented</u> the <u>trophy to</u> the <u>winner</u>.

المعنى: قَدَّمَ كأس الفوز الى الفائِز

تحليل: المفعول به المباشر direct object لفعل الجملة gave، هو الكلمة الإسم tro‑phy التي وقع عليها الحدث (الأول) المفهوم ضِفناً ـ أي شراء الكأس، والمفعول به غير المباشر indirect object لحرف الجَرّ to، هو الكلمة الإسم winner، الذي وقع لأجله الحدث (الثاني) المذكور علناً ـ فعل تقديم الكأس من قبل الفاعل subject المتمثل بالضمير الشَّخصي He، في الجملة.

The swarm <u>of honey</u> *bees* flew <u>over the old oak</u> *trees* <u>near the</u> <u>tulip</u> *field*.

تحليل: تحتوي الجملة السابقة على ثلاث عبارات ترتبط بحرف الجَر prepositional phrase – (تحتها خط)، وثلاثة مفاعيل object – فالكلمة bees مفعول به لحرف الجَر of، والكلمة trees مفعول به لحرف الجَر over، والكلمة field مفعول به لحرف الجَر near.

لاحظ الكلمات التي في صيغة المفعول به (تحتها خط) في المثال التالي:

Shade <u>of</u> a <u>tree</u>
Water <u>of</u> the <u>bucket</u>
Rain <u>on</u> the <u>roof</u>
Lady <u>into</u> <u>fox</u>
Navy <u>versus</u> <u>Army</u>

اليك فيما يلي حروف الجَر prepositions الأكثر استعمالاً في اللغة الإنجليزية:

about, above, across, after, against, below, excepting, off, toward, along, among, around, at, because of, before, behind, beneath, beside(s), between, beyond, but,
by, concerning, despite, down, during, except, for, from, in, in front of, inside, in spite of, instead of, into, like, near, of, on, onto, out, outside, over, past, regarding, since, through, throughout, to, under, underneath, until, up, upon, up to, with, within, without, with regard to, with respect to.

(4) المفعول به البدل

Appositive

يكون الإسم مفعولاً به object لفعل الجملة، اذا جاء بدلاً عن إسم آخر فيها، يكون في صيغة المفعول به أيضاً. مثال:

The police arrested <u>Tom, the Piper's son</u> إبن عازف المزمار.
They found the <u>burglar</u> اسمه (<u>Little Boy Blue,</u> لص).
The wedding guest listened to <u>the mariner</u> ساذج <u>loon</u>, an old بَحَّار.

CHAPTER III. THE PRONOUN

الفصل الثالث. الضمير

ان الضَمير pronoun (.pron) هو الكلمة البديلة عن الإسم noun في اللُّغة، وتعني For noun أو For name، وقد اشتُقَّت الكلمة pronoun من اللاتينية على مقطعين، وعلى الشكل الآتي:

Pro – for (بدلاً عن)

nomen – name (اسم)

وكما في الإسم، يدلُّ الضمير على شخص – متكلم، او مُخاطب، أو غائب، (أو على مكان، أو شيء) مُعَيَّن في الجملة، الّا أنه، وبعكس الإسم، لا يُعرِّف لنا إسم الشَّخص، أو المكان، أو الشيء الذي يشير اليه. وتوضِّح لنا الجملة الأتية الفرق بين الإسم والضمير:

<u>He</u> makes <u>boxes</u>.

يدّل الضمير He على شخص ما، لكنهُ لا يذكر لنا أسم ذلك الشَّخص، أما الإسم (boxes) فيدلنا على شيء ربما نعرفه و يذكر لنا إسمه.

ويُشير الضمير عادةً الى كلمة تسمِّي لنا الشَّخص person أو (الشيء thing، أو (المكان place الذي تحدثنا عنه الجملة. وتُدعى هذه الكلمة antecedent، أي الإسم (أو الشيء، أو المكان)، الذي يعود اليه الضمير في الجملة، وعادةً ما تسبقه في موقعها في الجملة. لاحظ المثال:

<u>Jack</u> has no problem, because <u>he</u> has no mind.

هنا، الكلمة (Jack) هي الإسم الذي يعود اليه الضمير (he)، ويعبِّر الإسم هنا عن هُوية الشَّخص الذي يشير اليه الضمير. ويعوِّض الضمير عن الإسم ويَحِلّ محله في الجملة.

KINDS OF PRONOUN

‎1.   أنواع الضمير

لولا إمكانية استعمال الضمائر لأغراض البَدَل والأستعاضة في اللُّغة، لَتَحَتَّمَ وجود جُملاً مُركبة مُثقَلة بالكلمات ومليئة بالتكرار الى حَدِّ المَلَل، وزاخرة بالمعاني المُربكة والمُشوِّشة والمُحرِّفة للمعنى. لاحظ الجملتين التاليتين، فقد استعملنا ضمائر في الأولى، بينما خَلَت الثانية من الضمائر:

When Tom looked at <u>his</u> chickens and listened to <u>their</u> cackling, <u>he</u> decided to feed <u>them</u>.

When Tom looked at the chickens of Tom and listened to the cackling of the chickens of Tom, Tom decided to feed the chickens of Tom.

وكذلك المثال التالي:

A woman went to a man, and told *him* that *he* was in a great danger of being murdered by a gang of robbers, *who* had made preparations for attacking *him*. *He* thanked *her* for *her* kindness, and as *he* was unable to defend *himself* , *he* left *his* house and went to a neighbor's.

والآن، لو افترضنا غياب الضمائر في اللُّغة الأنجليزية، فسوف تصبح هذه الجملة كما يلي:

A woman went to a man, and told *the man* that *the man* was in a great danger of being murdered by a gang of robbers, *as a gang of robbers* had made preparations for attacking *the man*. *The man* thanked *the woman* for *the woman's* kindness, and as *the man* was unable to defend *the man's self* , *the man* left *the man's* house and went to a neighbor's.

تُقسم الضمائر، بصورة عامة، الى ثمانية أنواع، وذلك استناد الى أنواع البدائل التي تدل عليها تلك الضمائر، وكما يلي:

(1	الضمائر الشّخصية	Personal Pronouns
(2	أسماء الإشارة	Demonstrative Pronouns
(3	ضمائر التنكير	Indefinite Pronouns
(4	ضمائر الوصل	Relative Pronouns
(5	ضمائر الإستفهام	Interrogative Pronouns
(6	الضمائر العددية	Numeral Pronouns
(7	الضمائر الإنعكاسية	Reflective Pronouns
(8	الضمائر التبادلية	Reciprocal Pronouns

أستعرض اليك في السطور الآتية ضمائر الإنجليزية مع الشرح الوافي والتبسيط المناسب لوظائفها لترسخ في ذهنك الى ماشاء الله.

(1) الضمائر الشّخصية

Personal Pronouns

(2) ضمائر الإشارة

Demonstrative Pronouns

(3) ضمائر التنكير

Indefinite Pronouns

(4) ضمائر الوصل

Relative Pronouns

(5) ضمائر الإستفهام

Interrogative Pronouns

(6) الضمائر العدَدية

Numerical Pronouns

(7) الضمائر الإنعكاسية والتوكيدية

Reflexive and Intensive Pronouns

(8) الضمائر التبادلية

Reciprocal Pronouns

Personal Pronouns

(1) الضمائر الشّخصية

تدلّنا الضمائر الشّخصية في الجملة على المتكلّم أو حالة الشّخص الأول first person، أو الشّخص المخاطَب – المُتحدَّث اليه – حالة الشّخص الثاني second person، الذي يُوَجّه اليه الكلام، أو تدلّنا على الشّخص (أو الشّيء، أو المكان) الذي يدور عنه الحديث، أي حالة الشّخص الثالث third person (الغائب أو البعيد). و قد تأتي الضمائر الشّخصية في حالة العدد المفرد singular، أو المجموع plural، في النوع المذكّر masculine gender أو المؤنّث feminine gender.

فيما يلي نتعرّف تصريفات الضمائر الشّخصية، وهي الأشكال المتنوعة التي يتخذها الضمير الشّخصي عند كتابته، ليُظهِر لنا العلاقات المختلفة التي تربطه مع بقية الكلمات التي ترد في الجملة.

أ.   ضمائر الشّخص الأوّل (المتكلّم) - المُفرد والمجموع والمذكّر والمؤنّث

الضمير المفرد Singular Pronoun	الضمير المجموع Plural Pronoun	حالة الضمير Case
I	we	Nominative
my, mine	our, ours	Possessive
me	us	Objective

ب.   ضمائر الشّخص الثاني (المُتكلَّم معه) المُفرَد والمجموع والمذكّر والمؤنّث

الضمير المفرد Singular Pronoun	الضمير المجموع Plural Pronoun	حالة الضمير Case
you	you	Nominative

Possessive	our, ours	my, mine
Objective	us	me

ت.   ضمائر الشَّخص الثالث (المتكلَّم عنه) – المُفرد والمجموع والمذكّر والمؤنَّث و

المحايد، (يستعمل الضمير المحايد erneut لغير الأنسان وللأشياء الجماد).

الضمير المجموع Plural Pronoun	الضمير المفرد Singular Pronoun			حالة الضمير Case
	المحايدNeuter	المؤنثFeminine	المذكرMasculine	
they	it	she	he	الرفع (الفاعل)
their, theirs	its	her, hers	his	الملكِّية
them	it	he	him	المفعوليه

Demonstrative Pronouns

(2) ضمائر الإشارة

تستعمل هذه الضمائر الأيضاحية (أسماء الأشارة)، للإشارة بصورة دقيقة وواضحة الى
شخص محدّد أو شيء معيّن أو حدث في الجملة. ويفصل فعل الكينونة (أو فعل الصيرورة
والوجود) (to be) بين هذه الضمائر والإسماء التي تشير اليها. كما يسمى الضمير
الإيضاحي بضمير الإشارة أو اسم الإشارة، أو أداة الإشارة، أو الإيضاح.

فيما يلي تجد ضمائر الإشارة، ومعانيها واستعمالاتها.

الأستعمال	المعنى	الضمير
إسم إشارة الى المفر د الحاضر أو القريب- المذكّر والمؤنث العاقل وغير العاقل والمحايد.	هذا، هذه	this
إسم إشارة الى المفرد الغائب أو البعيد- المذكر والمؤنث العاقل وغير العاقل والمحايد.	ذلك، تلك	that

these	هؤلاء	إسم إشارة الى الجمع الحاضر أو القريب- المذكر والمؤنث العاقل وغير العاقل والمحايد.
those	أولئك، تلكم، تلكنَّ	إسم إشارة الى الجمع الغائب أو البعيد- المذكر والمؤنث العاقل وغير العاقل والمحايد.

مثال:

<u>This</u> (or <u>That</u>) is the <u>yellow house</u> building.
<u>These</u> (or <u>Those</u>) are the <u>happy days</u>.

ملاحظة: يعدُّ ضمير الإشارة (أو إسم الأشارة) صفة adjective، اذا تبعه مباشرة الإسم الذي يشير اليه ذلك الضمير، مثال:

This house is yellow.
Those days were happy.

Indefinite Pronouns

(3) ضمائر التنكير

يستعمل ضمير التنكير غير المحدّد nindeterminate pronou (أو الإسم النكرة)، للإشارة الى شخص أو شيءٍ (أو حدث) بصورة عامة دون تحديد أو تعريف أو دقة في التشخيص للقارىء. وكثيراً ما يكون معنى ضمير التنكير، أو الإسم النكرة، الذي يعود اليه ضمير الجملة، مفهوماً في الجملة، مثال:

I know <u>something</u>.
<u>Somebody</u> loves me.
<u>One</u> must do his duty.
<u>One</u> is always hearing of the unhappiness of one person or another.

الكلمة one الأولى في الجملة الأخيرة، هي ضمير تنكيري (لا يُحدّد ولا يعرّف)، بينما جاءت الكلمة one الثانية ظرفاً adverb في الجملة، وكذلك الكلمة another.

اليك فيما يلي مجموعة من ضمائر التنكير الأكثر شيوعاً وانتشاراً في الإنجليزية، فادرسها جيداً، واحفظ أشكالها ورسومها لتتذكر ذلك دون حاجتك الى النظر اليها.

all	each	few	no one	several

another	each one	least	nobody	some
any	each other	many	nothing	somebody
anybody	either	more	naught	someone
anyone	every	most	one	something
anything	everybody	much	one another	whatever
aught	everyone	neither	oneself	whoever
both	everything	none	other	

Relative Pronouns

(4) ضمائر الوصل

تقوم ضمائر الوصل (أو الأسماء الموصولة) بدورين أساسيين، فهي تعمل كضمائر، وكذلك كحروف عطف، أو أدوات ربط connective في الجملة.

فحين تعمل عمل الضمير pronoun، تكون فاعلاً subject، أو مفعولاً به object في العبارة الثانوية subordinate clause من الجملة.

وحينما يعمل ضمير الوصل عمل أداة العطف (أو الربط)، فهو يربط العبارة الثانوية sub-ordinate clause مع العبارة الرئيسة main clause (الجزء الأكثر أهمِّية) في الجملة، وينسبهما الى بعضهما بعضاً (فيكون ضميراً نَسَبياً). مثال:

It was a <u>silence</u> *that* could be heard.

هنا، يعمل ضمير الوصل that، فاعلاً لمجموعة واحدة من الكلمات that could be heard العبارة الثانوية، وفي الوقت عينه، يربط هذه المجموعة الى مجموعة أخرى من الكلمات أكثر أهمِّية في الجملة It was silence - العبارة الرئيسة، وذلك بالأشارة، أو الربط الفكري مع الإسم السابق silence الذي يعود اليه ضمير الوصل that في الجملة.

He saw the man <u>who</u> was invisible.

في هذه الحالة، يعمل ضمير الوصل (أو الإسم الموصول) who، للوصل بين جزأي الجملة وذلك بالإشارة، (أو بالتلميح الذهني) الى الأسم man الذي يعود اليه هذا الضمير، كما أنه فاعل للعبارة الثانوية who was invisible في المثال السابق. مثال آخر:

She is the woman <u>whom</u> I heard.

يربط ضمير الوصل whom (مفعول به) هنا، بين جزأي الجملة، العبارة الثانوية I heard، والعبارة الرئيسة She is the woman، كما يعمل فاعلاً للعبارة الثانوية whom I heard.

لاحظ في جدول تصريف الضمائر التالي، يأخذ ضمير الوصل who (فقط)، صيغ متباينة في التهجئة. كما لا توجد لضمائر الوصل that, what, which صيغة معينة للمِلكيِّة.

تصريف ضمائر الوصل المفردة و المجموعة			
الرفع Nominative	الملكيِّة Possessive	المفعوليِّة Objective	
who	*whose*	*whom*	
which	of which	which	
that	of that	that	
what	of what	what	

كما يوجد في الأستعمال اللُّغوي العام والسائد في اللُّغة الإنجليزية، العديد من ضمائر الوصل المركبّة compound relative pronouns. وكثيراً ما تتضمن ضمائر الوصل المركبّة معنى الكلمة التي تعود اليها في الجملة، مثال:

<u>Whoever</u> writes, must sweat.

يخبرنا ضمير الوصل المركبّ whoever في الجملة، عن الشّخص الذي (يؤلِّف):

the one who writes

وتتكون ضمائر الوصل المركبّة باضافة اللاحقة (ever-) أو (soever-) الى نهاية الصيغ الإعتيادية البسيطة منها who, which, what لكي تصبح وصلات توصيل، أو روابط توكيدية، ومثلما موضَّح في الجدول الآتي.

ضمائر الوصل Compound Relative Pronouns

الرفع Nominative	الملكيّة Possessive	المفعوليّة Objective
whoever	whosoever	whomever
whichever	of whichever	whichever
whatever	of whatever	whatever
whosoever	of whosesoever	whomsoever
whichsoever	of whichsoever	whichsoever
whatsoever	of whatsoever	whatsoever

المرَكِّبة

تعريف ضمائر الوصل الثلاثة relative pronoun who, which. what الأكثر استعمالاً في اللُّغة الإنجليزية.

Who: ضمير وصل يدل على الإسم المذكر أو المؤنث (العاقل) الذي يعود اليه الضمير في الجملة، مثال:

The man <u>who</u> smiles.
The woman <u>who</u> smiles.

Which: ضمير وصل يدل على غير العاقل (الأشياء الجماد والحيوان)، فقط، مثال:

The bed which broke, the dog which snarled زمجّر

What: ضمير وصل بسيط التركيب، لكنه يُعدُّ من ضمائر الوصل المركّبة compound في المعنى، اذ يعادل المعنى في هذا التركيب that which، ويعني (ذلك الذي، تلك التي، هؤلاء الذين، أولئك الذين، تِلكنَّ اللواتي، تِلكُما اللذان، وهَلُمَّ جَرًّا). مثال:

<u>What</u> is to be, will be.

ملاحظة: لاحظ معنى الضمائر التالية:

Whoever   (anybody that)

Wherever   (anywhere that)

Whatever   (anything that)

Interrogative Pronouns

(5) ضمائر الإستفهام

تفيد هذه الضمائر في صياغة جملة السؤال (الإستفهامية)، مثال:

<u>Who</u> will travel with me to London?
<u>Which</u> of you can sing a song?

صياغة ضمائر الإستفهام للمفرد والمجموع.

حالة الرفع الإسمية

Nominative

who, which, what

حالة الملكية

Possessive

whose, of which, of what

حالة المفعول به

Objective

whom, which, what

لاحظ أن صيغة ضمير الإستفهام (who)، هي وحدها (فقط)، التي تتغير لتبيِّن الحالة النَّحوية التي تستعمل فيها في الجملة. مثال:

<u>Who</u> is in the house?
<u>Whose</u> book is that?
<u>Whom</u> do you love best?
<u>What</u> has happened today?
The teacher was absent this morning. <u>Which</u> one of them?

Numerical Pronouns

(6) الضمائر العدَدية

لاشكَّ أن هذه الضمائر تشير الى العدد، وقد يكون العدد أساسياً cardinal
number، مثل one, two, three, etc. ، أو عدداً ترتيبياً، مثل first, second,
third, etc.، و تّقرأ (تّنطق) هذه الأعداد في الجملة، عندما تحل محل الإسم المفهوم فيها،
مثال:

The opposing team cut him off and <u>one</u> of them tackled him
– the <u>eleventh</u> to try.

لقد، اعترضه الفريق المنافس وواجهه أحدُهم ـ اللاعب الحادي عشر الذي يحاول.

Reflexive And Intensive Pronouns

(7) الضمائر الإنعكاسية والتوكيدية

تتكون هذه الضمائر باضافة اللاحقة الأخيرة المفردة (self-)، أو (selves-) التي في
صيغة الجمع الى نهاية الضمير الشَّخصي، وعلى الشكل التالي:

اليك صيغة المفرد تتبعها صيغة الجمع

myself – ourselves
yourself - yourselves
himself, herself, itself - themselves

ملاحظة: لا بُدَّ أن تعلم أن استعمال هذا النوع من الضمائر يختلف عن غيره، اذ يستعمل
الضمير الأنعكاسي كمفعول به object عندما يشير الى نفس الشَّخص (الفاعل) (sub)
(ject) في الجملة. مثال:

He loves himself.

لاحظ أن الضمير الأنعكاسي himself، الذي هو في صيغة المفعول به، وكذلك الضمير
الفاعل (he) في الجملة، يعودان الى نفس الشَّخص المقصود في الجملة ويدلان عليه.
بالتالي، يؤثر الفاعل هنا على نفسه بالحدث المذكور في الجملة، كما ينعكس عليه الحدث.

ومن الممكن أن يجيء الضمير الأنعكاسي بعد فعل رابط linking verb في الجملة،
مثال:

I <u>feel</u> *myself* again.

يستعمل الضمير التوكيدي intensive pronoun للدلالة على التوكيد و التشدّيد (لَفظاً،
أو بالنَّبرَة الصَوتيَّة) على الفاعل subject، أو على الفعل verb، في الجملة، مثال:

The people <u>themselves</u> sinned.
They sinned <u>themselves</u>.

ويكون الضمير التوكيدي بدلاً للإسم، (أو الضمير) الذي يشير اليه في الجملة.

Reciprocal Pronouns

(8)   الضمائر التبادلية

يشير الضمير التبادلي الى شخصين، أو عدة أشخاص (أو شيئين، أو عدة أشياء) متفاعلة مع بعضها بعضاً في الجملة، أي تتبادل العمل (أو الحدث الذي يدل عليه الفعل) فيما بينها. مثال:

They cheat <u>each other</u>.
They cheat <u>one another</u>.

AGREEMENT OF PRONOUNS

2.   التوافق في الضمائر

تتوافق الضمائر وتتلائم وتتطابق مع الأسماء التي تعود اليها antecedent، وتشير اليها
وتمثلها في الجملة. وتحدث هذه المطابقة في العدد number، وفي الشَّخص الذات per-
son، وفي نوع الجنس gender.

كُلُّ لَفْظٍ (اسمٌ أو ضَمير) يَتْبعُ مَا قَبلَهُ (مِن الإسمِ أو الضَّميرِ) فِي إِغْرَابِهِ في الحالةِ الشَّخْصِيةِ
person أو العَدَدِيَة number أو في نَوع جِنْسِه gender، ويتوافقُ معه فيها.

Agreement In Number
(1) التوافق في العدد

اذا كان الإسم noun الذي يعود اليه الضمير pronoun، في الجملة، مفرداً singular،
يكون الضمير مفرداً أيضاً. واذا كان الإسم الذي يعود اليه الضمير في الجملة، جمعاً
plural، يكون الضمير جمعاً أيضاً. وهكذا يتطابق الضمير مع الإسم ويتوافق معه في
عدده، مثال:

Harry the gardener gave <u>his</u> warmest "hello".
The <u>men</u> bred <u>their</u> white elephants.

يشير الضمير المفرد his، في الجملة الأولى، الى الإسم المفرد Harry: بينما يشير ضمير
الجمع their، في الجملة الثانية، الى الإسم الجمع men.

توجد بعض الصعوبات في مثل هذا النمط من الجمل، حتى لِمَنْ كانت الإنجليزية لغته الأم،
وتتضاعف تلك التحديات بشكل متحالف في حالتين، وعلى النحو الآتي.

أ.   حينما يكون الإسم antecedent، الذي يعود اليه الضمير في الجملة، ضمير نكرة
indefinite pronoun، مثال (خطأ):

Each <u>man</u> gets to heaven in <u>their</u> own way.

الصحيح هو مطابقة ضمير التملك their في الجملة، مع الإسم الفاعل (man) فيها
ليتوافقا معاً في صيغتهما العددية، وكما يلي، (الصواب):

Each <u>man</u> gets to heaven in <u>his</u> own way.

لاحظ أنَّ الضمير النكرة each هو في صيغة (المفرد) العددية، وكذلك تُعَدُّ الضمائر التنكيرية
التالية:

either, neither, everyone, no one, everybody, no body

ملاحظة: يجب عدم استعمال ضمير الجملة في صيغة (الجمع) plural pronoun، عند الإشارة الى أي من هذه الضمائر النكرة، أو تمثيلها. بينما يكون ضمير التنكير (الإسم النكرة)، none مُفرداً وجَمَعاً أيضاً.

ب.   عندما يشير الإسم antecedent - الذي يسبق في الجملة الرئيسة الأولى، الى ضمير الجماعة collective pronoun، (ويعود الى ذلك الإسم)، مثال (<u>غلط</u>):

The <u>jury were</u> divided. <u>*It was*</u> unable to bring in a verdict قرار حُكْم.

الصواب هو:

The <u>jury were</u> divided. <u>*They were*</u> unable to bring in a verdict.

في الجملة الأولى من هذا المثال، تبدو الكلمة jury –إسم الجماعة، وكأنها في صيغة الجمع، وهذا الإستنتاج يدعمه فعل الكينونه were الذي في صيغة الجمع. لذا ينبغي للضمير أن يتطابق في الجملة الثانية مع الحالة القواعدية للإسم في الجملة الأولى ويتوافق معها.

لاحظ أيضاً تطبيق القاعدة في المثال التالي. عند استعمال ضمائر التنكير (الأسماء النكرة) الآتية التي تعتبر في صيغة المفرد، تفصل بين إسمين في الجملة.

either ... or,
neither ... nor

مثال (<u>غلط</u>):

<u>Neither</u> the Liberal Party, <u>nor</u> the Conservative Party wants Jones as <u>*their*</u> candidate for London city.

الصواب:

Neither the Liberal Party, <u>nor</u> the Conservative Party wants Jones as <u>*its*</u> candidate for London city.

في الجملة الأخيرة، يعود الضمير its الى أحد (الطرفين)، وليس لكليهما، لذلك يجب أن يكون في صيغة المفرد لكي يتطابق في عدده مع الإسم المفرد الذي يعود اليه هذا الضمير في الجملة.

Agreement In Person
(2) التوافق في الشَّخص

يجب أن يتطابق الضمير في حالتة الشَّخصية مع نفس الحالة الشَّخصية للإسم الذي يعود اليه ذلك الضمير في الجملة. أي إذا كان الأسم antecedent (الذي يسبق الضمير في الجملة، ويعود اليه الضمير)، في حالة الشَّخص الأوَّل المتكلم، (أو الشَّخص الثاني، أو الثالث)، فيجب أن يُصاغ الضمير في نفس تلك الحالة الشَّخصية. أي اِنَّ كُلَّ لَفْظٍ (إسمٌ أو ضَمير) يَتْبَعُ مَا

قبلَهُ (مِن الأسمِ أو الضَّميرِ) فِي إغزَابِهِ في الحالة الشَّخصية أو العددية أو النوع ـ الجنس gender.

تبرز الأخطاء في هذا الموضوع، عادة وبشكل رئيس عند الإنتقال بالأفكار والمشاعر، أو في وجهات النظر في إسلوب الجملة. مثال (غلط):

The <u>school</u> insists on good behavior: <u>we</u> are not Prussians, but <u>one</u> must teach children discipline or else <u>you</u> will turn out moral monsters.

هنا، تنتقل الفكرة (الموضوع) من الشَّخص الثالث الغائب school (الذي يدور حوله الكلام)، الى الشَّخص الأول (المتكلم) we، وثم الى الشَّخص الثالث one، بعدها تنتقل الفكرة الى الشَّخص الثاني you.

فيما يلي نرى أن الجملة تحافظ على وجهة نظر الشَّخص الأول (المتكلم) في جميع أجزاءها، وذلك باستعمالها نفس الضمير (المبتدأ الفاعل) الشَّخصي فيها. والصواب هو:

<u>We</u> insist on good behavior at <u>our</u> school: <u>we</u> are not Prussians, but <u>we</u> believe that <u>we</u> must teach children discipline or else turn out moral monsters.

مثال آخر:

<u>we</u> - the editors; <u>we</u> – the authors; <u>we</u> – the people of Britain.

عند استعمال الضمير (we)، يجب تحاشي الغموض في المعنى المقصود إيصاله الى القاريء (أو المتلقّي)، والإمتناع عن الإنتقال بين الحالات الشَّخصية للضمير، أو تغييرها، وذلك حتّى لا تَقعَ في حَيصَ بَيصٍ في المعنى، وتفادياً للإلتباس وحصول الخطأ النَحوي في الجملة.

Agreement In Gender

(3) التوافق في جنس الضمير

يجب أن تتطابق الضمائر الشَّخصية (نَحوياً) في نوع جنسها gender مع الأسماء التي تعود اليها تلك الضمائر في الجملة، سواء كان ذلك في الجنس المذكَّر masculine، أو المؤنَّث feminine، أو المُحايد terneu أو العَام common، وذلك شريطة أن يتطابق جنس الضمير gender مع جنس الكلمة (الأسم) antecedent التي يعود اليها في الجملة (وتسبقه فيها)، مثال:

The <u>man</u> has *his* duty, the <u>woman</u> has *hers*, the <u>child</u> has *its*.

لاحظ مطابقة ضمير الملكية his في جنسه المذكر مع الإسم المذكَّر man الذي يعود اليه

ذلك الضمير. و كذلك مطابقة ضمير الملكية المؤنّث hers في جنسه المؤنّث مع الأسم المؤنّث woman الذي يعود اليه ذلك الضمير. كما أن ضمير الملكية it (للمؤنّث والمذكّر غير العاقل)، يتطابق في جنسه مع الإسم child، الذي يعود اليه هذا الضمير (على اعتبار أنّ الطفل في الإنجليزية انسان غير عاقل- غير راشد).

CASE OF PRONOUN

‎3‏.   الحالات الإعرابية للضمير

تعتمد حالات الضمير الإعرابية على صيغ استعماله في الجملة.

وكما رأينا في الفصل السابق، يتطابق الضمير في عدده (أو شخصه، أو نوعه – جنسه)، مع الإسم الذي يعود اليه ذلك الضمير في الجملة. أي اِنَّ كُلَّ لَفْظٍ (اسمٌ أو ضَمير) يَتْبَعُ مَا قَبْلَهُ (مِن الإسمِ أو الضَّميرِ) فِي إغزَابِهِ في الحالةِ الشَّخْصِيةِ أو العَدَدِيَة أو النَوع (في جِنْسِه).

لكن لا يتطابق الضمير مع الإسم في حالته الإعرابية (النَّحوية). مثال:

<u>Joanna</u> loved *Peter*, but <u>he</u> rejected *her*.

نرى في هذه الجملة، أنَّ الإسم Joanna هو في حالة الرفع الأسمية nominative case (فاعل)، بينما جاء الضمير her (الذي يعود الى ذلك الأسم)، في حالة المفعولية-objective case مفعول به للفعل rejected.

كما ان الإسم Peter، هو في حالة المفعولية مفعول به للفعل loved، حيث وقع عليه الحدث، بينما جاء الضمير he (الذي يعود الى ذلك الإسم) في حالة الرفع الإسمية-nominative case (فاعل). وهكذا، لا نرى مطابقة بين الضمير وإسمه في الحالة الإعرابية.

وكما يفعل الإسم noun، يمكن للضمير pronoun أيضاً، أن يأتي في حالة الرفع الإسمية nominative case أو حالة الملكية possessive case، أو حالة المفعولية-objective case.

وبخلاف الأسماء، تتغير أشكال الضمائر (تختلف تهجئتها)، في حالة المفعولية objective case عنها في حالة الرفع الإسمية. بينما تبقى أشكال الأسماء دون تغيير (لا تختلف تهجئتها)، سواء كانت فاعلاً أو مفعولاً به في الجملة. وان ترتيب مكان الإسم في الجملة هو الذي يبيِّن لنا مَن قام بالحدث أي الفاعل subject، ومن وقع عليه تأثير ذلك الحدث أي المفعول به object، مثال:

<u>Margaret</u> pushed <u>Carla</u>, <u>Carla</u> pushed <u>Margaret</u>.

لكن، لاحظ الجملة الآتية:

<u>She</u> pushed Carla, Carla pushed *her*.

في هذه الجملة، جاء الضمير pronoun، للشخص الذي قام بالعمل، في حالة الفاعل-subject للفعل pushed، فأخذ حالة الرفع الإسمية (she) أيضاً، وعندما تَحوَّل الى مفعول به، أخذ الصيغة her التي هي في حالة المفعول به.

تدلُّنا التغييرات في صيغة الضمير على الحالة التي يجب أن يكون فيها ذلك الضمير. وعلى سبيل المثال، الضمائر الستة التالية فقط هي، التي تتغير صيغتها في حالة المفعولية ob-jective case عنها في حالة الرفع الإسمية nominative case (الفاعل).

حالة الرفع تليها حالة المفعول به

I – me
we – us
he – him
she – her
they – them
who - whom

ملاحظة: في الضمائر المركَّبة .whosoever, whoever, etc ، وكذلك في صيغ الضمائر القديمة والمهجورة مثل thou, ye، يزداد عدد الضمائر التي تختلف أشكالها في حالة المفعولية objective case، عن تلك التي في حالة الرفع nominative case.

تعتمد الحالة الإعرابية للضمائر على علاقتها مع الكلمات الأخرى في الجملة، مثلما تفعل الحالة الإعرابية للأسم المذكورة. وفيما يلي نورد إليك شرحاً تفصيلياً للحالات الإعرابية للضمير pronoun في الجملة الإنجليزية.

Nominative Case Of Pronoun
(1) الضمير في حالة الرفع

يكون الضمير (المفرد أو المجموع، المؤنّث أو المذكَّر) في حالة الرفع الإسمية nomina-tive، في الحالات الإعرابية التالية:

أ-   فاعل لفعل الجملة Subject of a Verb
مثال:

He plants water-melon seeds
We are no braver than they [are brave].

ب- خبر مرفوع في الجملة Predicate Nominative
مثال:

It is I.

ت- ضمير نداء Direct Address
مثال:

You, come here!

ث- ضمير بدل للإسم Appositive
مثال:

The captain and his regiment – <u>he and they alone</u> – attacked the enemy.

Possessive Case
(2)   الضمير في حالة الملكية

تستعمل الضمائر في حالة الملكية للدلالة على علاقة التمَلُّك للأشياء و المفاهيم، وكذلك منشأ الضمائر و أصلها و مصدرها، مثال:

'Twas <u>mine</u>, 'tis <u>his</u>. (It was, It is)
Mill, read Wordsworht, <u>whose</u> verse he praised for <u>its</u> healing power. (Mill Wordsworth).

وردزورث عالم اقتصاد وشاعر انجليزي من مؤسسي عصر الرومانسية أوائل القرن التاسع عشر.

Objective Case
(3) الضمير في حالة المفعولية

يكون الضمير في حالة المفعولية objective، إذا جاء في الحالات التالية:

أ.   مفعولاً به مباشر لفعل الجملة Direct Object of a Verb، مثال:

Jane likes <u>him</u>, although he dislikes يكره <u>her</u>.
Jane, whom he disliked, liked him.

ملاحظة: للتأكد من معرفة الحالة الإعرابية الصحيحة (الرفع الإسمية أو المفعولية)، المطلوب استعمالها لضمير الجملة، قُم باستبدال ضمير الوصل relative pronoun بضمير شخصي personal pronoun في الجملة، وهكذا يمكنك التوصل الى الأختيار الصحيح للصيغة الملائمة، كما في المثال الآتي:

who/ whom he disliked
<u>She</u>/ <u>her</u> he disliked

وقد يظن القارىء أن الضمير الشَّخصي she هو الصيغة المناسبة للجملة، لكن هذا غير صحيح (لكونها في حالة الفاعل)، إذ يجب استعمال ضمير الوصل whom الذي هو في حالة المفعول به. مثال آخر:

The criminal, <u>who</u>/<u>whom</u> he pursued تَعَقَّب، تَمَلَّص من eluded him.
He pursued <u>he</u>/ <u>him</u>.

الصيغة الصحيحة للضمير هنا هي him، (ضمير المفعول به الذي وقع عليه الحدث)، لذا يقتضي استعمال ضمير الوصل (المفعول به) whom. مثال ثالث:

She knows Jane more than [she likes] <u>him</u>.

يجب إعتماد الوضوح التام في إظهار معنى الجملة والأبتعاد عن الإلتباس في مفهومها. الكلمات المحذوفة (داخل قوسين في المثال السابق) في الجملة، تُكَمِّل للقارِيء الفكرة المفهومة والمقصودة منها، بالتالي لَنْ يَضُّر ببناء الجملة syntax، إذا استغنينا عنها. وعندما لا تكون الفكرة واضحة في الجملة، فيجب ذكر هذه الكلمات بشكل صامت داخل قوسين لتحديد حالة الضمير (الرفع، أو المفعولية) في الجملة.

تكون الصيغة الأكثر وضوحاً للمثال السابق كما يلي:

She knows Jane, more than <u>he</u>.
She knows Jane more than <u>he</u> [knows Jane].

ب. مفعول به غير مباشر لفعل الجملة Indirect Object of a Verb، مثال:

He taught <u>her</u> Esperanto.
She gave <u>him</u> a present.

ت. مفعول به لحرف الجَّر Object of a Preposition، مثال:

We know <u>with *whom*</u> we must deal.
<u>*Whom*</u> are you speaking <u>to</u>?

ملاحظة: قد يأتي حرف الجَّر بشكل مناسب في آخر الجملة، اذا كان من الطبيعي وضعه هناك دون التسبب في الغموض و الإلتباس في فهم معنى الجملة.

ث. بدل للأسم في الجملة Apposition، مثال:

I saw Jackson, his wife, and his dog – <u>him</u>, <u>her</u>, and <u>it</u> – all three.

خلاصة (1) ـ أنواع الضمائر

THE PRONOUNS

الشّخصية Personal	الإشارة Demonstrative	النكرة Indefinite	الوصل Relative
I; we, my, mine, me; us, you, your, yours, he	this; these; that; those.	all, any, anything, both, each, either, one, everyone, everybody, everything, few, many,	who, whose, whom; which, of which; that, of that; what,

she, it; they, his, hers; its; their, theirs, him, her, it; them.		more, neither, none, somebody, someone, something;	of what;
I speak to *him*, but *he* turns *his* deaf ear towards *me*.	What is *this* or *that* to me, who talked it out in Chinese.	In Adam's fall, we sinned *all*.	This is the cock *that* crows in every morning.

خلاصة (2) ـ أنواع الضمائر

THE PRONOUNS

الإستفهامية Interrogative	العددية Numerical	الإنعكاسية Reflexive التوكيدية Intensive	التبادلية Reciprocal
who, whose, whom, which, of which; what, of what;	one, two, three; first, second, third;	myself, ourselves; yourself, yourselves; himself, herself, itself, themselves;	each other, one another.
What light is that, and *whose* hand holds it aloft?	*One* for the many, and first things *first*.	He that wrongs his friend, wrongs *himself* more.	The people do not cherish *one another*.

CHAPTER IV. THE VERB

الفصل الرابع. الفعل

الأفعال هي محرِّك اللُّغة الإنجليزية المكتوبة والمنطوقة، لأنها تحرِّك المحادثة المَحكية، أو المقالة المكتوبة بين الناس. والأفعال هي كلماتٌ تستخدم لوصف فِعلٍ أو حَدَثٍ أو حالةِ وجود. ويشكِّل الفعل الجّزء الرئيس من بناء المبتدأ، (أو المسند اليه) في الجملة.

وفي ضوء شكل الفعل verb (.v) التي نجده عليه في الجملة، من حالته الزَّمنية tense، وعدده number، وشخصه person، ونوع جنسه gender، أو حالته الإعرابية case وما يؤديه من عمل، والطريقة التي ينفِّذ بها ذلك العمل؛ يمكن لهذا الفعل أن يخبرنا عن المعلومات المتعلِّقة بالإسم الفاعل- الذي يقوم بالحدث (أو الضمير الذي يعوِّض عنه) الموجود في الجملة وما يقوم به من عمل، وما يُحدِثه من تأثير في الجملة، ينقله الينا معنى الجملة الصريح، أو معناها المفهوم ضمناً من سياق الكلمات context والأحداث و تسلسلها فيها. وعادةً ما يخبرنا الفعل عن الحدَث أو العمل الذي تعنيه الجملة، إلّا أنَّه قد يُعبِّر كذلك، عن حالة وجود فيها، مثال:

He <u>walks</u>, <u>falls</u>, <u>gets up</u>, and <u>continues</u>.
He <u>is</u>, <u>was</u>, and always <u>shall be</u>.

الأفعال هي كلمات تستعمل للتعبير عن أحداث actions أو حركات movements أو حالة وجود state of being أو طريقة وجود manner of being لجميع المخلوقات والأشياء، الحيّة منها والجامدة. مثال:

فعل الحدث

to fight, to write

فعل الحركة

to reflect, to run

فعل حالة الوجود

to sit, to exist, to sleep

هناك ثلاثة أنواع من الأفعال:

1) فعل الحركة أو العمل action verb، الذي يعبِّر عن نوع العمل الذي تتحدث عنه الجملة.

2) فعل الربط linking verb الذي يربط بين المبتدأ و الخبر في الجملة.

3) الأفعال المساعدة auxiliary, or helping verb، التي تساعدنا في

تكوين صيغة الزمن المطلوبة لفعل الحركة (أو لتركيب أفعال الحركة) الذي نختاره للتعبير عن الحدث أو الفكرة التي نريدها في معنى الجملة التي نكتبها (أو تلك التي نقولها).

كما انَّ معظم الأفعال التي تستخدم في المحادثة أو الكتابة، هي من أفعال الحركة أو أفعال الرَّبط. و للأنواع المختلفة من الأفعال درجات متفاوتة من التأثير؛ لذا يكون من المهم اختيار الفعل الصحيح ونوعه الذي يتناسب مع الظرف المعيَّن المقصود التعبير عنه، مثل اختيار الفعل المناسب للتعبير عن موضوع أو فكرة في اللُّغة الإنجليزية للأعمال التجارية، أو الدبلوماسية، و هكذا.

VERBS OF ACTION
أفعال الحركة

يخبرنا فعل الحركة، أو العمل action verb بما تفعله عناصر الجملة مثل الفاعل sub-ject والمفعول به object من أحداث. يمكن استخدام هذه الأفعال في اللغة للتعبير عن الأفعال الجسدية أو الفكرية.

تتميز أفعال الحركة بقوة على التعبير غير موجودة في أنواع الكلمات الأخرى. كما لها القدرة على التأثير ونقل صورة واضحة و أعطاء معلومات فورية عن الحدث. فهي تساعد القارئ على تصوّر الموضوع (الذي يرمي اليه الكاتب) بطريقة واضحة ودقيقة. بالإضافة إلى ذلك، تساعد أفعال العمل على تسهيل تدفق الكلام في المقال أو الحديث ويلغي الحاجة إلى استعمال كلمات إنتقالية مثل "أيضًا" also، وما يماثلها من المعاني. ولقوة التأثير التي تتمتع بها أفعال الحركة، فهي تستخدم كثيراً في كتابة السِيَّر الذاتية للأشخاص والخُطَب الرنّانة للسياسيين كي تخلق إنطباعاً قوياً لدى المُتلقَّي.

يوجد في الإنجليزية الآلاف من أفعال الحركة (أو التفكير، أوالعمل)، واليك فيما يلي بعض الأمثلة على ذلك:

act, allocate, assess, build, close, collect, command, divide, dispose, enforce, enlist, file, gather, keep, manage, merge, observe, organize, place, plan, prepare, run, speak, think

KINDS OF VERB

1.   أنواع الأفعال

أيها القاريء الكريم أتناول في الشرح والإيضاح هنا نوعين من الأفعال في الإنجليزية، وكما يلي:

- الأفعال المساعدة
- الأفعال الإعتيادية

Auxiliary Verbs

أولاً. الأفعال المساعدة

تضُم الأفعال المساعدة (helping verbs)، أفعال الكينونة (الفعل to be وأشكاله الصرفية)، ويأتي مكانها في الجملة المثبتة بعد الفاعل أو نائب الفاعل، وكذلك أفعال التملك (to have) والأفعال الآتية:

to do, to dare, to need, to be able (can), may, must, shall, will, ought, used

مثال، لاحظ الفرق في معنى الفعل في الجملتين:

The Maestro *will* <u>arrive</u> any time now.

الإسم Maestro فاعل مرفوع، والفعل will هو الفعل المساعد للفعل الرئيس arrive في الجملة.

The Maestro *is* welcomed by the audience.

الجملة هنا في صيغة المبني للمجهول passive voice، و الإسم Maestro نائب الفاعل لفعل الكينونة المساعد (is) - auxiliary verb، والفعل welcomed هو التصريف الثالث للفعل welcome، و (by) حرف الجَّر الذي يسبق الفاعل the audience في موقعه في الجملة.

وتفتقر بعض الأفعال المساعدة الى صيغة المصدر infinitive، ويمكن تَعَرُّفها حسب الصيغة التي تستعمل فيها في الزمن المضارع (الحاضر)، مثل الأفعال المساعدة الآتية:

may, must, will, shal

يسرُّني أن أتطرق لهذه الأفعال بالتفصيل والإيضاح والتحليل بعد حين.

Ordinary Verbs
ثانياً. الأفعال الإعتيادية

هذه هي الأفعال الرئيسة وتدل على الحركة أو العمل action verbs وتشير الى مايحدث في الجملة من حركة، أو عمل. وتشمل جميع الأفعال الأخرى المتبقِّية، مثل:

to work, to sing, to play

ويمكننا تعرُّف الأفعال في الجملة وفقاً للمصادر التي نشأت منها، مثل الأفعال التالية:

to work, to be, to have, to do.

PARTS OF VERBS

2. أقسام الأفعال

وتشمل مايلي

(1)   الأفعال المتعدية والأفعال اللازمة
(2)   الأفعال الرابطة
(3)   الأفعال المساعدة
(4)   الأفعال القياسية وغير القياسية

لابد من الشرح المفصل لهذه الأفعال وبيان وظائفها في الجملة. واليك كل ذلك فيما يأتي.

1)   الأفعال المتعدِّية والأفعال اللازمة

Transitive And Intransitive Verbs

هناك نوعان من الأفعال التي تُعبِّر عن الحدث action، أو الحركة (أو العمل)، وهما الفعل المتعدِّ transitive verb والفعل اللازم intransitive verb. وهي الأفعال التي تستخدم في الأنجليزية يومياً للتعبير عن الأفكار والمشاعر الأنسانية بين البشر.

يأخذ الفعل المتعدِّي transitive verb إسماً noun يكون مفعولاً به مباشراً direct object في الجملة، ليتمِّم لنا معنى الفعل، أي ليتلقى تأثير العمل الذي يعكسه الفعل، أو الحدث أو الحركة التي يُعَبِّر عنها الفعل verb للقاريء (أو المستمع) في الجملة. مثال:

He <u>kicked</u> the <u>ball</u>.

الكلمة الإسم ball تُكمِل لنا معنى الفعل kicked، وأنَّ الحدث يتعدى (ينتقل) من الفاعل He الى المفعول به the ball الذي وقع عليه الحدث.

كما أن العبارة He kicked، بدون المفعول به، تبقى منقوصة المعنى، اذ ينقصها الخبر المطلوب إيصاله الى القاريء. وعليه يجب إضافة المفعول به the ball اليها ليكتمل معنى الفعل فيها.

بينما لا يحتاج فعل (العمل) اللازم intransitive verb، الى مفعول به object ليُكمِل لنا معناه في الجملة، بل يكتفي بفاعل فيها، إذ أنَّ العمل، أو الحدث الذي يعكسه الفعل، مُتعلقٌ بالفاعل فقط ومُقتصرٌ عليه مباشرة. مثال:

He <u>sleeps</u>.

هذه الجملة البسيطة هي تامَّة المعنى، والخَبر فيها كامل، لأن الحدثَ الذي تخبرنا به، واضحٌ لنا ومفهوم لدينا تماماً.

ملاحظة: تساعدنا معرفة التباين الموجود بين الأفعال المتعدِّية والأفعال اللازمة على تجاوز إحدى التحدِّيات المتكررة التي نواجهها في الكتابة وفي النطق عند استعمال بعض الأفعال، لاحظ مايلي:

الأفعال التالية مُتَعدِّية transitive verb (تأخذ مفعولاً به):

lay, raise, set

I <u>lay</u>, (<u>Iaid</u>, <u>have laid</u>) <u>the book</u> down.
I <u>lay</u> my <u>hat</u> on the table now, but, yesterday, I <u>laid</u> <u>it</u> on the shelf.
I <u>raise</u> a <u>stick</u>, I raise my <u>hand</u>, I raise my <u>head</u>, I raise <u>myself</u>.

بينما الأفعال التالية هي لازِمة (لا تأخذ مفعولاً به) intransitive verb:

lie يستلقي, raise, sit, rise

مثال:

Richard <u>lies</u> on the bed now, but some time ago he lay on the floor.
I <u>lie</u> (<u>lay</u>, <u>have lain</u>) asleep.
I <u>rise</u> early.
I <u>sat</u> down.

(2) الأفعال الرابطة

Linking Verbs

في القواعد النّحوية، انَّ الفعل الرابط linking verb هو فعل (ثانوي auxiliary أو مساعد helping verb، يصف فاعل الحدث subject أو المبتدأ (المسند اليه) في الجملة، وذلك من خلال ربط ذلك المبتدأ subject بإسم مُسند predicate noun، أو صفة مسندة predicate adjective تمثِّل الخبر في الجملة.

وعلى عكس غالبية أفعال (العمل)، لا يصف لنا الفعل الرابط أي إجراء أو عمل مباشر تم اتخاذه من قبل الفاعل (المبتدأ، أو ما يسمَّى بالمُسند اليه – الذي يُسند اليه العمل المذكور) في الجملة.

إليك فيما يأتي قائمة بالأفعال الرابطة:

become, seem, be, am, is, are, was, were, has been.

وأية صيغة أخرى لفعل الكينونة (be) (أو فعل الصيرورة و الوجود). وكذلك كل أفعال الحسّ المبيَّنة في الجدول اللاحق في أدناه. مثال:

Paula *is* a <u>nurse</u>.
He *seems* like a <u>trustworthy person</u>.
I have *become* <u>proud</u> of your <u>studiousness</u>.

والأفعال الرابطة هي نوع خاص من الأفعال المتعدية transitive verb، لذا يجب أن تحظى بمعاملة خاصة كذلك. يعمل الفعل الرابط في الجملة على الربط بين المبتدأ sub-ject والخبر predicate فيها. مثال:

God *is* <u>love</u>.
Time *is* <u>money</u>.

لاحظ أن فعل الكينونة الرابط (is) يخلق نوعاً من المساواة والتوازن بين الكلمة التي سبقته والكلمة التي لحقته في الجملة. لشرح ذلك، إقرأ الملاحظة التالية بكل عناية وانتباه.

الأسماء (والضمائر) التي تأتي بعد فعل الكينونة is في المثال السابق، (أو بعد إحدى الصيغ الأخرى لتصريف فعل الكينونة to be)، تكون في حالة الرفع الإسمية nominative case أي فاعلاً مرفوع.

وبما أنها تبدو لنا خبراً predicate، أكثر مما هي مبتدأ، لذا تُدعى خبراً مرفوعاً predi-cate nominative. ويظهر تأثير ذلك بوضوح في التطبيق، عندما يعمل الضمير عمل الخَبَر المرفوع في الجملة. (الخبر هو الذي يخبرنا عمّا يجري في الجملة)، مثال:

The man is <u>he</u>.

لاحظ ان الضمير (he) في الجملة السابقة ليس في صيغة المفعول به.

ويمكن للفعل الرابط linking verb في الجملة أن يربط الإسم noun، أو الضمير pro-noun فيها، مع الصِّفة adjective التي تتبع الفعل الرابط. مثال:

The <u>bells</u> <u>are</u> *joyful*.

وتُسمّى هذه الصِّفة adjective التي تنعت لنا الفاعل subject وتخبرنا عنه، تسمى بالصِّفة الخَبَرية adjectivepredicate.

كما تستعمَل الأفعال الحسِّية verbs od senses الآتية لأنها أفعال رابطة linking verbs في الجملة:

appear, become, feel, grow, look, prove, remain,
seem, sense, smell, taste, sound, stay, touch, turn,

مثال:

Hopes <u>prove</u> false.
All <u>seems</u> lost.
Dictators <u>turn</u> tyrants.
She <u>grew</u> to be unwell. (المعنى: مرضت مع مرور الوقت)

ملاحظة: قبل المضي في دراسة الأفعال المساعدة (الثانوية) helping verb بشكل مؤسَّع، من المفيد النظر بإيجاز الى صيغة الأفعال الإعتيادية (القياسية أو النظامية) – أفعال العمل action verb. حيث تتصرف الأفعال الإعتيادية جميعها بطريقة متشابهة، وهناك عدد معيَّن من الأفعال غير القياسية يحيد عن القاعدة عند صياغة زمن الماضي البسيط past simple tense، وصيغة إسم المفعول participle (التصريف الثالث للفعل) منها.

تجري صياغة أزمنة المضارع present tense، (و أزمنة الماضي past tense لجميع الأفعال القياسيِّة وفق القواعد المتبعة في ذلك والمبيِّنة لاحقاً.

بينما تُصاغ بقية الأزمنة من الأفعال المساعدة المتبوعة بصيغة إسم الفاعل participle، أو بصيغة المَصدر infinitive.

ويتناولُ هذا الكتابُ بِكُلّ أناةٍ وَرِفْقٍ في صفحاتِه اللاَّحقة، تَبسيط لكيفية تمكنك من صياغة هذه الأزمنة كافَّة، فَقُرَّ عَيناً وابتَهِج نَفْساً يا أيها القاريء الكريم، إنَّ بَعْدَ العُسْرِ يُسْرا.

Auxiliary Verbs
3) الأفعال المساعدة

Auxiliary Verbs

يقوم الفعل المساعد helping verb، أو الثانوي auxiliary verb، بمساعدة فعل آخر رئيس principle or main verb في الجملة. حيث يصف لنا الفعل (الرئيس) الحدث، أو الحركة، أو الحالة، أو العمل الذي تخبرنا عنه الجملة، مثال:

He <u>has</u> <u>tried</u> Dutch herring. (سمك الرنجة)

هنا، يعاون الفعل الثانوي has الفعل الرئيس tried في الجملة لإتمام الخبر الذي تفيدنا به الجملة، لذا فهو الفعل المساعد فيها.

بينما يكون الفعل has هو الفعل الرئيس في الجملة التالية.

He <u>has</u> no hair.

ملاحظة: يمكن الفصل بين الفعل المساعد auxiliary verb والفعل الرئيس main verb أو العناصر الأخرى في الجملة، والمباعدة بينها، وذلك بإضافة كلمة تسمى "المُقيِّد النَحوي" modifier التي تعمل على تحديد معنى الفعل وتصفه لنا، وقد تكون ظرفاً (الحالة التي يحدث فيها فعل الجملة)، مثال:

I can *hardly* lie down and die.
He has *rarely* or *never* exhibited human intelligence.

يمكننا تمييز الفعل المساعد عن الفعل الرئيس، بكونه لا يقترن بحرف الجَرّ to، باستثناء الفعل المساعد ought to.

Parts of Auxiliary Verbs
أقسام الأفعال المساعدة

اسم مفعول	فعل ماضي	فعل مضارع	مصدر	فعل مساعد
Past Participle	Past Tense	Present Tense	Infinitive	Aux. Verb
been	was, were	am, is, are	to be	be
had	had	has, have	to have	have
done	did	do, does	to do	do
been able	could (was/ were able)	can, (am/is/ are able)	to be able	can
-	might	may	-	may
had to	had to	must	to have to	must
needed	didn't need	need	to need	need
-	would	will	-	will
-	should	shall	-	shall
-	ought to	out to	-	ought to
-	dared	dare	-	dare
-	used	-	-	used

ملاحظة: تُسمى هذه الأفعال بالأفعال المساعدة auxiliary verb للأسباب التالية:

(1). تساعد في صياغة زمن الحدث في الجملة عندما ترتبط هذه الأفعال المساعدة مع احدى الصِيَغ النَحوية الآتية:

أ.   صيغة اسم الفاعل Present Participle، مثال:
I am *waiting*.

ب. صيغة اسم المفعول Past Participle، مثال:
They have been there.

ج.   صيغة المصدر Infinitive، مثال:

He would like <u>to come</u>.

(2). تستعمل الأفعال المساعدة مع المصدر infinitive للتعبير عن الحالات التالية:

الإحتمالية

Possibility

الإذن

Permission

الإمكانية

Ability

الإلزام

Obligation

الإستنتاج

Deduction

مثال:

He may <u>come</u>. tomorrow. (possibility)

I can <u>type</u>. (ability)

We must <u>stop</u> now. (obligation)

Rules of Using Auxiliary Verbs
قواعد استعمال الأفعال المساعدة

(1)   باستثناء الأفعال المساعدة الثلاثة هذه be, have, do، لا يتم تصريف الأفعال المساعدة الأخرى، أي أنَّ الأسماء (و الضمائر) في الجملة، تأخذُ نفس الصِّيغة الإعرابية للفعل المساعد (والذي يحافظ على نفس شكله الإملائي في الكتابة)، مثال:

I <u>can</u>, you <u>can</u>, he <u>can</u>, we <u>can</u>
I <u>must</u>, you <u>must</u>, he <u>must</u>, we <u>must</u>

وهكذا الحال مع بقية الأفعال المساعدة.

(2)   تتكون صيغة النفي بوضع أداة النفي not بعد الفعل المساعد مباشرة في الجملة المثبتة، مثال:

I must not.
He must not.
They do not.

ويمكن استعمال صيغة المصدر في النفي، كما في التركيب التالي:

مصدرdo not + infinitive.

ملاحظة: يستعمل الفعل المساعد do في الولايات المتحدة على النهج التالي:

Do you have time?

بينما في انجلترا، يُطرح السؤال على الشكل الآتي:

Have you got time?

انتبه: انَّ ادخال صيغة النفي المضاعف double negative على نفس الفعل أو الكلمة في الجملة، يعني في الإنجليزية إلغاء حالة النفي وجعل المعلومة مثبتة بدلاً من النفي. لاحظ المثال التالي.

<u>Do not</u> give him <u>none</u> of your money.

رغم ان الكاتب يقصد النفي وقد ظن خاطئاً، أنه بتكراره النفي في الجملة، فإنه إنَّما يؤكد ذلك النفي(!)، إلَّا أن الجملة في صيغتها تلك، تعني الإثبات:

Give him <u>some</u> of your money.

والصحيح أن نقول:

<u>Do not</u> give him <u>any</u> of your money.

مثال آخر في النفي المضاعف:

I <u>will not never</u> write.

وهذا مناقض في معناه للجملة الصحيحة التالية:

I will <u>never</u> write.

(3) تتكون الصيغة الإستفهامية باستبدال موقع الفاعل subject مع موقع الفعل المساعد verbauxiliary الذي بالتالي يصبح في بداية في الجملة، مثال:

<u>Can</u> you?
<u>May</u> we?
<u>Must</u> I?

(4) لا تستعمل الأفعال المساعدة في الأزمنة الدالَّة على الإستمرارية continuous tense، باستثناء فعل الكينونة be عند استعماله في صيغة المبني للمجهول passive voice. مثال:

He <u>is being carried</u>.

The car <u>was being towed</u>.

(5) تستعمل صيغة المصدر الكامل infinitivefull (الذي تسبقه علامة المصدر to)، وتسمى أيضاً the to-infinitive form، بعد الأفعال المساعدة auxiliary verb. كما يمكن استعمال بقية أقسام الفعل بعد الأفعال المساعدة (be) و have.

أ.   في الأفعال المساعدة used ,ought ,have ,be، تسبق هذه الأفعال في موقعها، صيغة المصدر (المسبوقة بالحرف to. مثال:

He <u>is to go</u>.
I <u>have to work</u>.
Tom <u>ought to write</u> to her.
She <u>used to know</u> French.

ب.   تأخذ الأفعال المساعدة التالية

do, can, may, must, will, shall

صيغة المصدر infinitive الخالية من علامة المصدر، الحرف to، مثال:

He doesn't read.
She can swim.
You may go.
I must see it.

ت. يأخذ الفعلان المساعدان need, dare صيغة المصدر infinitive بدون علامة المصدر to بعدهما، (باستثناء عند استعمالهما مع الفعل do وتصريفاته). مثال:

He need not <u>go</u>.

لكن:

He doesn't need to go.

How dare you <u>borrow</u> it without my permission!

لكن:

He didn't dare <u>to say</u> anything.

(6) يتم بصورة عامة، إختصار تلفُّظ الأفعال المساعدة عند نطقها أثناء المحادثة.
كما تُختصر الأشكال الإملائية للأفعال المساعدة التالية

be, have, had, would, will, shall

عند كتابتها في الصيغة المُثبتة affirmative.

وللأفعال المساعدة have, would, should نفس الصيغة الإملائية المختصرة ('d).
مثال:

I'm here.

We've seen it.

They'll go.

I'd go = I should go/ I would go.

I'd seen it = I had seen it.

ملاحظة: لايمكن استعمال الأشكال المختصرة للفعل المساعد المثبتة affirmative
(وليست المنفية) في نهاية الجملة، بل تكتب كما هي دون اختصار مثال:

I'<u>m</u> not French, but <u>he is</u>.

لايمكن، هنا، اختصار التركيب he is.

أما في جملة النفي negative sentence، فيمكن استعمال الصيغة المختصرة لجميع
الأفعال المساعدة دون استثناء. مثال:

She won't come.
You can't do it.
I 'm not well.

(7)   تستعمل الأفعال المساعدة في تكوين جملة المقارنة (comparison sen‑
tence)، مثال:

Mathew runs faster than <u>I do</u>.
I can ride better than <u>he can</u>.
She is taller than <u>he is</u>.
She doesn't drive, as well as <u>he does</u>.

ملاحظة: عندما يأتي ضمير الشّخص الأول (المتكلّم)، أو ضمير الشّخص الثاني
(المخاطب) بعد الأداة asa ... s أو than في جملة المقارنة، يتم في الغالب حذف الفعل
المساعد (محصور بين قوسين في المثال) من تلك الجملة.

I am not <u>as</u> old <u>as you</u> (are).
He has more time <u>than</u> I (have).

وكذلك مع الأفعال التّامة، مثال:

They arrived earlier _than_ her (than she did).

Sophia eats more _than_ me (than I do).

Regular And Irregular Verbs

4) الأفعال القياسية وغير القياسية

لنبدأ أولاً بالأفعال غير القياسية أو القوية strong verbs. تدلُّنا الأفعال غير القياسية (أو الشاذَّة عن القاعدة والخارجة عن المألوف) على:

- الزمن الماضي past tense وكذلك على إسم المفعول past participle

وذلك بعد إجراء تغيير في أحَّد حروف العلَّة vowel letter الموجودة في صيغة الفعل المضارعة (الزمن المضارع)، لاحظ ذلك في المثال الآتي:

الزمن المضارع	الزمن الماضي	اسم المفعول
Present Tense	Past Tense	Past Participle
s<u>i</u>ng	s<u>a</u>ng	s<u>u</u>ng
dr<u>i</u>nk	dr<u>a</u>nk	dr<u>u</u>nk
kn<u>o</u>w	kn<u>e</u>w	kn<u>o</u>wn

ملاحظة: تتمثل صيغة إسم المفعول past participle في الفعل، الذي غالباً ما ينتهي بإحدى اللواحق النهائية الموقع الخمس التالية، لاحظ الأمثلة.

climb<u>ed</u>   -ed.
lai<u>d</u>   -d.
wrough<u>t</u>   -t.
mow<u>n</u>   -n.
ridd<u>en</u>   -en.

تتكون صيغة الزمن الماضي البسيط past simple tense من الأفعال القياسية regu-lar verbs)، أو الأفعال الضعيفة weak verbs، وذلك بإضافة إحدى اللاحقات المتأخرة suffixes التالية (ed, -t, -d-) في آخر الصيغة المضارعة للفعل القياسي حسبما متفق عليه لُغوياً، وما هو شائع بين الناس. مثال:

الزمن المضارع

talk, feel, love

الزمن الماضي

talk<u>ed</u>, fel<u>t</u>, love<u>d</u>

اسم المفعول

Talk<u>ed, fel<u>t</u>, loved</u>

ملاحظة: تسمى الأفعال غير القياسية irregular verbs، بالأفعال القوِّية لأنها تكوِّن لنا صيغة الماضي دون حاجتها الى استعمال أية لاحقات تُلحق بنهاياتها. وتعتبر شاذَّة في أشكال تصريفها عن أشكال تصريف الفعل القياسي والمألوف في القواعد والنَّحو والصرف.

بينما سُمِّيت الأفعال القياسية regular verbs بالأفعال الضعيفة لحاجتها الى مثل تلك الإضافات أو اللاحقات المُتأخِّرة suffix (تقع في مؤخرة الكلمة).

للتعابير التالية (فعل قياسي) و (فعل غير قياسي) معانٍ أوسع، ولو أنَّها ليست دقيقة في الوصف تماماً.

جرى في اللُّغة الإنجليزية القديمة، تصريف الأفعال بطرائق كثيرات، ومع مرور الزمن اكتسب أغلب الأفعال صفة القياسية regularity جزئياً – أي أن الناس شرعوا في صياغة الأفعال استناداً الى الأشكال السائدة منها لديهم آنذاك.

إلّا أنَّ الأفعال غير القياسية irregular (شذَّت عن القاعدة) قد قاومت ذلك التَّحوُّل بشدَّة لأنها كانت مستعملة آنذاك بصورة شائعة جداً، مما جعل الناس يتذكرون صيغها (الشاذَّة) عند قيامهم بتصريف الأفعال، وبهذا حافظت عبر الزمن ومن بين الآلاف من الأفعال في اللُّغة الإنجليزية، هناك نحو ثلاثمائة فعل غير قياسي (قوِّي)، ولفشل أغلب الأفعال (ومنها جميع الأفعال التي أضيفت الى اللُّغة حديثاً)، في مقاومة تأثير التناظر-sym-metry والتماثل في أشكالها، فهي بالنتيجة تميل الى التَّقيُّد بالأنماط القياسية للفعل.

Prinicple Parts Of Verb

أقسام الفعل الرئيسة

تتضمن الأقسام الرئيسة للفعل العناصر التالية (المشتقة من الفعل):

(1)   المصدر Infinitive. المصدر هو الشكل الأساس base form أو الجذري للفعل، وعادة ما يأخذ نفس شكل الفعل في صيغته المضارعة المستعملة مع الضمير الإسمي الفاعل (I) (للشخص الأول المتكلِّم). مثال:

hop, skip, jump

(2)   صيغة الفعل في الزمن الماضي البسيط للشخص الأول (المتكلم) المفرد (astp past simple tense, first person singular)، مثال:

Hopped, skipped, jumped

3) صيغة اسم المفعول (التصريف الثالث للفعل) Past Participle، مثال:

Hopped, skipped, jumped

ويتم اشتقاق أشكال الفعل الأخرى من أقسامه الرئيسة.

سوف أتطرق بكل سرور الى تفاصيل كل ذلك بالشرح المفيد والتبسيط والتحليل في الفصل العاشر من هذا الكنز اللُّغوي الثمين، فطِّب نفساً وقُّر عيناً أيها القاريء الكريم.

ملاحظة: يستثنى من هذه القاعدة فعل الكينونة (أو فعل الصيرورة والوجود) to be والأفعال الناقصة التالية ـ تنقصها صيغة أو أكثر من صِيغ تصريف الفعل.

can, may, must, ought, shall, will

تعطينا صيغة المصدر infinitive (الخالية من علامة المصدر to) شكل الفعل في الزمن المضارع البسيط present simple tense وفي الزمن المستقبل البسيط future simple tense، مثال:

<u>love</u>   I <u>love</u>   I shall <u>love</u>

بينما صيغة الزمن الماضي البسيط (past simple tense) للفعل، تعطينا صيغة الزمن الماضي فقط، مثال:

<u>loved</u>   I <u>loved</u>

كما تعطينا صيغة إسم المفعول past participle، صيغة الزمن المضارع التام present perfect tense، مثال:

I <u>have</u> <u>loved</u>

وصيغة الزمن الماضي التام past perfect tense، مثال:

I <u>had</u> <u>loved</u>

وصيغة المستقبل التام future perfect tense، مثال:

I <u>shall</u> <u>have</u> <u>loved</u>

لقد تناولت بشكل منفرد، بالتبسيط السّهل المُريح، شرح هذه الكلمات المشتَّقة من الفعل the Verbas وبيان استعمالها الصحيح في التعبير اللُّغوي الأنيق في الجملة (مع العديد من الأمثلة الإيضاحية)، تجد ذلك لاحقاً في الفصل العاشر (الصيغ المشتقة من الفعل) من هذا الكتاب.

Principal Parts Of Irregular Verbs

الأقسام الرئيسة للأفعال غير القياسية

يبيِّن الجدول التالي الحالات الرئيسة (التصريف النَحوي) للأفعال غير القياسية الشائعة والتي

كثيراً ما تُوَلِّدُ الإرتباك والإلتباس والخطأ لدى الدارس والباحث والمدَرِس على حدِّ سواء. لذا أدعوك للإنتباه اليها جيداً.

مضارع بسيط Present Simple (Infinitive)	المعنى	ماضي بسيط Past Simple	اسم المفعول Past Participle
abide	يلتزم	abode	abode
awake	يوقظ	awaked, awoke	awaked
be (am)	يكون	was	been
bear	يحمل	bore	borne
beat	يضرب	beat	beaten
become	يصبح	became	become
befall	يسقط	befell	befell
beget	ينجب	begot	begotten
begin	يبدأ	began	begun
bid	عرض	bade	bidden
break	يكسر	broke	broken
burst	ينفجر	burst	burst
buy	يشتري	bought	bought
catch	يمسك	caught	caught
come	يجيء	came	come
choose	يختار	chose	chosen
dive	يغوص	dived	dived
do	يفعل	did	done
drink	يشرب	drank	drunk
eat	يأكل	ate	eaten
fall	يقع	fell	fallen
fight	يقاتل	fought	fought
find	يجد	found	found
flee	يهرب	fled	fled
fly	يطير	flew	flown
forbid	يمنع	forbade	forbidden
forget	ينسى	forgot	forgotten

forgive	يعذر	forgave	forgiven
forsake	يهجر	forsook	forsaken
get	يحصل	got	got, gotten
go	يذهب	went	gone
hang	يعلق	hung, hanged	hung, hanged
have	يمتلك	had	had
hide	يختبيء	hid	hidden
keep	يحفظ	kept	kept
know	يعرف	knew	known
lay	يضع	laid	laid
lie	يستلقي	lay	lain
light	يشعل	lit, lighted	lit, lighted
ride	يركب	rode	ridden
ring	يرن	rang	rung
rise	يرتفع	rose	risen
see	يرى	saw	seen
sing	يغني	sang	sung
slay	يذبح	slew	slain
slink	يتسلل	slunk	slunk
speak	يتكلم	spoke	spoken
spit	يبصق	spit, spat	spit, spat
steal	يسرق	stole	stolen
sting	يلسع	stung	stung
stink	ينتن	stank, stunk	stunk
strike	يضرب	struck	stricken
swear	يحلف	swore	sworn
swim	يسبح	swam	swum
swing	يتأرجح	swung	swung
take	يأخذ	took	taken
teach	يعلم	taught	taught
understand	يفهم	understood	understood

wake	يستيقظ	woke, waked	woke, waked
win	يفوز	won	won
wring	يعصر	wrung	wrung
write	يكتب	wrote	written

ملاحظة: في بعض الأفعال، قد يأتي بعد الفعل حرف جَرّ preposition، أو ظرف ad-verb، (أو يسبقان الفعل) في الجملة، وذلك لتكوين صيغة مركّبة compound from من ذلك الفعل، مثال:

come <u>back</u>	give <u>out</u>	<u>in</u> come	keep <u>up</u>
look <u>for</u>	<u>out</u> go	<u>over</u> look	<u>over</u> turn
pour <u>down</u>	put <u>out</u>	sell <u>out</u>	turn <u>up</u>

كما انَّ عصر الفضاء (وعالم الإنترنت ووسائل التواصل الإجتماعي)، جميعها قد أضافت كلمات (أسماء وأفعال) جديدة الى اللُّغة الإنجليزية، مثال:

blast off	count down	touch down	lift off
selfie	phablet	unlike	derp
srsly	splashdown	OMG	LOL
hashtag	noob	nope	tweet

لاتوجد قاعدة ثابتة في هذا الموضوع، لكن لاحظ أن الفعل يكون في صيغته الأساسية (في الزمن المضارع) دائماً، مثال: come back وليس came back.

Verb Inflection

تصريف الأفعال

يشمل تصريف الفعل verb inflection or conjugation التغييرات والتبديلات التي ندخلها على صورة الفعل في تهجئته (وفي كتابته)، أو على شكل الكلمات (أو الإضافات) الصغيرة التي نستعملها مع الفعل، وذلك لنبيِّن التنوّع في الطريقة (أو الكيفية أو في المعنى) التي يقع فيها الحدَّث الذي يصفه الفعل في الجملة. مثال.

He <u>walks</u> fast.

If he <u>walk</u> fast, he'll fatigue himself.

في أغلب اللغات الأنجلوساكسونية، والجرمانية الأخرى، غالباً ما يُغيِّر الفعل verb من شَكلِهِ كثيرا جداً ليعبِّر لنا عن مختلِف الأساليب في كيفية وقوع الحدث الذي ينقله الفعل الى القاريء (أو المتلقي). بينما لا وجود لمثل ذلك التغيير في اللغة الإنجليزية، بسبب وجود الكلمات (أو الإضافات) الصغيرة أو ما يسمى بالعلامات signs أو الأشارات التي نضيفها الى

الأفعال بدلاً من إحداث تغيير في أشكال تلك الأفعال ذاتها. ومن تلك العلامات أذكر لك ما يلي، (وغيرها كثير).

shall, may, might, could, would

لإيضاح ذلك أكثر، اليك مثالاً من الإنجليزية مقارنة باللُّغة الفرنسية في هذا الشأن.

ENGLISH
1. I march,
2. I marched,
3. I might march,
4. I should march,

FRENCH
1. Je marche,
2. Je marchois,
3. Je marchoisse,
4. Je marcherois,

تتغيَّر صيغ الأفعال تصريفها النَّحوي conjugation وأشكال تهجئتها لكي تعطينا بدقة ووضوح، المعنى المقصود من الكلمة (والعبارة والجملة) التي نكتبها أو نقرأها، وذلك بفعل تأثيرات الصِّيغ (والأشكال اللُّغوية) عليها مثل شخص الفعل والعدد في الفعل وزمنه واسلوبه وصيغته المعلومة أو المجهولة وكما يأتي.

Person

(1)   ألشخص

الشَّخصَنَة في الفعل هي تجسيد لحالة العمل أو الحدّث الذي يمثله ذلك الفعل وإضفاء صيغة شخصيَّة معيَّنة (للإسم أو الضمير) عليه تُعيننا على معرفة الشَّخص أو الشيء (المفرد أو المجموع، المذكَّر أو المؤنَّث أو المحايِّد) الذي يشير اليه الفعل ويؤثر عليه، ومنحه صِفة شخصيَّة. وهنا يتطابق فعل الجملة مع فاعله في حالة الشَّخص person ويتوافق معه فيها.

Number
(2)   العدد

يشير العدد في صيغة الإسم أو الضمير أو الفعل في الجملة الى أنَّ الفاعل امَّا مفردٌ أو مجموع.

Tense

(3)   الزَّمن

يخبرنا زمن فعل الجملة Tense أو Time عن زمن قيام فاعل الجملة subject بالحدَّث الذي يدلُّ عليه فعل verb الجُملة، على سبيل المثال، في الوقت الحاضر present tense (الزمن المضارع)، أو الماضي past tense، أو المستقبل future tense، وأزمنة أخرى غيرها.

Mood
(4)   الإسلوب في الفعل

هو إسلوب الكاتب (الفاعل) (أو المتكلِّم) ويعكس مزاجه في استعمال الفعل ليقودنا الى فهم أنَّ حدثَ الجملة ربما يكون حقيقياً وواقعياً، أوشرطاً، أو أمراً واجب التنفيذ، أو حالةً استفهاميةً واستقصائية، أو حالة مشروطة فيها.

وتتمثل بعض الأساليب التي يعكسها الفعل في الصيغ النحوية التالية، التي سآتي على شرحها لك بالتفصيل لاحقاً (في هذا الفصل)، وبكل سرور.

1)   صيغة المصدر Infinitive (الصيغة الأساسية للفعل basic form)
2)   الصيغة الدلالية Indicative
3)   الصيغة الآمِرة Imperative
4)   الصيغة الشرطِّية Subjunctive
5)   الصيغة الأستفهامية Interrogative

Active and Passive Voice Verb

(5)   صيغة الفعل المعلومة أو المجهولة

تدلنا على حالة قيام الفاعل (المعلوم) بالعمل active voice، أو وقوع الحدث عليه (الفاعل المجهول) passive voice.

سأتناول كل ذلك فيما يأتي بالتفصيل المُفيد، فَطِبْ نَفْساً أيها القاريءُ الكَريم.

Person In The Verb

(1)   الشَّخص في الفعل

للفعل ثلاث حالات شخصية تُعبِّر عمَّن قام بالحدث، أو من تلقى الحدث، أو الذي يدور حوله الحدث، وكما يلي.

أولاً. حالة الشَّخص الأول first person (المُتكلِّم) المُفرَد والجَمع المؤنَّث والمذَّكَّر والمُحايد:

I <u>love</u>, We <u>love</u>.

ثانياً. حالة الشَّخص الثاني second person (المُخاطَب) المُفرَد والجَمع المؤنَّث والمذَّكَّر والمُحايد:

You <u>love</u>,   You <u>love</u>.

ثالثاً. حالة الشَّخص الثالث third person (الذي يدور الحديث عنه) المُفرَد والجَمع المؤنَّث والمذَّكَّر والمُحايد:

He, she, it <u>loves</u>,   they <u>love</u>.

مثال:

I <u>*am*</u> your obedient servant.
<u>I</u>, who <u>am</u> your obedient servant, refuse.
<u>You</u> *are* my ex-servant. <u>He</u> *is* looking for a job. <u>He</u> and <u>I</u> *are* look-
ing for jobs. <u>John</u>, who *seeks* a job, *finds* one.

ملاحظة: عندما يأتي الأسم (أو الضمير) في الجملة في حالة الشَّخص الثالث (وهو الشَّخص أو الشَّيء المتحدَّث عنه، أو الذي يدور حَوله الكلام)، يكون فعله في حالة الشَّخص الثالث دائماً.

Number In The Verb
(2   العدَدُ في الفعل

(1) يتطابق الفعل مع فاعله في العدد. وللفعل عددان.

الأول. العدَدُ المفردُ، مثال:

I <u>love</u>, you <u>love</u>,   he, sh, it <u>loves</u>

الثاني. العدَدُ الجمعُ، مثال:

We <u>love</u>   you <u>love</u>   they <u>love</u>

(2) يأخذ فاعل الجملة المُركَّب من إسمين (أو أكثر)، فعلاً في صيغة الجَمع، مثال:

<u>Nero and Caligula need</u> shock therapy.

ملاحظة: عندما يدلُّ الفاعل المُركَّب في الجملة، على فكرة مُفردَة، فإنَّه يأخذ فعلاً في حالة المُفرَد. مثال:

The <u>tumult شغب and the shouting dies</u>.
The sum and substance of her <u>objection *amounts*</u> to <u>this</u>: she
does not like him.

(3) يأخذ الفاعل الذي يكون في صيغة الجمع، فعلاً مفرداً، وبذلك يعطينا مفهوماً مفرداً، مثال:

<u>Electronics</u> *was* a science and *has become* an <u>industry</u>.
The <u>gallows</u> *seems* her <u>destiny</u>.

(4) يأخذ إسم الجماعة فعلاً مفرداً (أو في صيغة الجمع)، حسب معناه المقصود في الجملة، و وفقاً للطريقة المألوفة والشائعة التي يُعرَفُ بها، مثال:

The <u>class</u> *is* unanimous.
The <u>class</u> *are* divided.

وعند وجود لفظة مُرَكَّبَة في الجملة، مثال:

one of those who
one of those which
one of those that

غالباً ما يميل الطالب (والدارس) الى إستعمال فعل في صيغة المفرد، لذا يجب كبح هذه النَّزعة، واستعمال الفعل في صيغة الجمع، مثال (<u>غلط</u>):

He is one of those men who <u>gets</u> bitten by non-existent
mosquitoes.

الصواب:

He is one of those men who <u>get</u> bitten by non-existent
mosquitoes.

لاحظ أن ضمير الوصل who هو للجمع ويفيد في محل فاعل للفعل get وبما أنَّ الإسم men الذي يعود اليه ضمير الوصل who، هو في صيغة الجَمْع، لذا يجب أن يكون الفعل جَمْعاً كذلك.

إليك فيما يلي وسيلة سهلة لإختبار مقدرتك على إعادة ترتيب مجموعة الكلمات المُركبة كي يتضح لك المعنى، وبالتالي تستطيع تحديد الصيغة العددية الصحيحة للفعل في الجملة.

Of those men who get bitten by non-existent mosquitoes,
he is one.

عند تصحيح الجملة بعد إعادة بناء ترتيب الكلمات فيها بالطريقة التالية، لتتأكد من الصيغة العددية الصحيحة للفعل، ستختفي تلك الرغبة لإستعمال الفعل في صيغة المفرد.

It is one of the <u>mosquitoes</u> that (or which) <u>zing</u> as they <u>sting</u>.

Of the <u>mosquitoes</u> that <u>zing</u> as they <u>sting</u>, it is one.

Tenses Of The Verb
3) الزمن في الفعل

يبيِّن زمن الفعل time of the verb أو tense of the verb وقت وقوع الحدث (أو الفعل) الذي تخبرنا عنه الجملة، وإنْ كان فعل الجملة في الزمن الحاضر مضارعاً present tense، أو ماضياً past tense، أو مستقبلاً future tense.

يقع الفعل في الإنجليزية في ستة أزمنة دلالية indicative times ثلاثة منها أزمنة بسيطة التركيب simple tense وثلاثة أخرى تامَّة التركيب perfect tense، اعتمد تصنيفها على زمن وقوع الحدث الذي تعبر عنه واتمامه فيها، نأتي على تبسيطها فيما يلي.

Simple Tenses of The Verb
1) الأزمنة البسيطة في الفعل

وتتضمن الآتي:

Present Simple Tense
أ. الزمن المضارع البسيط

يوضِّح لنا هذا الزمن بجلاء الدقَّة أنَّ حَدَثاً ما يقع الآن وفي الوقت الحاضر، وقد يدل على حقيقة ثابتة، أو عملاً متكرراً بحكم التعويد أو الظرف أو التكرار، مثال:

God <u>is</u> just and <u>has</u> His reasons.
He <u>fills</u> the cup and <u>drinks</u>.

اليك فيما يلي، تصريف أشكال الفعل في الزمن المُضارع البسيط present simple tense، للمُفرد singular وللجَمع plural المُذكَّر masculine والمُؤنَّث feminine والمُحايد erneut.

ملاحظة: الفعل fill هو قياسي - يتصرَّف وفق القاعدة، بينما الأفعال have drink, am, غير قياسية (حادَت عن القواعد المتَّبعة في تصريف الأفعال).

الشَّخص Person	المبتدأ Nom.	الفعل المفرد Sing.	المبتدأ Nom.	الفعل الجمع Plur.
1st	I	fill, drink, am, have	We	fill, drink, are, have
2nd	You	fill, drink, are, have	You	fill, drink, are, have
3rd	He, she,	fills, drinks, is,	They	fill, drink,

	it	has		are, have

Past Simple Tense

ب.   الزَّمن الماضي البسيط

الزمن الماضي هو مادلٌّ على حدثٍ وقع في ما مضى من الزمان. يوضِّح لنا هذا الزمن أنَّ حَدَثاً ما وقع في وقت سابق بعض الشيء لوقت الجملة. وتجد فيما يأتي صيغ الفعل في الزمن الماضي البسيط past simple tense، للمُفرد singular وللجَمْع plural المُذكَّر masculine والمُؤنَّث feminine والمُحايد erneut، مثال:

We _were on a picnic_ and <u>had</u> a good time.
He _filled the cup_ and <u>drank</u>.

الشَّخص	المبتدأ	الفعل في المفرد	المبتدأ	الفعل في الجمع
الأول	I	filled, drank, was, had	We	filled, drank, were, had
الثاني	You	filled, drank, were, had	You	filled, drank, were, had
الثالث	He, she, it	filled, drank, was, had	They	filled, drank, were, had

Future Simple Tense

ت.   الزَّمن المستقبل البسيط

يوضِّح لنا هذا الزمن أنَّ حَدَثاً ما سوف يَقعُ في المستقبل (القريب أو البعيد)، في وقت لاحق بعض الشيء لوقت الجملة.

وإليك فيما يأتي صيغ الفعل في الزمن المستقبل البسيط future tense، للمُفرد singular وللجَمْع plural المُذكَّر masculine والمُؤنَّث feminine والمُحايد neu-ert، مثال:

We <u>were</u> on a picnic and <u>had</u> a good time.
He <u>filled</u> the cup and <u>drank</u>.

الشَّخص	المبتدأ	الفعل في المفرد	المبتدأ	الفعل في الجمع
الأول	I	shall fill, - drink, - be,	We	shall fill, - drink, - be,

		- have		- have
الثاني	You	will fill, - drink, - be, - have	You	will fill, - drink, - be, - have
الثالث	He, she, it	will fill, - drink, - be, - have	They	will fill, - drink, - be, - have

Perfect Tenses
(2) الأزمنة التامَّة

تخبرنا الأزمنة التامَّة في أفعال الجملة، أنَّ حَدثاً ما قد وقع (واكتمل حدوثه) في الوقت الحاضر، أو في وقت سابق قليلاً لوقت الجملة، (أو لاحق له قليلاً).

وتتكون صيغة الزمن التَّام للفعل من صيغة إسم المفعول past participle (التصريف الثالث للفعل)، بعد إن نسبقها بأحد الأفعال المساعدة auxiliary verb التالية:

have, has, had, shall have, will have.

وتشمل الأزمنة التامَّة في الفعل مايأتي:

Present Perfect Tense
أ. الزَّمن المُضارع التَّام

يبيِّن لنا زمن المُضارع التَّام للفعل، وقوع حدث ما واكتماله في الوقت الحاضر، وأن هذا الحدث قد بدأ في الوقت الماضي وامتد الى الوقت الحاضر وتمَّ فيه، مثال:

I <u>have tried</u> kindness always.

يدّل المعنى على أن المتكلم قد أبدى اللُّطف دائماً ولغاية الوقت الحاضر.

I <u>have</u> up to the present <u>tried</u> kindness always.

وربما يدّل المعنى الضمني في الجملة، أنَّ المتكلم يغيِّر من سلوكه (لكن تبقى الإستنتاجات الأخرى محتملة أيضاً). قارن ذلك مع الزمن الماضي البسيط في هذه الجملة:

I <u>tried</u> kindness.

أي، أنَّ المتكلِّم أظهر اللُّطف في وقت معيَّن في الزمن الماضي.

ملاحظة: لاتستعمل صيغة الفعل في الزمن التَّام للإشارة إلى زمن محدَّد أو معيَّن في الماضي، مثال (غلط):

I <u>*have voted*</u> in the election <u>last year</u>. (present perfect مضارع تام)

الصواب:

I *voted* in the election last year.

قارن بين الجملتين:

I ate. (ماضي بسيط past simple)
I have eaten. (مضارع تام present perfect)

نفهَم من سياق الجملة الأولى أنَّ حدث (الأكل) قد وقع في زمن معيَّن في الماضي (لكن ذلك الزمن غير مذكور بشكل محدَّد). بينما في الجملة الثانية، وقع حدث (الأكل) منذ وقت قريب جداً بحيث يكون له تأثير على الوقت الحاضر. وربَّما أراد المتكلم في الجملة الثانية القول بأنه قد تناول طعامه منذ وقت قريب جداً، ولا يرغب في الأكل الآن.

لاحظ الجملة التالية:

I have eaten so recently, that I do not want to eat now.

وهكذا نرى أنَّ الزمن المضارع التام present perfect tense يتضمَّن قليلاً من الأرتباط (والتفاعل) مع الزمن الحاضر، بينما يبيِّن الزمن الماضي البسيط past simple tense أنَّ الحدث وقع في الماضي فقط.

إليك فيما يأتي صيغ الفعل في الزمن المضارع التام present perfect tense للمُفرد singular وللجَمع plural المُذكَّر masculine والمُؤنَّث feminine والمُحايد neu-ert). مثال:

We have been on a picnic and have had a good time.
He has filled the cup and has drunk.

الشَّخص	المبتدأ	الفعل للمفرد	المبتدأ	الفعل للجمع
الأول	I	have filled, -drunk, -been, -had	We	have filled, -drunk, -been, -had
الثاني	You	have filled, -drunk, -been, -had	You	have filled, -drunk, -been, -had
الثالث	He, she, it	has filled, -drunk, -been, -had	They	have filled, -drunk, -been, -had

Past Perfect Tense
ب. الزَّمن الماضي التَّام

يبيِّن لنا زمن الماضي التّام للفعل، وقوع حدث ما قبله في الزمن الماضي، ويوضِّح إكتمال حدوث عمل معيَّن في وقت محدَّد في الماضي، مثال:

Before the audience <u>arrived</u> [ماضي] [<u>had memorized</u>] تّام ماضي, he his impromptu speech.

(تفسير: قبل إن <u>وصل</u> الجمهور، <u>كان هو</u> قد <u>حفظ</u> خطبته المرتجَلة – عن ظهر قلب).

مثال آخر:

When he <u>had finished</u> [ماضي تّام] ماضي [<u>went</u>his work, he] home directly.

For twenty years long they <u>had considered</u> [*the risk*] ماضي تّام [<u>have taken</u>*they*] مضارع تّام.

إيضاح: أنهُم وطيلة عشرين عاماً، قد وضعوا في إعتباراتهم المجازفة التي اتخذوها لاحقاً.

أي أنَّ التفكير بالمجازفة والذي عَبَّرَ عنه (الزّمن الماضي التام)، قد استغرق عشرين عاماً. بعد ذلك أقْدموا على تلك المجازفة (في زمن المضارع التام). يدل زمن (الماضي التّام) على حدثٍ أقْدَم زمناً من الحدث الذي يعبِّر عنه الزّمن (المضارع التّام) في الجملة.

إليك فيما يأتي صيغ الفعل في الزمن الماضي التّام ast perfect tensep، للمُفْرد-sin gular وللجَمْع plural المُذكَّر masculine والمُؤنَّث feminine والمُحايد erneut. مثال:

We <u>had been</u> on a picnic and <u>had had</u> a good time.
He <u>had filled</u> the cup and <u>had drunk</u>.

الشَّخص	المبتدأ	الفعل في المفرد	المبتدأ	الفعل في الجمع
الأول	I	had filled, -drunk, -been, -had	We	had filled, -drunk, -been, -had
الثاني	You	had filled, -drunk, -been, -had	You	had filled, -drunk, -been, -had
الثالث	He, she, it	had filled, -drunk,	They	had filled, -drunk, -been, -had

		-been, -had		

Future Perfect Tense

ت. الزّمن المستقبل التّام

يبيّن لنا زمن المُستقبَل التّام للفعل، أنَّ الحدث الذي يشير اليه الفعل، سوف يقع قبل وقوع حدث آخر في الزمن المستقبل، أو قبل وقت معيّن في المستقبل. و يَئذُر استعمال هذا الزمن، مثال:

They <u>will have hanged</u> the man while the committee debate.
They will try to stop you, but you <u>will have passed</u> beyond their reach.

فيما يأتي صيغ الفعل في الزمن المستقبل التّام (future perfect tense)، للمُفرد (singular) وللجَمع (plural) (المُذكَّر masculine والمُؤنَّث feminine والمُحايد (erneut). راجع المثال السابق.

الشَّخص Person	المبتدأ Nom.	الفعل في المفرد Singular	المبتدأ Nom.	الفعل في الجمع Plural
الأول	I	<u>shall have</u> filled, -drunk, -been, -had	We	<u>shall have</u> -drunk,, <u>filled</u> -had, been-
الثاني	You	<u>will have</u> -drunk,<u>filled</u>, -been, -had	You	<u>will have</u> filled, -drunk, -been, -had
الثالث	He, she, it	<u>will have</u> filled, -drunk, -been, -ha	They	<u>will have</u> filled, -drunk, -been, -had

<u>استراحة قصيرة:</u>
يبين لك المثال الآتي الإستعمال اليومي للفعل get مع حروف الجَّر الشائعة.

get into	get on	get out of	get off	get on board
car	bus	car	bus	plane
boat	bicycle	boat	bicycle	ship

taxi	motorcycle	taxi	motorcycle	train
	horse		horse	

Mood
(4   الإسلوب في الفعل

تشير الحالة المزاجية mood في الفعل verb الى الإسلوب التعبيري والنَبرَة الصَوتية فيه، التي يعكسها إسلوب الكاتب ومزاجه في التعبير عن كيفية وقوع الحدث (أو الخبر) الذي تنقله الجملة. ويتغير اسلوب الجملة عند استعمال اسلوبين مختلفين فيها.

ويسمِّي النُحاة الأوَّلون grammarians هذه الحالة بالأساليب التَعبيرية للفعل the Modes of Verbs، التي هي الطرائق المتنوعة التي يعبِّر فيها الفعل عن الحدث action، أو عن حالة الوجود state of being، والتي حِيناً تكون للدلالة البسيطة positive، أو قد تكون مشروطة conditional، أو غير محدودة indeterminate في أحايين أخرى.

إعلم أنَّ للفعل أربعة أساليب تعبيرية شائعة التطبيق، وعلى النهج الآتي.
1. (1)   الإسلوب الدَلالي (الإرشادي) Indicative Mood
2. (2)   الإسلوب الأمري Imperative Mood
3. (3)   الإسلوب الشَرطي الأحتمالي Subjunctive Mood
4. (4)   إسلوب صيغة المصدر Infinitive Mood (ابحثه في الفصل العاشر).

•يستعمل الأسلوب الدلالي للتأكيد، أوالإنكار (النفي)، أو السؤال (الإستفهام والتحقيق والإستقصاء) interrogative، وللدلالة على حقيقة واقعة أو حدث واقع a state of factuality، مثال:

I <u>ask</u> questions.
Amsterdam <u>is</u> the commercial capital of the Netherlands, but the Hague <u>is</u> the political capital of the country.

•ويستعمل الإسلوب الأمري لتوجيه أمر ما، (أو التبليغ عن طلب حازم)، مثال:

You, <u>ask</u> questions!
You, <u>come</u> here at once instantly!
<u>Leave</u> me alone!

•بينما يستعمل إسلوب الشَرط الإحتمالي، للدلالة على فكرة تُبيِّن لنا رغبة مستقبلية أو التمنِّي والتصَوُّر أو الأقتراح، أو تُعبِّر عن حالة أسف عن أمورٍ توقعناها إلاَّ أنها لم تحدث. مثال:

I wish I <u>were</u> younger! (أُمنية)

في التعبير عن الرغبة.

My mother wanted that I <u>return</u> home earlier this evening.

في الإفصاح عن فكرة مغايرة للواقع.

If only he <u>were</u> more generous.

إليك فيما يأتي شرحاً مفصَّلاً لأهم هذه الأساليب في استعمال فعل الجملة.

Indicative Mood
(1) الإسلوب الدلالي

يعكس الإسلوب الدلالي (الصيغة البسيطة للفعل) للقاريء، الهُوية الدلالية للجملة وما تدلُّ عليه في معناها، ويشير الفعل في الإسلوب الدلالي الى أنَّ خبر الجملة هو حقيقة واقعة، ويُبرز لنا الحدث، أو الحالة المعروضة في الجملة بوصفها حقيقة موضوعية تحدث بالفعل، وما هي بشيء من الخواطر أو بنات أفكار الكاتب ومشاعره، أو ضرب من التَّصوُّر والخيال.

لاحظ المثال في الجملتين الخبريتين التاليتين، مع إنهما تعارضان بعضهما بعضاً في معنى الخبر (في التوكيد والنفي)، إلّا إنَّهما تحويان نفس الفعل الدلالي (التعبيري).

Laura <u>is</u> a certified au pair. (جَليسَة أطفال)
Laura <u>is</u> a non-certified au pair.

كما تحتوي الجمل الأستفهامية على أفعال في الإسلوب الدلالي – والتي طالما يتوقع السائل منها الحصول على خبر أو حقيقة في الجواب، مثال:

<u>Is</u> Laura a certified au pair?

إنَّ الإسلوب الدَّلالي للفعل هو الأكثر أهمية في اللُّغة الأنجليزية، وربما لأن نسبة (98%) من الأفعال المستعملة في التخاطب والكتابة، تكون في الإسلوب الدلالي. لاحظ الجملة الشَّرطية التالية:

If he <u>ask</u> questions, he will receive answers.

مِمَّا لا رَيب فيه، أنَّ البديل الدَّلالي في الجملة الدَّلالية التالية يُعدُّ تركيباً مألوفاً وشائعاً لدى الجميع، ويبث تأثيراً متوازناً في جزأي الجملة (نموذج جملة الشرط (If)، وجواب الشرط):

If he asks questions, he <u>will receive</u> answers.

إنَّ استعمالات إسلوب الشَّرط الإحتمالي في الفعل هي في إنكماش مستمر، وذلك لأن الإسلوب الدَّلالي في الفعل (وهو الأكثر استعمالاً)، يطفي عليها ويطؤها ويحتويها على نحو

متزايد.

لقد بيَّنتُ لك (في موضوع "أزمنة الفعل" Tenses of the Verb" المذكور آنفاً)، الإسلوب الدلالي indicative mood في الفعل في أزمنة الستة (6) (البسيطة simple tense منها والتّامة perfect tense)، ولتحقيق الفائدة، أدعوك بكل تواضع واخلاص، أنْ تُعاود قراءة ذلك تكراراً و مِرارا.

Imperative Mood
(2) إسلوب الأمر

تعبِّر حالة فعل (الأمر) في جملة إسلوب الأمر عن الأمر أو الطلب الحازم. مثال:

Hold your tongue!
Consider the ant! (فَكِّر في النملة)
Join the army!
Leave me alone!
Calm your expectations!

ملاحظة: عادةً، لا يأتي ذكر الضمير المخاطب he بشكل صريح في جملة إسلوب الأمر imperative mood، وإنما يكون مفهوماً ضمناً فيها. كما ان الفعل في إسلوب الأمر يأخذ زمناً واحداً فقط. ويمكن أن يتضمن الإسلوب الأمري في الفعل صيغة المفرد مع صيغة الجمع في آن واحد، و ذلك لتطابقهما و توافقهما كل مع الأخرى في جملة الأمر.

Subjunctive Mood
(3) إسلوب الشّرط الإحتمالي

يعبِّر هذه الإسلوب في معنى الفعل، عن مفهوم الشَّك أو الإرتياب، أو التمَّني، أو الخيال عند المتكلّم. وتكون جملة الشَّرط الإحتمالي جملة نمطية sentence modality، تبيِّن لنا إسلوب الشَّرط الإحتمالي وأنماط المفاهيم والأفكار والأحاسيس التي ينقلها الفعل الينا. وللمزيد من الشرح، سأورد لك أمثلة عن ذلك هنا تِباعاً.

كما يستعمل الإسلوب الشَّرطي المباشر Conditional Mood للتعبير عن حالة الشرط المباشرة في الكلام.

يتضمن إسلوب الشَّرط الإحتمالي مفهوم الأستقبال في معناه، وبالتالي لا يتطلب صيِّغاً في أزمنة المستقبل. ويشمل هذا الإسلوب الكتابي أربع (4) صيغ زمانية فقط في استعمالات الفعل في الجملة.

كما تتصدر أداة الشَّرط If كل صيغة زمنية منها (على الرغم من كون هذه الأداة هي ليست جزءاً من الإسلوب الشَّرطي)، وذلك لأن الصيغة الشَّرطية في جملة الشَّرط، تظهر في أغلب الأحيان في الجملة المكوَّنة من التركيب النَّحوي الذي يبدأ بأداة الشَّرط إذا If تتبعها بقية

الجملة، وعلى الشكل التالي: بقية الجملة + If.

Tense in Subjunctive Mood

أ- أزمنة الفعل في إسلوب الشَّرط (الأحتمالي)

(1) المضارع البَسيط والماضي البَسيط

إليك فيما يأتي صيغ الفعل في زَمنَي المضارع البسيط present simple tense والماضي البسيط past simple tense في إسلوب الشَّرط (الأحتمالي)، للمُفرد-singu lar وللجَمع plural المُذكَّر masculine والمُؤنَّث feminine والمُحايد erneut.

الشَّخص Person	الفاعل Subject	المضارع البسيط Present Simple	الفاعل Subject	الماضي البسيط Past Simple
الأول	(If) I, we	fill, drink, be, have	(If) I, we	filled, drank, were, had
الثاني	(If) you	fill, drink, be, have	(If) you	filled, drank, were, had
الثالث	(If) he/ she/ it	fill, drink, be, have	(If) he/ she/ it	filled, drank, were, had
	(If) they	fill, drink, be, have	(If) they	filled, drank, were, had

ملاحظة: تستعمل أداة الشَّرط (If) في الجملة، للإشارة الى شيء يجب أن يحدث (فعل الشَّرط)، التسلسل (1)، قبل وقوع الحدث الأهَم (جواب الشَّرط أو النتيجة المحتملة)، التسلسل (2) فيها، أو الى شيء (فعل الشَّرط) (1) يجب أن يحدث أولاً، لكي يؤدي الى وقوع الحدث الأهَم (جواب الشَّرط أو النتيجة المحتملة) (2) في الجملة. مثال:

If you <u>shout</u> (1) at him, he will <u>not work</u> (2).

I shall <u>stop</u> (2) your pocket-money, if you <u>break</u> (1) another window.

(2) المضارع التام والماضي التام

فيما يأتي صيغ الفعل في زَمنَي المضارع التَّام present perfect tense والماضي

التّام past perfect tense في إسلوب الشّرط (الأحتمالي)، للمُفرد singular وللجَمع
(plural) المُذكّر masculine والمُؤنّث feminine والمُحايد erneut.

الشّخص Person	الفاعل Subject	المضارع التام Present Perfect	الفاعل Subject	الماضي التام Past Perfect
الأول	(If) I, we	have filled, have drunk, have been, have had	(If) I, we	had filled, had drunk, had been, had had
الثاني	(If) you	have filled, have drunk, have been, have had	(If) you	had filled, had drunk, had been, had had
الثالث	(If) he/ she/ it	have filled, have drunk, have been, have had	(If) he/ she/ it	had filled, had drunk, had been, had had
	(If) they	have filled, have drunk, have been, have had	(If) they	had filled, had drunk, had been, had had

ملاحظة:

- تأخذ أغلبية الأفعال التي في الأسلوب الشّرطي subjunctive mood صيغة واحدة وبذلك تختلف عن الأفعال في الإسلوب الدّلالي حيث يكون الفعل في حالة الشّخص الثالث المفرد (المتحدث عنه) في الزمن المضارع البسيط present simple tense.

- يأخذ فعل الكينونة to be الذي في الصيغة الشّرطية صيغتين متميزتين، وكما يلي:

أ. الصيغة be، وتستعمل مع جميع الأشخاص ـ والضمائر العائدة لهم في المفرد والجمع المذكّر والمؤنّث ـ في الزّمن المضارع البسيط present simple tense.

ب. الصيغة were، وتستعمل مع الشّخص الأول والثالث ـ والضمائر العائدة لهما في المفرد والجمع المذكّر والمؤنّث ـ في الزّمن المضارع البسيط present simple tense.

إدرُس المقارنة بين تصريف الفعل في الإسلوب الدّلالي والإسلوب الشّرطي في أدناه، بتَمعُّنٍ وتَفكُّر لتتعلم التمييز في ذلك.

المفرد SINGULAR	الجمع PRURAL

	الشَّرطي Subjunctive	الدَّلالي Indicative	الشَّرطي Subjunctive	الدَّلالي Indicative
الزمن المضارع البسيط PRESENT TENSE				
1st	(If) I be	I am	(If) we be	We are
2nd	(If) you be	You are	(If) you be	You are
3rd	(If) he, she, it be	He, she, it is	(If) they be	They are
الزمن الماضي البسيط PAST TENSE				
1st	(If) I <u>were</u>	I was	(If) I <u>were</u>	We were
2nd	(If) you <u>were</u>	You were	(If) you <u>were</u>	You were
3rd	(If) he, she, it <u>were</u>	He, she, it was	(If) they <u>were</u>	They were

"Was" or "Were" in the "If" Clause

ب-   إختيار فعل الكينونة في العبارة الشَّرطية

في جملة الإسلوب الشَّرطي Conditional Mood، إذا راودك أدنى شَكٌّ في اختيار الصيغة الصحيحة لفعل الكينونة (فعل الصَيرُورة أو الوجُود) (to be)، وربما وجدت نفسك تتساءل ما إذا كنت ستستخدم صيغة التصريف لفعل الكينونة "was" أو "were" في الجملة، فأعرف أنك من المحتمل، أن تتعامل هنا مع جملة شَرطية غير واقعية unreal conditional sentence. وللتذكير، تُعبِّر جملة الشَّرط غير الواقعية عن أحداث افتراضية hypothetical أو أحداث غير محتملة الحدوث improbable.

تبدأ جملة الشَّرط غير الواقعية، عادةً، بعبارة إذا الشَّرطية if التي تحتوي على صيغة الزمن الماضي البسيط past tense، أو الماضي التام past perfect tense لفعل، متبوعًا بعبارة شَرطية conditional clause تحتوي على فعل مشروط modal verb – فعل مُساعد يُعبِّر عن ضرورة أو حالة إحتمال، مثل would.

تأمَّل المثال التالي جيداً:

If I <u>had told</u> you the answer, I <u>would have been cheating</u>.
If I <u>had run</u> the race, I <u>would feel accomplished</u>.

في كل من الجملتين أعلاه ، تحتوي عبارة الشَّرط (عبارة if) على صيغة الفعل الماضي التام

‫had told من الفعل tell، و had run من الفعل run.‬

ولكن، يوجد إستثناء واحد لهذه القاعدة. إذا كان الفعل في جملة الشَّرط، أي عبارة إذا الشرطية if، هو فعل كينونة be، فاستخدم الصيغة are، حتى إذا كان موضوع الشرط في الجملة عبارة عن صيغة مفردة من منظور الشَّخص الثالث المفرد the، i، she. تمعّن في الأمثلة التالية أدناه لإيضاح هذا الإستثناء.

(خطأ):

If I <u>was</u> a rich man, I would make more charitable donations.

(صواب):

If I <u>were</u> a rich man, I would make more charitable donations.

(خطأ):

If he <u>was</u> here right now, he would help us.

(صواب):

If he <u>were</u> here right now, he would help us.

تذَكَّر، مع ذلك، أن هذا الإستثناء ينطبق فقط على الشروط غير الواقعية ـ أي المواقف التي لا تعكس الواقع. تلميح: غالبًا ما تضم عبارات الشَّرط الدالة على ظروف غير واقعية، كلمات مثل would أو ought to.

وعندما تتحدث عبارة الشَّرط عن إحتمال وقوع الحدث، أو قد يكون حدثاً صحيحًا، إستعمل الصيغة was أو were حيثما ينبغي لك أن تفعل ذلك عادةً، مثال:

(خطأ):

If I <u>were</u> rude to you, I apologize.

(صواب):

If I <u>was</u> rude to you, I apologize.

Use of the Subjunctive Mood
ـت   استعمال إسلوب الشَّرط (الإحتمالي)

لهذا الإسلوب من الكلام الشَّرطي (الإحتمالي) إستعمالٌ محدود التداول في الوقت الحاضر، ولا يعكس أية حيوية أو نشاط، كما هي الحال في الماضي البعيد، وعلى النَّحو التالي.

1). للدلالة على شيء غير محتمل الوقوع، أو على حدث يخالف الحقيقة ويناقضها، مثال:

I wish you were here - instead of me.
If he were to fall into the pond بركة, he would come up with a fish in his mouth.

ملاحظة: تستعمل صيغة الشَّرط (الإحتمالية) في الزمن المضارع اذا كانت حالة الشَّرط غير

منافية للحقيقة و لا تناقضها، بل هي مجّرد حالة مشكوك فيها وغير مؤكدة، لكنها محتملة الحدوث، مثال:

If he <u>be</u> innocent, we are all guilty.
If he <u>survive</u>, the doctor's fees will kill him.

2). للدلالة على حالات التعبير الكلامي التالية:

السؤال والإستفسار، أو الطلب، أو الموافقة، أو التصميم و الإصرار، أو التوجيه والأمر، أو العرض والإفتراض، أو الإقتراح والتوصية، وما شابه. إستعمل الصيغة الشّرطية (الإحتمالية) المكونة من الأداة that المتبوعة ببقية الجملة الحاوية على فعل verb، أو صفة adjec‍tive يُشير الى إحدى حالات التعبير أعلاه، وتكون أغلب هذه الإستعمالات رسمية الطابع. مثال:

It is necessary that justice be done. تحقيق العدالة
He moved رفع الجَلسة. that the meeting be adjourned اقترح
The prisoner asks that he be allowed to take courses for hair-styling.
It is necessary that justice be done.
Is it just that the poor man suffer?

يستمر تأثير الشّرط كذلك، في العديد من الصيغ التعبيرية والمصطلحات (المنقرضة)، حيث أخذت هذه التراكيب اللُّغوية القديمة أفعالاً في صيغة الشّرط (إسلوب الشّرط الإحتمالي)، مثال:

Far be it from me.
Peace be with you.
Though he slay me, would I trust in him.
Oh, that it were possible!
Be it ever so humble, there's no place like home.
Be that as it may.

Active And Passive Voice In The Verb

5) المبني للمعلوم والمبني للمجهول

تبين هذه الصيغة ما إذا كان الفاعل في الجملة معلوماً لنا active voice أو مجهولاً pas‍sive voice. ويكون فعل الجملة مبنياً للمعلوم، إذا قام الفاعل agent or doer في الجملة بفعل العمل الذي تخبرنا به الجملة، بينما يكون الفعل في صيغة المبني للمجهول إذا وقع الحدث على الفاعل المفعول به patient, targe‍t or undergoer في الجملة،

مثال:

- جملة المبني للمعلوم:

The mechanic repaired the car.

A misinformed electorate جمهور الناخبين put him in to office.

- جملة المبني للمجهول (الفاعل محذوف):

The car <u>was repaired</u> (by the mechanic).

He <u>was put</u> into office (by a misinformed electorate).

في الجملتين اللتين في (صيغة المبني للمعلوم) في أعلاه، يقوم كل من الفاعلين-mech-anic و electorate بالعمل المذكور في الجملتين، بينما يتلقى الفاعلان (car) و (he) العمل أو الحدث في الجملتين اللّتين في (صيغة المبني للمجهول).

ملاحظة: يصبح المفعول به object للفعل المعلوم active، فاعلاً subject للفعل المجهول passive في الجملة المجهولة sentencepassive voice. وتتكون صيغة المبني للمجهول بإضافة التصريف الثالث للفعل، أي اسم المفعول past participle الى إحدى صيغ فعل الكينونة to be المناسبة، ويكون الفاعل محذوفاً.

يوضِّح لنا تسلسل الأزمنة في المثال التالي، تصريف الفعل to fill في صيغة المبني للمجهول passive voice مع ضمير الشخص الثالث المفرد it – في الصيغة الدلالية التعبيرية لهذا الفعل. مثال:

المضارع البسيط

It is filled.

الماضي البسيط

It was filled.

المستقبل البسيط

It will be filled.

المضارع التّام

It has been filled.

الماضي التّام

It had been filled.

المستقبل التّام

It will have been filled.

تعتبر الصيغة المعلومة (للفعل المبني للمعلوم) في الجملة، هي القاعدة والأساس، أو نموذج القياس في الإنجليزية، لأنها صيغة مباشرة وواضحة وقوية أكثر من صيغة المبني للمجهول،

مثال:

الصيغة المعلومة

I <u>pitied</u> him.

الصيغة المجهولة

He <u>was pitied</u> by me.

علاوة على ذلك، غالباً ما تقودنا الصيغة المجهولة الى التعابير المُربِكة، وغير الملائمة التي تخلق الألتباس في المعنى و خصوصاً في الجمل الطويلة.

قارن بين الصيغتين المجهولة والمعلومة في الجملة الشهيرة التالية للكاتب (رالف إمرسون).

- صيغة المبني للمجهول passive voice: (حيث يكون الفاعلُ مجهولاً فيها، ويذكر بين قوسين في الجملة التالية للتوضيح).

If good corn _is had_ (by a man), or wood, or boards, or pigs _to be sold_, or better chairs or knives, crucibles بوتقة or church organs _can be made_ (by him than anybody else), a board hard-beaten road to his house, though it be in wilderness, _will be found_ (by .you)

- صيغة المبني للمعلوم (active voice):

If a <u>man</u> has good corn, or wood, or boards, or pigs to sell, or can make better chairs or knives, crucibles or church organs than anybody else, you will find a broad, hard-beaten road to <u>his</u> house, though it be in the wilderness. (Ralph Waldo EMERSON)

من ناحية أخرى، توجد استعمالات منطقية صحيحة لصيغة المبني للمجهول، وكما يلي.

1). للتوكيد على الشَّخص (أو الشيء) الذي يقع عليه الحدث في الجملة، مثال:

.The fuse <u>was ignited</u> by someone

2). لتجاهل ذكر سبب الحدث، أو لإغفال ذكر الشَّخص (أو الشَّيء) القائم بالحدث في الجملة، مثال:

.The fuse was ignited
Much <u>has been witted</u> and much <u>has been said</u>, but nothing <u>has</u> .been done

بما أنَّ القائمين بالعمل (الذي تذكره الجملة)، (الفاعل) في الجملة الإخيرة، لا علاقة لهم

بعضهم بعضاً، لذا يُفضَّل إستعمال صيغة المبني للمجهول.

Continuous Forms

أولاً. صيغ الإستمرارية

تعكس صيغة الإستمرارية continuous form في تصريف الفعل إستمرارية وقوع الحدث الذي يُعبِّر عنه الكاتب (المتحدث) في الجملة، وتوضِّح هذه الصيغة، المدَّة الزمنية للحدث بشكل أكثر وضوحاً ممَّا نراه في الأزمنة البسيطة.

تتكون صيغة الزمن المستمر من أحد أشكال فعل الكينونة (أو فعل الصيرورة والوجود) to be متبوعاً بصيغة إسم الفاعل participle المنتهية باللاحقة (ing-).

انظر التراكيب التالية لصيغة الإستمرارية في المبني للمعلوم active voice وفي المبني للمجهول passive voice.

1). صيغة الإستمرارية في الفعل المعلوم
Active Voice
وتشمل الحالات الآتية.

المضارع المستمر

.He is filling

الماضي المستمر

.He was filling

المستقبل المستمر

.He will be filling

المضارع التَّام المستمر

.He has been filling

الماضي التَّام

.He had been filling

المستقبل التَّام المستمر

.He will have been filling

2). صيغة الإستمرارية في الفعل المجهول
Passive Voice
تشمل هذه الصيغة الحالات الآتية.

المضارع المستمر

.He is being filled

الماضي المستمر

.He was being filled

ملاحظة: تعتبر صيغة الزمن الماضي المستمر هي الصيغة الشَّرطية الوحيدة المستعملة في صيغة المبني للمجهول (لجميع الضمائر الشَّخصية ـ الشَّخص الأول والثاني والثالث)، مثال:

(If) he <u>were</u> being given the opportunity.

Emphatic Forms

ثانياً. صيغ التوكيد

تستعمل هذه الصيغ للتوكيد القطعي على الفعل وتشدِّيد معناه وتقويته في الجملة. و تتكون الصيغة التوكيدية باستعمال فعل العمل do للمضارع و did للماضي، متبوع بصيغة المصدر infinitive الخالية من علامتة to.

وتأتي صيغ الفعل التوكيدية في جملة المبني للمعلوم active voice المضارعة-present والماضية (past). ولا تستعمل في جملة المبني للمجهول passive voice إطلاقاً. مثال:

المضارع المعلوم

I do fill.

الماضي المعلوم

I did fill.

إليك فيما يلي تصريف conjugation الفعل to work مستعرضاً في ذلك حالات الفعل في صيِّغِه الشخصِّية persons، والعددِّية number، والزمنية times، وأساليبه moods الدلالية والشرطية في التعبير عن الحدث في الجملة.

الصيغة المصدرية للفعلInfinitive Mood			
To Work			
الصيغة الدلاليةIndicative Mood			
الجمعPlural	المفرد Singular	الشخص	الزمنTime
We work,	I work,	1st. P.	الحاضر Present
You work,	You work,	2nd. P.	
They work.	He, she, it works	3rd. P.	
We worked,	I worked,	1st. P.	الماضي Past
You worked,	You worked,	2nd. P.	
They worked.	He, she, it worked,	3rd. P.	

We shall, will work,	I shall, will work,	.1st. P	Future المستقبل
You shall, will work,	You shall, will work,	.2nd. P	
They shall, will work.	He, she, it, shall, will work,	.3rd. P	
Subjunctive Moodالصيغة الشَرطِّية			
If I, we work, or may, might, could, would, should, work,		.1st. P	
If you work, or may work,		.2nd. P	
If he, she, it, they work, or may work.		.3rd. P	

CHAPTER V. THE ADJECTIVE
الفصل الخامس. الصِّفَةُ

الصِّفَةُ (أو النَّعت) فِي النَّحو

هي الكلمة (أو العبارة) الصِّفَةُ (.adj) adjective الْمُكَمِّلَةُ لِمَعْنَى الكَلِمَةِ (المَوصُوفَة) substantive - (الإسمُ أو الضَّمِير) الَّتِي تَليهَا، أو الْمُكَمِّلَةُ لِمَعنىً يَرْتَبِظ بها، وتَعملُ على وصف ذلك المَعنَى وتُؤثِّر عليه أو تُعدّله، إذ يمكن للصِّفة إضافة نكهة وَصْفية أكثر للجملة. وتعني الكلمة adjective حرفياً في النَّحو، "الشيءُ المُضاف إلى شيءٍ آخر" (الى إسم، مثلاً) للتعبير عن معلؤمة تخصُّ ذلك الأسم، وليس بالإمكان إضافتها في الجملة ما لم نستعمل تلك الكلمة (الصِّفَة). مثال:

There are _several_ Turkeys in the yard, some black, some white, some speckled; and, then, there are _large_ ones and _small_ ones of all the colours. I want you to go and catch a turkey; but I also want you to catch a _white_ turkey, and not only a _white_ turkey, but a _large_ turkey.

I met the _brave_ man.
A _burning_ sun came up.
Poor him, he couldn't say farewell to his old man.

وتُفيد الصِّفةُ للتعبير عن النشاطات الإنسانية اليوميِّة، مثل المذاق واللَّمس والإتِّصال والصَوت والحجم والشَّكل والزَّمن والكَمِّية والمشاعر الشَّخصية والمظهَر الخارجي والمواقف اليومية المتنوعة.

يجب أن تتذكر التفسير أعلاه لمعنى كلمة صفة: وإذا كنت تأخذ في اعتبارك أيضًا، أن كلماتٌ من هذا النوع تُعبِّر دائمًا وببساطة، عن بعض الجُودة، أو بعض المضمون، أو المظهر، أو بعض الظروف المميزة في الأسماء التي تصفها لنا؛ فانك، وفي وقت قصير جدًّا، ستكون قادرًا على تمييز الصِّفة عن الكلمات الأخرى التي تنتمي إلى أقسام الكلام في الإنجليزية.

أصل كلمة الصفة وتأريخها

لقد اشتقت الكلمة الإنجليزية adjective من كلمة adjectif في الفرنسية القديمة، وقبلها من الكلمة اللاتينية adiectīvum، من الظرف (-ad) التِّي تعني ("الى جانب") next

to؛ (زائداً) صيغة الفعل (-iect-)، التي هي صيغة المبني للمجهول التام perfect
passive participle للفعل ōiaci ("رمى، ألقى") throw؛ (زائداً) اللاحقة النهائية
الوصفية -.īvus، وعلى النحو الآتي:

ad +(-iect-) + (-īvus)

وكما تلاحظ، تسمى الصفة بأنها كلمة "ألقيت بجانب" الإسم noun وتعدّله بتقديم المزيد
من التعريف والتوصيف. مثال، الكلمتان التاليتان "كبير" و "ثقيل" من الصفات إنجليزية.
big   heavy

1.   KINDS OF ADJECTIVE

أنواعُ الصِّفَات

في الواقع، لا تحتوي الصِّفة (النَّعت) على تغييرات في صيغتها المكتوبة (تهجئتها) للتعبير عن نوع الجنس gender أو الحالة case للأسم الذي تصفه، باستثناء عند التعبير عن درجات المقارنة degrees of comparison، حيث تأخذ بعض التغييرات في نهاية الكلمة.

وسوف أخبرك فيما يأتي، بالتفصيل عن كيفية صياغة درجات المقارنة في الصفات، وما عليك سوى اعطاء الموضوع المزيد من الأنتباه و الإهتمام.

تقسم الصِّفات في اللُّغة الإنجليزية إستناداً الى العمل الذي تضطَلِع به في الجُملة، و تَتَضَمَّن الأنواع التالية.

Discriptive Adjective

أولاً. الصِّفَةُ الوَصْفية

يصف هذا النوع من الصفات الإسم (أو الضمير) في الجملة وتشخصه وتوضح لنا معناه. وتوجد على نوعين، هما:

Common Adjective

أ.   الصِّفَةُ الشائعة

وتسمَّى الصفة النكرة، أو الصفة العامة؛ وتستعمل لوصف المستوى في الأشياء أو مرتبتها ونوعها، أكثر ممَّا تستعمل في وصف شيء واحد معيَّن. كما لا تستهل كتابتها بالحرف الكبير capital letter. انَّ معظم الصفات هي من الصفات الشائعة ـ وإذا كتبت بحرف كبير فهي صفات عَلَم adjectiveproper، مثال:

<u>little</u> man, <u>yellow</u> journalism, <u>fake</u> media, <u>lone</u> ranger, <u>industri-</u>
<u>ous</u>,
the <u>mauve</u> decade, <u>red carpet</u>

The <u>funny</u>, <u>little</u> clown kept the audience engaged.

The Oscars, movie premiers, sporting awards cere-monies, the Emmys, Grammys, all are *red carpet* events.

The *great* China Wall.

Proper Adjective

ب. الصِّفَةُ العَلَم

تستعمل هذه الصفة لنعت شيء واحد معيّن من بين مجموعة من الأشياء، أكثر من استعمالها لوصف تلك المجموعة بأكملها.

انَّ أصل صِفة العَلَم proper adjective هو من الإسم العَلَم proper noun ويتم اشتقاقها منه، وتستهل كتابتها بالحرف الكبير Capital Letter. فاذا كان الإسم New York هو اسم عَلَم، فإن الكلمة New Yorker المشتقة منه هي صفة العَلَم.

وغالباً ما تستعمل أسماء العَلَم كصفات عَلَم في الجملة. مثال.

<u>English</u> literature, <u>Italian</u> pizza, <u>Panama</u> hat, <u>Sunday</u> punch, <u>Roman</u> holiday, <u>Saturday night</u> fever, <u>American</u> way, <u>Parisian</u> perfume.

Saving his *<u>Sunday</u> <u>punch</u>* till the end of the campaign.

ملاحظة: بالأضافة الى عملها الوَصفي في الجملة، غالباً ما تكون لِصِفَة العَلَم proper adjective وظيفة تَحدِيدِية (تربط المعنى بالإسم الموصوف substantive وتحدّده للقاريء)، وكما في العبارة الوَصفية Panama hat التي هي إسمٌ عام لنموذج معيّن من القبّعات المسَطحة وتصنع حصرياً في الإكوادور، تبدو الوظيفة التحديدية هنا قليلة الأهمِّية. وعند إسقاط أصل صفة العَلَم أو إهمالها، فان العبارة تُكتَب في بدايتها بالحرف الصغير small letter بدلاً من الحرف الكبير Capital Letter، وبذلك تسقط عنها صفة العَلَم وتصبح صفة عامَّة شائعة. مثال.

<u>indian</u> ink, <u>paris</u> green, <u>venetian</u> blinds, <u>italic</u> font, <u>pasteurized</u> milk, <u>quixotic</u> gesture (Don Quixote إيماءة "دون كيخوتية").

Limiting Adjective

ثانياً. الصِّفَةُ التَحدِيدِية

تعمل هذه الصِّفة على وصف معنى الأسم وتحصر استعماله وتضعه ضمن شكل معيّن مقبول قواعدياً. توجد في الإنجليزية أنواعٌ عَديدَةً من الصِّفات التحديدية، أتطرق اليها فيما يلي بالتفصيل.

أ. الصِّفَةُ الضَميرية

Pronominal Adjective

وهذه كلمة تستعمل بصورة شائعة ومألوفة في الجملة الإنجليزية كضمير يصف الإسم ويحدّد معناه ويُعرِّفَه للقاريء، ويُعَوِّض في وجوده عن ذلك الإسم.

فيما يأتي استعراضٌ مُفصَّلٌ لأنواع الصِّفات الضَميريَّة.

(1)   صّفَةُ الإشارة

Demonstrative Adjective

تستعرض هذه الصّفة الأسم (أو الضمير)، وتشير اليه في الجملة لتوضّحه للقاريء (أو المُتلَقّي). وتتطابق هذه الصّفة في صيغتها العددية (المُفردة والمجمُوعة) مع الصيغة العدديّة لذلك الإسم الذي تصفه لنا في الجملة، مثال:

<u>this</u> book,   <u>these</u> books,
<u>that</u> man,   <u>those</u> men

(2)   الصِّفَةُ الإستفهامية

Interrogative Adjective

تفيد هذه الصّفة في الإستفهام والإستقصاء والإستِفسار والتَحقيق، مثال:

<u>What</u> directions إرشادات did the doctor give?
In <u>which</u> direction إتّجاه does the dog point?
By <u>whose</u> direction تَوْجيه، أمر are we held?

لاحظ أنَّ جميع صفات الإستفهام في المثال أعلاه (تحتها خط)، إذ تُحدّد لنا معنى الكلمة direction المستفهم عنها.

(3)   صِفَةُ الوَصل

Relative Adjective

تعمل هذه الصّفة على الوصل فيما بين الكلمة (أو العبارة أو الجملة) الرئيسة في جملة الكلام العامّة، وبين الكلمة (أو العبارة أو شبه الجملة) الثانوية فيها، و تصِفها، مثال:

Select <u>which</u> pen you like.
I selected the pen <u>whose</u> color is blue.

ملحوظة: نستعمل الكلمة (whose) للتعبير عن الأشخاص والأشياء كذلك.

(4)   صّفَةُ التنكير

Indefinite Adjective

تعمل هذه الصّفة على تصنيف إسم (الأشخاص أو الأشياء) في الجملة، وذلك بعزله عن نظرائه وفرزه عنهم، أو تَنْحيته عن الجماعة (أو الصِنف أو الفِئة) التي ينتمي اليها عادةً وإبعاده عنها، وإخراجه من حالة الخُصوصية أو الإنتماء الى العُمومية والشُمولية، وتُفرِّقَه وتخبرنا عن كميته، فيصبح بذلك غير محدَّد الهُوية أو الإنتماء أو العائدية.

وإليك مجموعة من صّفات التنكير (غير المحدَّدة) الأكثر شيوعاً في الإستعمال في اللُّغة الإنجليزية.

any, each, few, many, much, most, several, some, an-

other, less, little, more, another, both , either, enough ,
neither, one.

مثال:

<u>some</u> days, <u>any</u> stick, <u>no</u> islands, <u>every</u> man, <u>each</u> age,
<u>other</u> times, <u>neither</u> alternative, <u>both</u> ends, <u>few</u> books,
<u>much</u> water, <u>many</u> chairs, <u>one</u> pen, <u>twenty</u> eggs.
He left the office a *few* (adjective) minutes (Noun) ago.

(5)   صِّفَةُ الملكية
Possessive Adjective

تدل هذه الصّفة على عائدية الشّخص (أو الشّيء) موضوع الكلام في الجملة، مثال:

<u>my</u> eyes, <u>mine</u> eyes إستعمال قديم, <u>your</u> tooth, <u>his</u> hair, <u>her</u>
lips, <u>its</u> tongue, <u>our</u> bodies, <u>your</u> heads, <u>their</u> appen-
dixes.

ما يأتي اليك صفات الملكية التالية:

my, our, your, his, their, her, its

مثال:

<u>My</u> smart phone is not working as fast as it worked last
night.
<u>Our</u> mother told us not to talk to strangers.

ملاحظة: تتطابق صفة الملكية في عددها مع الإسم الذي يعود اليه الضمير في الجملة، و
ليس مع الإسم المَوصُوف substantive الذي تصفه أو تحدِّده. لاحظ ذلك في المثال
التالي.

<u>my</u> word – <u>my</u> words,
<u>his</u> book – <u>his</u> books

(6)   الصِّفَةُ التوكيدية
Intensive Adjective

نستعمل هذه الصّفة للتوكيد على اسم معيَّن (أو ضمير) في الجملة والتركيز عليه لإظهاره
ضمن سياق الكلام،، مثال:

the <u>very</u> likeness.

(7)   الصِّفَةُ التعريفية
Identifying Adjective

تعمل هذه الصِّفة على جَذبِ الأنتباه الى إسم (أو ضمير) محدَّد في الجملة، يُريد الكاتب التأكيد عليه و التعريف به للقاريء، مثال:

the *same* story

(8)   الصِّفَةُ العَدَدِيَّة

Numerical Adjective

نستعمل هذه الصِّفة لوصف العدد في الأسماء الموصوفة substantive، أو لبيان التسلسل العددي التراتبي للإسم (الموصوف) في الجملة، و على النحو الآتي:

أ)(صفة عددية أصلية Cardinal و تذكر الأعداد الأصلية المُجرَّدة (واحد، اثنان، ثلاثة، وهَلُمَّ جُرَّاً) كما هي، مثال.

<u>three</u> horsemen, <u>five</u> apples, <u>twelve</u> dwarves, <u>four</u> dolphins, etc.
He borrowed *three* eggs from the neighbors.

ب)(صفة عددية ترتيبية Ordinal، أي تقدِّم لنا الصِّيغة الترتيبية (الأول، الثاني، الثالث، وهكذا دَوَالَيكَ) للأعداد الأصلية، مثال.

the <u>third</u> man, the <u>fifth</u> apple, the <u>twelfth</u> dwarf, etc.
Max came up <u>first</u> among all the 100-meters sprint race runners last week

2.   FORMING OF ADJECTIVE

صياغة الصِّفَة

لبيان كيفية تكوين الصِّفة في الإنجليزية سأتطرق هنا الى الموضوعات الآتية ذات الصِّلة بمزيد من الشرح والتفسير والأمثلة الإيضاحية.

أولاً. كيفية صِياغة الصِّفَة

Form of Adjectives

تأخذ الصِّفات في اللُّغة الإنجليزية صيغةً واحدةً (الصورة أو الشكل أو التهجئة) (باستثناء عند درجات المقارنة)، وتُستعمل هذه الصيغة الوصفية مع الإسم المُفرد والمجموع والمذكّر والمؤنَّث. مثال.

a <u>good</u> girl – <u>good</u> girls
a <u>good</u> boy – <u>good</u> boys

تستثنى هنا صفات الإشارة (أسماء الإشارة) demonstrative adjective فقط.

إذ تتغيّر صفة الإشارة this الى these، وصفة الإشارة that الى those، وذلك عندما تستخدم قبل الأسماء الجمع، مثال:

<u>this</u> cat – <u>these</u> cats
<u>that</u> man – <u>those</u> men

إعلَم أن الصِّفة البَسيطة adjectivepositive تكون ثابتةً في شكلها (تهجئتها)، إذ لا يتغيّر شكلها تبعاً لجنس الإسم الذي تصفه، أو عدده إلاّ في حالة المقارنة comparison. مثال:

A<u>hot</u>.potato
Some<u>hot</u>.potatoes
A<u>smart</u>.boy
Many<u>smart</u>.girls

ثانياً. موقع الصِّفة

Position of Adjectives

تسبق الصِّفة adjective في اللُّغة الإنجليزية، من حيث الموقع عادةً، الإسم noun الموصوف substantive في الجملة. مثال.

a <u>big</u> town, a <u>blue</u> car, an <u>interesting</u> book, the <u>tall</u> man

وسنأتي فيما يلي على إيضاح موقع الصِّفة في الجملة، بمزيد من الإسهاب والشَّرح والتبسيط والتَّحليل.

(1) تسبق الصِّفة في موقعها مباشرة الإسم الذي تصفه لنا في الجملة، مثال:

<u>Brave</u> man and <u>fair</u> woman.
<u>Kind</u> hearts and <u>gentle</u> folk.
<u>Cold</u> hands and <u>warm</u> hearts.

ولكن يمكن في بعض العبارات التعبيرية الشائعة، أو ذات الطابع الرّسمي (نوعاً ما)، أن تلحق الصِّفة adjective الإسم المَوصوف substantive فيها، مثال:

Streets <u>wide</u> and <u>narrow</u>.
Life <u>everlasting</u>.
Time <u>enough</u>.

ملاحظة: عندما تأتي الصِّفة قبل الإسم وتعطينا إحدى صفاته، تُسمَّى بالصِّفة المَنسوبة attributive adjective. الصِّفات المَنسوبة تأتي قبل الاسم. على هذا الشكل، فإنها تُضيف خاصِّية معيَّنة إلى الإسم. على سبيل المثال:

I admired the <u>pretty</u> sky.
The <u>black</u> dog is barking.

في هذا المثال، الصِّفة pretty ليست مجرَّد صفة فقط، وانما هي صفة مَنسوبة لأنها جاءت قبل الاسم المَوصوف sky. وكذلك الصِّفة المَنسوبة (تحتها خط) في المثال التالي:

<u>dark</u> evenings, <u>mysterious</u> events, <u>southern</u> neighbors, <u>indoor</u>

(2) تعمل الصِّفة عمل الأسم أحياناً، في حالة البدل (أو الإضافة)، حيث تلحق الإسم المَوصوف substantive وتوضِّحه للقاريء، مثال:

The devil, <u>unholy</u> غير مرتبك <u>unabashed</u> and آثم , stood before Cotton Mather.

The Byronic hero – <u>passionate</u> عاطفي, معذَّب <u>tormented</u>, مُنهَك <u>world-weary</u> - was fashioned after Byron's own image.

He scorned استهزأ بـ our simple ways, simple but joyous.

ملاحظة: حين نستعمل الصِّفة إسماً في حالة البدَل، تُسمَّى صفة بدَل adappositive jective، أي نستبدل بها معلومة اضافية عن الإسم المبتدأ (أو الفاعل). مثال:

The blue car is <u>fast</u> but the red car is <u>slow</u>.

فيما يلي جدولاً ببعض الصِّفات البدَل appositive Adjectives.

slow	fast	healthy	sick	deep	shallow

thick	thin	low	high	dark	light
straight	curly	poor	wealthy	brave	cowardly
light	heavy	short	tall	cheap	expensive
loose	tight	thin	fat	distant	near
beautiful	ugly	insane	sane	modern	ancient
big	small	bad	good	delicious	awful
strong	weak	straight	crooked	wide	narrow
healthy	careful	tidy	patient	cold	happy
lazy	selfish	sick	careless	messy	
hot	sad	generous	active	impatient	

(3) وتكمِّل الصِّفة معنى الفعل في الجملة، وذلك في طريقة وصفها للفاعل في الجملة، مثال:

The <u>sea</u> is *calm* tonight, the <u>tide</u> is *full*.
The <u>problem</u> proved *insoluble*.
The <u>child</u> became *difficult* first, then *impossible*.

ملاحظة: حين تستعمل الصِّفة جزءاً من الخَبر في الجملة، لكنها تعمل على وصف المبتدأ، تسمى في هذه الحالة بالصِّفة الخَبرية predicate adjective. مثال:

Apples taste <u>sweet</u> and <u>delicious</u>.
After my workout, I feel <u>powerful</u> and <u>energized</u>.
The speaker is <u>convincing</u> and <u>intelligent</u>.
The flag is <u>red</u>, <u>white</u> and <u>blue</u>.
Your team was <u>muddy</u>, <u>victorious</u> and <u>jubilant</u>. مبتهج

لاحظ الصِّفات الخبرية في المثال الآتي:

"Early to bed and early to rise makes a man <u>healthy</u>, <u>wealthy</u>, and <u>wise</u>" (English and Latin Proverbs, John Clarke, 1639)

ثالثاً. استعمال حرف العطف مع الصِّفة

Use of and

عند وجود صفتين (أو أكثر) قبل الإسم الموصوف substantive في الجملة، لا نفصل بينها بواسطة حرف العطف and، مثال:

a <u>big</u>, <u>square</u> box
a <u>tall</u>, <u>young</u> man

<u>six</u> <u>yellow</u> roses

ملاحظة: يستعمل حرف العطف and للفصل بين الصفات عندما تدل على "اللون"، مثال:

a black <u>and</u> white cap
a red, white <u>and</u> blue flag

يمكننا وضع الصفات الدالّة على "النوع" بعد الأفعال الرابطة linking verb التالية:

be, seem, appear, look, grow, sound, taste, smell

ونستعمل حرف العطف الرابط (and) للفصل بين آخر صفتين في الجملة، مثال:

The house looked <u>large</u> <u>*and*</u> <u>inconvenient</u>. It was <u>cold</u>, <u>wet</u> <u>*and*</u> <u>windy</u>.

3.   COMPARISON IN ADJECTIVE

المُقارنة في الصِّفة

تشير أغلب الصِّفات الى خواص (أو مِيزات) معيَّنة ومتنوعة ومتعدِّدة، توجد بدرجات متفاوتة لدى الشَّخص، (أو الشَّيء، بضمنه المخلوقات الأخرى غير العاقلة) الذي تخبرنا عنه الجملة.

تتصرف الصِّفَة (بتغيير طريقة تهجئتها) لتبيِّن للقاريء (أو المُتلقِّي) درجة تلك الخاصيَّة (أو الميزة) الموجودة في إسم الشَّخص، (أو اسم الشيء) موضوع بحث الجملة، مقارنة بمثيلتها لدى الأشخاص الآخرين، (أو الأشياء الأخرى) المماثلة التي تتعلق بذلك الإسم في سياق الكلام.

ويُدعى هذا التغيير في الصِّفَة "بالمقارنة" comparison، أو التفضيل preference.

أولاً. أنواع درجات المقارنة

فيما يلي يسُرُّني أن أتناول بالشرح والإيضاح أنواع درجات المقارنة الثلاث، وكيفية تركيبها وطرائق استعمالها في الجملة.

أ. صيغ المقارنة في الصِّفة Comparison of AdjectiveForm

قبل الدخول في موضوع المقارنة في الصِّفة، ينبغي لك أولاً أن تعرف الأشكال التي تأتي فيها الصِّفة في درجات المقارنة، وعلى النحو التالي.

1)   صيغة الصِّفة البسيطة The Positive Degree

تدَلنا هذه الصيغة على شكل الصِّفة المُجرَّدة والخاصيَّة البسيطة للإسم (أو الضمير) الذي تصفه في الجملة، مثال:

Socrates was a <u>wise</u> man.
Shakespeare was a <u>great</u> poet.

2)   صيغة المقارنة للتفضيل النِّسبي Comparative Degree

تُعبِّر هذه الصيغة عن درجة أعلى في الصِّفة أو الخاصِّية، وتستعمل للمقارنة (أو المفاضلة) بين شخصين، (أو شيئين)، أو مجموعتين من الأشخاص (أو الأشياء)، مثال:

Socrates سقراط was a <u>wiser</u> man than *Protagoras* فيثاغورس.
Shakespeare was a <u>greater</u> poet than Jonson.

3)   صيغة المقارنة للتفضيل المُطلَق Superlative Degree

تعطينا هذه الصِّيغة (في الصِّفة) أعلى درجات التفضيل في إسم التفضيل الذي تتناوله الجملة.

وتستعمل هذه الدرجة للمقارنة (المفاضلة المُطلَقة) بين ثلاثة (أو أكثر) من الأشخاص (أو الأشياء)، و تُسمَّى أيضاً بصيغة التفضيل العُليا. مثال:

Socrates was the <u>wisest</u> Greek of all.
Shakespeare was the <u>greatest</u> English poet.

ب. صياغة درجات المقارنة من الصِّفة-Forming the Degrees of Compari-

son

1)   تعطينا معاجم اللُّغة الإنجليزية وقواميسها صيغة الصِّفة المجرَّدة positive degree، وهي الصيغة البسيطة وغير المصرَّفة للصِّفة adjective وتعتبر هي الصيغة القياسية التي منها نقوم بصياغة درجتي المقارنة الأخرى.

التفضيل النسبي:

تتم صياغة الصِّفة adjective بدرجة المقارنة comparative degree للتفضيل النسبي preferencerelative ، أي للمقارنة بين اثنين من الأشخاص (أو الأشياء)، من الصِّفة البسيطة (القياسية)، وكما يلي:

(أ)   تتكون صيغة المقارنة comparative degree في التفضيل النسبي preferencerelative للمقارنة بين اثنين أو مجموعتين من الأشخاص أو الأشياء، وذلك:

•من جميع الصِّفات البسيطة القياسية، تقريباً، التي تكون أحادية المقطع اللفظي monosyllabic تعطي نَبرة صوتِّية واحدة عند نطقها، وذلك باضافة اللاحقة الأخيرة (r-)، أو اللاحقة الأخيرة (er-) الى نهاية الصِّفة البسيطة positive. مثال.

rich-richer-richest

•من جميع الصِّفات البسيطة القياسية التي تنتهي بحرف العلة (e-)، وذلك باضافة اللاحقة الأخيرة (r-)، أو اللاحقة الأخيرة (st-) الى نهاية الصِّفة البسيطة positive. مثال.

wise-wiser-wisest

•من جميع الصِّفات البسيطة القياسية التي تنتهي بأحد الحروف الصحيحة (d, g, t) مسبوقاً بحرف علة vowel واحد فقط، نضاعف الحرف الصحيح (الساكت) consonant الأخير، ثم نضيف اللاحقة (er-) في نهاية الكلمة في التفضيل النسبي، واللاحقة (est-) في التفضيل المُطلَق. مثال:

الصفة البسيطة
Positive

red, big, hot

التفضيل النسبي
Comparative

redder, bigger, hotter

التفضيل المطلق
Superlative

reddest, biggest, hottest

•من جميع الصِّفات البسيطة القياسية التي تنتهي بأحد الحروف الصحيحة (d, g,) t) مسبوقاً بحرف صحيح consonant، أو بحرفي علة vowel، ولا نضاعف الحرف الصحيح الأخير، وانما نضيف اللاحقة (er-) في نهاية الكلمة في تركيب التفضيل النسبي، واللاحقة (est-) في تركيب التفضيل المُطلَق. مثال.

الصفة البسيطة
Positive

kind, neat

التفضيل النسبي
Comparative

kinder, neater

التفضيل المطلق
Superlative

kindest, neatest

•من جميع الصِّفات البسيطة القياسية التي تنتهي بالحرف الصحيح (y-) مسبوقاً بحرف صحيح consonant، نغيِّر النهاية (y-) الى (ie-)، ثم نضيف اللاحقة (- r) في نهاية الكلمة في التفضيل النسبي، واللاحقة (st-) في التفضيل المُطلَق. مثال.

الصفة البسيطة
Positive

lovely, pretty

التفضيل النسبي
Comparative

lovelier, prettier

التفضيل المطلق

Superlative

loveliest, prettiest

وكذلك من العديد من الصِّفات البسيطة (القياسية) ثُنائية المقطع positive.
اللفظِّي (بنَبرتَين صوتِّيتَين) disyllabic، وذلك بإضافة اللاحقة الأخيرة (r-)، أو
اللاحقة الأخيرة (er-) الى نهاية الصِّفة البسيطة positive.

ملاحظة: للمَعرفَة: المقطع اللفظِّي syllable، أو النَبرة الصَوتية syllabic conson-
ant، أو مايسمى ب vocalic consonant، هو وحدة النطق التنظيمية لسلسلة من
أصوات الكلام. وتتكون أساساً من نواة صوتية vocalic nucleus التي تكون نواة
مقطعية لفظية ذات لاحقات أوّلية (السَّوابق) وأخرى نهائية (اللَّواحق) في مواقعها في
المقطع، اختيارية في الكلمة. غالبًا ما تُعتبر المقاطع اللفظية هي "اللِّبناث" الصَوتية في بناء
الكلمات ولتساعدنا في تلفظُّها عند النطق. و المقطع اللفظِّي هو كلمة أو جزء من كلمة تُنطق
بنَبرة صَوتِّية واحدة غير متقطَّعة الصَوت؛ تتكون من صوت واحد لصوت عظيم (عادة حرف
عِلَّة) وعموماً صوت واحد أو أكثر من حروف الأقلية الصَّوتية (الحروف السَّاكنة). والمقطع
اللفظِّي هو أي جزء من الأجزاء في الكلمة، الذي غالبًا ما يقوم بتقسيم الكلمة المكتوبة.

تُعتبر الصِّفات القياسية البسيطة المنتهية بإحدى النهايات (ly, -y, -er-) من الصِّفات ثنائية
المقطع disyllabic adjectives.

وكما ذكرت لك في أعلاه، في الصِّفات المنتهية بالحرف المُعتل الصَّائت (y-)،
نستبدل الحرف (y) بالحرفين (ie-) ثم نضيف اللاحقة الأخيرية (r-)، أو (st-)
الى نهاية الكلمة لتكوين صيغة المقارنة منها. مثال.

One syllable, add (-r or -er)				Disyllable, add (-er)		Change (-y) to (-ier)	
brave	braver	large	larger	clever	cleverer	holy	holier
high	higher	thick	thicker	common	commoner	lazy	lazier
low	lower	thin	thinner	narrow	narrower	pretty	prettier

ب.   تتكوَّن صيغة المُقارنة comparative degree في حالة التفضيل النسبي
من الصِّفة البسيطة positive ثنائية المقطع اللفظِّي disyllabic. ومنها الصِّفة
البسيطة المنتهية باللاحقة الأخيرة (ful-) أو (re-)، وكذلك من الصِّفات البسيطة
positive subject ثلاثِّية المقطع اللفظِّي trisyllabic أو أكثر (متعدِّدة
المقطع اللفظِّي polysyllabic

وذلك بإضافة الكلمة more (وتعني أكثر) قبل الصِّفة البسيطة مباشرة. مثال.

-    صفة التفضيل النسبي، ثنائية المقطع disyllabic.

more famous, more careful, more recent

more distinct, more active, more honest

- صّفة التفضيل النسبي، متعدّدة المقطَع اللفظّي polysyllabic.

more beautiful, more dangerous, more practical
more primitive, more interesting, more frightening
more intelligent, more devastating, more sophisticated

التفضيل المطلق:

2) تتكوّن صيغة المقارنة العُليا superlative degree في التفضيل المُطلَق، أو الأقصى absolute preference بين ثلاثة أشخاص (أو أشياء), أو أكثر, من الصّفة القياسية البسيطة وعلى الشكل التالي:

(أ) من جميع الصّفات القياسية أحاديّة المقطع اللفظّي monosyllabic (تقريباً)، وذلك:

- بإضافة اللاحقة الأخيرة (st-) أو (est-) الى نهاية الصّفة البسيطة positive، مثال.

Monosyllabic, add (-st or -est):

brave – brave<u>st</u>, large – large<u>st</u>, fine - fin<u>est</u>
high – high<u>est</u>, thick – thick<u>est</u>, small - small<u>est</u>
low – low<u>est</u>, thin – thin<u>est</u>, tall - tall<u>est</u>

Change (-y) to (-iest):

Holy – hol<u>iest</u>, lazy – laz<u>iest</u>, pretty- prett<u>iest</u>

(ب) من عدد من الصّفات القياسية ثنائية المقطع اللفظّي disyllabic، وكذلك من جميع الصّفات ثلاثية المقطع اللفظّي trisyllabic، أو متعدّدة المقطع اللفظي polysyllabic، وذلك.

- بإضافة الكلمة most، قبل الصّفة البسيطة positive مباشرة، مثال:

- صّفة التفضيل المُطلَق في الكلمات ثنائية المقطع اللفظّي disyllabic.

most famous, most careful, most recent,

most distinct, most active, most honest

- صّفة التفضيل المُطلَق في الكلمات متعدّدة المقطَع اللفظّي polysyllabic.

most beautiful, most dangerous. most practical

most primitive, most interesting, most frightening

most intelligent, most devastating, most sophisticated

يوجد في اللُّغة الإنجليزية عددٌ من الصِّفات البسيطة positive الشائعة الإستعمال التي تُحيد عن القواعد (أي غير قياسية)، وتتغير طريقة تهجئتها وفقاً لصيغتها المألوفة في الأستعمال الشائع، لاحظ منها ما يأتي في المثال التالي. الصفة البسيطة تلحقها صفة التفضيل النسبي Comparative ثم تتبعهما صفة التفضيل المطلق Superlative، وتفصل الفاصلة الخطية بين كل صيغة وأخرى.

b ad – worse - worst

far- farther, further - farthest, furthest

good, well – better - best

late - later, latter - latest, last

little - less, lesser, smaller - least, smallest

much, many – more - most

old - older, elder - oldest, eldest

(ت) استعمالات صيغة المقارنة في الصِّفة-Use of the Degrees of Com

parison

نتعرَّف فيما يأتي الى استعمالات صيغة المقارنة في التفضيل النسبي comparative degree (بين اثنين)، وصيغة المقارنة في التفضيل المُطلَق superlative degree، أي حالة التفضيل العُليا بين ثلاثة أو اكثر، في الجملة.

1) تعني صَّفة التفضيل النسبي elder وصِّفَة التفضيل المُطلَق eldest درجات الأقدمِّية seniority والأسبَقية precedence في المَئزِلة، أكثر مما تعني ذلك في السِّن، و تستعمل أساساً للمقارنة في الأقدمية بين أعضاء الأسرة. مثال:

His <u>eldest</u> boy

My <u>elder</u> sister

لايمكننا استعمال صَّفة المقارنة النسبية elder قبل الأداة than، بل نستعمل صِّفة المقارنة النسبية older بدلاً منها.

تستعمل صَّفة التفضيل النسبي older، وكذلك صِّفة التفضيل المُطلَق oldest للمقارنة بين الأشخاص (والأشياء). بينما تستعمل الصِّفتين elder و eldest للمقارنة بين الأشخاص فقط. مثال:

He is <u>older than</u> I. (elder وليس)

(2)   تكون صِفة التفضيل المُطلَق المشتقة من الصِّيغة البسيطة للصِّفة، ضميراً فاعلاً subject في الجملة، إذا سبقتها أداة التعريف the، مثال:

Tom is <u>the cleverest</u>

ان الصِّفة the cleverest هنا هي خبر في محل ضمير بدَل عن الأسم المبتدأTom

<u>The oldest</u> boy was only eight years old

(3   يمكننا استعمال تركيب الأسم المسبوق بحرف الجَّر (of)، أي (of + noun) في الجملة بعد صيغة المقارنة التي في درجة التفضيل المُطلَق superlative degree، مثال.

He went <u>the furthest of the explorers</u>

إلّا أنَّ هذا التركيب من حرف الجرof المتبوع بإسم، of + noun غير مألوف كثيراً، لذا يتم التعبير عن المقارنة في الجملة بدرجة التفضيل النسبي comparative degree، وكما يلي:

He went <u>further than</u> the other explorers

تستعمل صِّفة التفضيل النسبي further وصِّفة التفضيل المُطلَق furthest للمقارنة في مقدار المسافات والأوقات. وتشير صِّفة التفضيل النسبي further كذلك إلى المفاهيم التجريدية مثل الأفكار أو الآراء. وغالبًا ما يتم الخلط بين هذا التركيب والتركيب far-ther. لكن من الأفضل استخدام further لتعني مسافة مجرَّدة، عندما يتحرك شيئان بعيدًا عن بعضهما بعضاً، فيما يتعلق بمعانٍ كالمُثل العليا، أو التفاهمات، أو الأفكار والمشاعر، وفي الأخص عندما تتحدث عن المسافة (المعنوية) الفعلية بينها. مثال.

.He asked some <u>further</u> questions
.We shall stay home until <u>further</u> notice
.They left the room without any <u>further</u> explanation

بينما تفيدنا الصِّفتان farther و farthest في المقارنة في مقدار المسافات المكانية فقط. مثال:

.He smells nothing <u>farther</u> than his nose
.The nearest house was much <u>farther</u> than she thought

كما يستعمل التركيب التالي بصورة شائعة جداً للتعبير عن المقارنة بدرجة التفضيل المُطلَق: عندما يأتي الظرف (بصيغة التَفضيل المُطلَق)، **تلحقه** عبارة (of all) مباشرة، أي:

superlative degree + of all

مثال:

.He ran <u>farthest of all</u>

ملاحظة: غالباً ما يُستعمل التركيب of all **بعد** صفة التفضيل العُليا (أو التفضيل المُطلَق) superlative degree ، لوصف نشاط محدّد أو فعالية معيّنة من بين مجموعة من نشاطات متعدّدة يقوم بها نفس الشَّخص (أو الشَّيء) الفاعل في الجملة، مثال:

He likes swimming <u>best</u> <u>of all</u>.

المعنى: هو يهوى السباحة أكثر من أي نشاط آخر.

She works, <u>best</u> <u>of all</u> when she is alone.

تفسير: هذه الجملة مُخادعة في المعنى. لكن لاحظ أولاً موقع الفارزة الفاصلة بعد الفعل (works(في الجملة, فهي تحدّد موقع تركيز نبرة الصوت stress والأنسيابية في معنى الكلام فيها. حيث يدفعنا هذا التركيب لكي نفهم بأن الفاعل she تشتغلُ (في حالة واحدة فقط)، (من بين أفضل الظروف، حينما تكون بمفردها.

أنظر التبسيط الآتي في إعادة صياغة الجملة:

<u>Best</u> <u>of all</u> (times), she works when she is alone.

لكن، ينتقل معنى الجملة في البناء التالي:

She works <u>best</u> <u>of all</u>, when she is alone.

المعنى: هي تعمل أفضل من الجميع، حينما تكون بمفردها.

أنظر التبسيط الآتي في إعادة تركيب الجملة:

She works <u>best</u> <u>of all</u> (others), when she is alone

ونستطيع الأستغناء عن التركيب of all في الجملة، كما في المثال التالي:

He likes swimming <u>best</u>.

ويمكن توظيف أداة التعريف the قبل صيغة التفضيل النسبي لتكوين الأسماء، مثال:

His <u>two</u> daughters look the same age. Which is <u>the elder</u>?1

ويُعَدُّ هذا الأستعمال أدبياً وليس شائعاً، وتستعمل صيغة التفضيل المُطلَق superlative degree في العامّية الدارجة بدلاً من صيغة التفضيل النسبي comparative degree، فتصير جملة السؤال السابقة على النهج الآتي:

Which is <u>the eldest</u>?1

4) حين تستعمل صيغة التفضيل المطلق most قبل الظَّرف adverb، فإنها تعني (جداً) very كذلك، مثال:

She behaved <u>most</u> generously.
They were <u>most</u> cooperatively.

يمكن إجراء المقارنة بين الأشخاص (و الأشياء) باستعمال العديد من الصّفات ثنائية المقطع اللّفظي disyllabic adjectives، وذلك بإضافة احدى اللاحقات التالية (er-) أو (-est) الى نهاية الصّفة البسيطة لتكوين صيغة التفضيل النسبي، أو صيغة التفضيل المُطلَق، أو بوضع الكلمة more أو most قبل الصّفة البسيطة، مثال.

لاحظ ان الصفة البسيطة Positive هنا تلحقها صفة التفضيل النسبي Comparative ثم تتبعهما صفة التفضيل المطلق Superlative، وتفصل الفاصلة الخطية بين كل صيغة وأخرى.

lovely- lovelier, more lovely - loveliest, most lovely

handsome - handsomer, more handsome - handsomest, most handsome

narrow - narrower, more narrow - narrowest, most narrow

serene - serener, more serene - serenest, most serene

remote - remoter, more remote - remotest, most remote

مثال:

The years Nelson Mandela, (or Madiba), spent behind bars made him the world's _most_ _celebrated_ political prisoner and a leader of mythic stature for millions of black South Africans and other oppressed people far beyond his country's borders

ملاحظة: هنا، استعملنا صيغة المقارنة النسبية المكوَّنة من اضافة اللاحقة (er-) أو صيغة المقارنة المطلقة المكوَّنة من اضافة اللاحقة (est-) الى نهاية صيغة الصّفة البسيطة، أو بإضافة الكلمة more أو most قبل الصّفة البسيطة، وذلك وفقاً الى النَزعة الرامية لتعديل أصوات الكلام ــ تَسهيلاً للنطق أو إقتصاداً فيه ــ أو الرغبة في التشدّيد على نبرة الكلمة. بعبارة آخرى، نستعمل الصيغة التي تبدو أقوى من الثانية في المقارنة، أو التي تحقّق لنا النبرة المنشودة على صّفة المقارنة بصورة أكثر تأثيراً.

في بعض الحالات، لايمكن نظرياً، اجراء المقارنة في صفات التفضيل المُطلَقة، و الصّفات التي تعطينا أعلى (أو أدنى) درجة في قوَّتها، إذ عندما يتفرّد شيء ما بصفاته، فأن واحداً فقط من نوعه (أو فئته) يكون موجوداً نفسه لا غيره و يمثّل جميع أنواعه على الإطلاق، وبالتالي فان القول (أكثر انفراداً، و الأكثر انفراداً أو تميُّزاً، لا يصِّح منطقياً.

لاحظ المعنى في العبارات الشائعة التالية التي تُعبِّر عن حقيقة واحدة ثابتة: (التدخين ممنوع!)، و(ممنوع التدخين إطلاقاً!)، و(ممنوع التدخين مَنعاً باتّاً!)، جميعها تعني حالة

واحدة لاغيرها – لايسمح بالتدخين في جميع الحالات – لذا تصبح الحاجة لأستعمال الكلمات المضافة التالية (إطلاقاً، ومنعاً باتّاً) غير ضرورية منطقيا.

الصفات الفُطلَقة التالية لا تتوافق منطقياً مع درجات المقارنة.

فريد	matchless	فارغ	empty	القدير	Almighty
كامل	perfect	أبدي	eternal	أكيد	certain
أبدي	perpetual	خالد	everlasting	دائري	circular
دائري	round	رائع	heavenly	متكامل	complete
مفرد	single	مطلق	infinite	ميت	dead
فريد	unique	مثلث	triangular	مربّع	square
		عالمي	universal	الأعلى	supreme

مع ذلك، كثيراً ما تمر علينا جُملاً غير منطقية في معناها، لكنها قد تتلائم منطقياً مع قواعد المقارنة في اللُّغة للتعبير (في نظر كاتبها) عن حالة الفُطلق المتناهي الأقرب للتَّمام أو الكمال.

للإيضاح، لا يجوز منطقياً القول بأن (النعجة حُبلى كلياً)، فهي أمّا أن تكون حبلى أو لا تكون. وكذلك الأمر في القول (هو ميتٌ كلياً)، وكما في المثال:

This ewe is <u>totally</u> pregnant in all the others.
He was <u>completely</u> dead among all.

(ث) بناء جملة المقارنة من الصِّفة

Constructions of Comparisons

(1) نستطيع تكوين جملة المقارنة المتساوية في الدرجة مع الصِّفة البسيطة adjective وكما يلي.

(أ) باستعمال التركيب التالي as + صفة بسيطة + as في الجملة المثبتة، للدلالة على صفة مشتركة بين شخصين (أو بين شيئين) وتوضع الصِّفة بين الكلمتين، مثال.

as + adjective + as

A boy of sixteen is often <u>*as*</u> <u>*tall*</u> <u>*as*</u> his father.
You are <u>*as*</u> <u>*stubborn*</u> <u>*as*</u> a mule.

(ب) باستعمال التركيب التالي so + صفة بسيطة + as في الجملة المثبتة، للدلالة على تشابه الصِّفة لدى شخصين (أو شيئين) وتوضع الصِّفة بين الكلمتين،

مثال:

so + adjective + as

.She is so good as an angel

(ت)   باستعمال أحد تراكيب المقارنة التالية، للدلالة على اختلاف الصِّفة بين شخصين (أو شيئين):

not as + adjective + as

(not so + adjective + as

مثال:

.Your coffee is *not so* *good* *as* the coffee my mother makes
.He is *not so* generous *as* his father
.Riding a horse is *not as* easy *as* riding a bicycle
.A bicycle is *not as* expensive *as* a car

(2   المقارنة بين شخصين (أو شيئين) باستعمال صِفات في صيغة التفضيل النسبي comparative form، وتلحقها الأداة (than) مباشرة، مثال:

better than
taller than
higher than

.A mountain is *higher* than a hill
He is not *cleverer* than you, but he is more careful and makes fewer mistakes than you do.
.Diamond is *more expensive* than gold

(3   المقارنة بين ثلاثة أشخاص (أو أشياء)، أو أكثر، بصيغة التفضيل المُطلَق (su perlative form) يلحقها حرف الجَّر، وذلك باستعمال التركيب التالي:

(the + صيغة التفضيل المُطلَق + of)

(للمكان) (the + صيغة التفضيل المُطلَق + in)

صيغة التفضيل المُطلَق بين أداة التعريف وحرف الجَّر في الجملة. مثال:

.This ice-cream is the best in town
.She is the *sweetest* of them all
.In old stories, the *youngest* of the family is always the hero
.Helen was the most beautiful girl in Greece

Tom is <u>the</u> <u>*cleverest*</u> boy <u>in</u> the class.
St. Paul's cathedral isn't <u>the</u> <u>*highest*</u> one <u>in</u> England.

(4)   يمكننا التعبير عن التصاعد المتوازي والمتطابق في درجة المقارنة النسبية في الجملة، باستعمال التركيب التالي:

صفة تفضيل نسبي مسبوقة بأل التعريف تتبعها

صفة تفضيل نسبي أخرى مسبوقة بأل التعريف

انظر المثال:

<u>*The*</u> <u>bigger</u> the house is, <u>*the*</u> <u>more expensive</u> it will cost.

(5)   كما نعبِّر عن التزايد التدريجي الإنسيابي في درجة المقارنة بين الصفات باستعمال صيغتي تفضيل نسبي (أو تفضيل مُطلَق) تربط بينهما أداة العطف and في الجملة، مثال:

The weather is getting <u>colder</u> <u>and</u> <u>colder</u>.
He became <u>more</u> <u>and</u> <u>more interested</u>.

(6)   باستعمال صيغة التفضيل المتبوعة بالمصدر infinitive، مثال:

It is <u>*nicer*</u> <u>to go</u> with someone <u>than</u> <u>to go</u> alone.

يمكننا الأستغناء عن علامة المصدر to من صيغة المصدر infinitive، بعد الكلمة than في جملة المقارنة، مثال.

It is <u>*nicer*</u> <u>to go</u> with someone <u>than</u> <u>go</u> alone.
It is sometimes <u>*quicker*</u> <u>to walk</u> <u>than</u> <u>take</u> a bus.

يمكن بيان درجة منخفضة (أدنى) في التعبير عن المقارنة، وذلك باستعمال صيغة التفضيل النَّسبي less أو صيغة التفضيل المُطلَق least، انظر المثال.

جاءت الصفة البسيطة Positive في المثال التالي تلحقها صفة التفضيل النسبي Comparative ثم تتبعهما صفة التفضيل المطلق Superlative، وتفصل الفاصلة الخطية بين كل صيغة وأخرى.

strong - less strong - least strong

worthy - less worthy - least worthy
repulsive - less repulsive - least repulsive

CHAPTER VI. THE ADVERB
الفصل السادس. الظَّرف

بما أنَّ الفعلَ verb يعبِّر عن الحدث أو الحركة أو حالة الوجود the state of being للأشخاص (والأشياء) في الجملة، فان الظَّرف adverb (.adv) كثيراً ما يُستخدم للتعبير عن الطريقة (أو الأسلوب والكيفية) التي يعبِّر بها ذلك الفعل عن الحدث، أو الحركة، أو الوجود (بدلاً من الإسم). ويخبرنا الظَّرف عن الطريقة أو الكيفية التي يقع فيها الحدث، (أو الحركة، أو الصيرورة)، وغالباً ما يُضاف الظَّرف الى الفعل verb و يُلحَق به (يأتي الظرف بعد الفعل) في الجملة، مثال.

The man <u>fights</u> *bravely*.

He <u>reflects</u> *profoundly*.

He <u>sits</u> *quietly*.

لكن هناك العديد من الظروف adverb التي لا تُعبِّر عن طريقة وقوع الحدث (أو حركة الفعل أو حالة الوجود) في الجملة، كما انها لا تتبع الفعل. ومنها على سبيل المثال:

"<u>When</u> you sow يبذر small seeds, make the earth <u>very</u> fine, and if it have, <u>for late</u>, been dry weather, take care to press the earth <u>extremely</u> hard upon the seeds".

هناك أربعة ظروف في هذه الجملة، والظرف الأخير منها فقط يخبرنا عن طريقة تنفيذ الفعل. ولابد أن تضع في بالك وجود ظروف الزمان adverb of time والمكان adverb of place والدرجة adverb of degree وكذلك الكيفية adverb of manner والسبب أو الغاية adverb of cause.

سأتطرق بالتفصيل لكل هذه الظروف فيما يلي من الصفحات، فضبراً جميلا.يعمل الظَّرف adverb أو الحال في الجملة على تحديد معنى الفعل فيها، أو يصف لنا الفعل أو الصِّفة، أو ظرف آخر، أو سلوك الأسم، مغيِّراً قليلاً في معناه أو مجال استعماله. مثال:

She <u>speaks</u> <u>gently</u>.

- الظَّرف gently هنا يصف لنا الفعل speaks في الجملة.

She speaks in an <u>exceedingly</u> <u>gentle</u> fashion.

- هذه المرة، يصف الظَّرف exceedingly الصِّفة gentle.

She speaks <u>very gently</u>.

- وفي هذه المرة، يصف الظَّرف very ظَّرفاً آخراً، الكلمة gently في الجملة.

وفي هذه المرة، يصف الظَّرف very ظَّرفاً آخراً، الكلمة gently في الجملة.

KINDS OF ADVERB

‏1.‏ أنواع الظَّرف

تصنف الظروف، وحسب استعمالها في الجملة، الى ظروف بسيطة simple adverbs وظروف عطف رابطة conjunctive adverbs، وكما يلي.

Simple Adverbs

أولاً. الظُّروف البسيطة

تعمل الظُّروف البسيطة على تغيير معنى الكلمة المفردة بطريقة ما، ويجيب الظرف في معناه

على واحد من عدة أسئلة ويأخذ اسمه من الجواب الذي يقدِّمه. تنقسم الظُّروف البسيطة الى الأقسام الخمسة التالية.

أ.	ظَرف زمان
ب.	ظَرف مكان
ت.	ظَرف الكيفية
ث.	ظَرف الدرجة أو القياس
ج.	ظَرف السَّبب أو الغرض

أ.‏ ظَرف زمان

Adverb Of Time

يجيب ظرف الزمان على السؤال الذي يبدأ بكلمة (متى؟) ?When ، مثال:

He will come <u>today</u>, <u>tomorrow</u>, <u>by-and-by</u>.

اليك بعض الظروف وعبارات الظرف الأكثر شيوعاً واستعمالاً في التعبير عن الزَّمن.

Soon – then - every (day, month)
later - at times - (a week) ago
next – again - last (year)

ملاحظة: لاحظ معاني ظروف الزمان الآتية.

until	up to a certain time	حتّى وقت محدَّد
not until	not before	ليس قبل أن
as soon as	at the moment when	حالما، في اللحظة التي

		فيها
when	at the time that	عندما، متى ما
while	during, at the same time	أثناء ما، في نفس الوقت
by-and-by	Presently, shortly	قريباً، عمَّا قريب
hence	from now	من هنا، بالتالي
henceforth	from now on	من الآن فصاعداً
henceforward	from now on	من الآن فصاعداً

ب. ظَرف مكان

Adverb Of Place

يعطينا ظرف المكان الجواب على السؤال الذي يبدأ بكلمة (أين؟) Where? ، مثال:

He has gone <u>here</u>, <u>there</u>, and <u>everywhere</u>.

ت. ظَرف الكيفية

Adverb Of Manner

يجيبنا ظرف الكيفية (أو الأسلوب أو الطريقة) التي يتم فيها حدث الجملة، على السؤال الذي يبدأ بكلمة (كيف؟) How? ، مثال:

He talks <u>well</u> – <u>slowly</u>, <u>distinctly</u> بتألق <u>lucidly</u>, and بوضوح.

ملاحظة: إليك بعض مفردات الظُّروف التي تدل على تكرار وقوع الحدث، وهي الأكثر استعمالاً للتعبير عن الكيفية، أو الطريقة أو الإسلوب.

always, frequently, often, rarely, ever, sometimes, still, seldom, usually, every(day, week), never, a lot

ث. ظَرف الدرجة أو القياس

Adverb Of Degree Or Measure

يجيب الظرف الذي يدلنا على الدرجة (أو القياس) التي يجري فيها مقدار حدث الجملة، على السؤال الذي يبدأ بكلمة (كم؟) How much? ، مثال:

He seemed <u>quite</u> rich, <u>very</u> knowledgeable, <u>hardly</u> enthusias-tic, but not unenthusiastic.

ج. ظَرف السَّبب أو الغرض

Adverb Of Cause Or Purpose

يتكون ظرف السبب (أو الغاية) من الكلمات المستخدمة للإخبار عن السبب وراء حدوث حدث معين. بعض هذه الظروف: therefore, hence, because, so وغيرها.

يفيد هذا الظرف للتعبير عن السبب أو الغرض وذلك بالجواب على السؤال (لماذا؟) Why؟ ، مثال:

<u>Why</u> does the fat lady walk through the corn field in gloves?
The fat lady walks through the corn field in gloves, <u>because</u> she wants to collect some corn ears.

<u>Why</u> does the quick brown fox jump over the lazy dog?
The quick brown fox jumps over the lazy dog, <u>because</u> it is quick.

<u>معلومة</u>: يمكنك استعمال الجملة التالية للتمرين على الطباعة بأصابع اليد العشرة جميعها، وذلك لكونها تضم حروف الأبجدية الإنجليزية ال 26 كافة.

The quick brown fox jumps over the lazy dog

كما يأتي ظرف الغرض من أحد ظروف العطف الثانوية (subordinating conjunc tion) التالية:

that, so that, in order that, lest

مثال:

I am glad <u>that</u> you have come.
He works hard <u>so that</u> he will become a millionaire.
Put on your warm clothes <u>lest</u> you should catch a cold.

ملاحظة: عندما تقع أداة السؤال Why في بداية الجملة، فإنها تُسمّى ظرف استفهام in-terrogative adverb. وكذلك الكلمة How، مثال:

<u>How</u> clever she is!

ويدعى الظَّرف (How) هنا بظرف التعجُّب exclamatory adverb لكونه يستعمل لصياغة جملة تعجبيِّة.

مثال آخر في العبارات الظرفية السَّببية التالية:

I sing, <u>because</u> I like singing.
He thinks he can get anything, <u>because</u> he is rich.

<u>Since</u> he has apologized, we will take no further action against him.

<u>As</u> he was not there, I left a message on his whats'Aap.

Go early to bed, <u>so</u> you can rise early.

Conjunctive Adverbs

.2   الظُّروف الرابطة

يعمل هذا النوع من الظُّروف كأدوات عطف (أو ربط) في الجملة، كما تعمل عمل الظَّرف (أو الحال) فيها.

حين يكون الظَّرف أداة عطف أو ربط في الجملة، فانه يربط جملتين مستقلتين بعضهما بعضاً. وحينما يكون ظرف حال، فانه يُعرِّف لنا طبيعة الجملة المستقلة التي يظهر فيها. مثال:

He knows nothing, <u>moreover</u>, he doesn't know that he knows nothing.

ملاحظة: تُعدُّ الكلمة moreover ظرف حال في جملة المثال، مع أنَّها تُعرِّفنا الفكرة الإجمالية في الجملة التي تأتي فيها، أكثر مما تعتبر قسماً آخر من أقسام الكلام فيها. وتُسمَّى ظرفاً (adverb) لأسباب كيفية، ولأغراض الملائمة في التصنيف اللُّغوي. تعتبر الكلمات التي لا تتوافق مع أي باب آخر في أقسام الكلام، ظرفاً. مثال:

He laughs at psychoanalysis; he believes in group therapy, <u>however</u>.

يشير الظَّرف الرابط however الى الجملة المستقلة he believes in group ther-apy بأكملها، وليس الى كلمة معيَّنة فيها. قارن هذه الحالة مع التوظيف التالي للظَّرف البسيط however في المثال اللاحق:

<u>However</u> <u>ridiculous</u> psychoanalysis seems theoretically, it has proved itself clinically.

يُعرِّف الظَّرف however هنا، بالصِّفة ridiculous في الجملة.

فيما يلي نستعرض بعض الظُّروف الرابطة الأكثر شيوعاً في اللُّغة الإنجليزية.

accordingly, hence, never the less, additionally, however, no, yes,

also, indeed, on the contrary, at any rate, in other words, on the other hand,

any way, in short, still, besides, likewise, then, consequently, moreover,

therefore, furthermore, namely, yet.

ملاحظة: خلافاً لأداة الربط التي تتصدر الجملة، يمكن للظَّرف الرابط أن يجيء في أي

موقع في الجملة التي يُعرِّفها. الكلمات التي تحتها خط في الجمل التالية هي أدوات ربط (conjunction).

He beat women, <u>because</u> he was a cad.
He beat women, <u>for</u> he was a cad.

لا يمكن استبدال موقع أي من أداتي الربط because و for، ويجب أن تتصدَّر كلَّ منهما الجملة التي توجد فيها. قارن هذه الحالة مع الظُّروف الرابطة التي تغير من مواقعها في الجُمل الآتية:

He beat women, <u>consequently</u>, he was a cad.
He beat women, he was, <u>consequently</u>, a cad.
He beat women, he was a cad, <u>consequently</u>.

Forming Of Adverb

3. صياغة الظّرف

تتكون معظم الصيغ الظّرفية adverb باضافة اللاحقة (ly-) الى نهاية الصّفة adjec-tive، مثال. الصفة أولاً ويلحقها الظرف المشتق منها بعد الفاصلة الخطّية:

swtif - swiftly,
slow - slowly,
hot - hotly,
cold - coldly

لاحظ ان العديد من الظُّروف لا تنتهي باللاحقة (ly-)، وخصوصاً تلك التي مضت عليها مدة طويلة في الأستعمال العام، منها مايلي.

very, little, often, much, almost, there

ملاحظة: لا تعتبر هذه اللاحقة (ly-) هي العلامة الثابتة التي تدلّنا على الظرف adverb، لاحظ أن الكلمات التالية (تحتها خط) تحتوي على هذه اللاحقة، لكنها صِفات adjective وليست ظُروفاً:

A <u>lovely</u> lady of <u>queenly</u> bearing, she married an <u>ugly</u> man of <u>slovenly</u> habits.

تأخذ بعض الظُّروف adverbs أحياناً نفس صيغ الصّفات adjective التي تشتق منها، ويتقرر تصنيفها وفقاً لإستعمالها في الجملة، مثال:

صفة:

He had a <u>fast</u> hold.

ظرف:

He held <u>fast</u>.

‏4.‏   المقارنة في الظَّرف

Comparison In Adverb

للظُّروف، مثلما للصِّفات، درجات مقارنة أذكرها لك في النحو الآتي.

1.المقارنة في صيغة الصِّفة البسيطة Positive Degree
2.المقارنة في صيغة صِفة التَفضيل النسبي DegreeComparative
3.المقارنة في صيغة التَفضيل المُطلَق Superlative Degree of

قاعدة (1):
بالنسبة لأغلب كلمات الظُّروف المكوَّنة من مقطعين لفظيين disyllabic، أو أكثر-poly-syllabic، عند المقارنة، تتكون صيغة التفضيل النسبي منها بادخال اللاحقة more لتسبق صيغة الظَّرف في الجملة، وكذلك تتكون صيغة التفضيل المُطلَق من الظَّرف بوضع اللاحقة most قبل ذلك الظَّرف، وكما في الأمثلة التالية.

الظرف البسيط
Positive

bravely, beautifully, seldom, fortunately

التفضيل النسبي
Comparative
more bravely, more beautifully, more seldom, more fortunately
التفضيل المطلق
Superlative
most bravely, most beautifully, most seldom, most fortunately

قاعدة (2):
تتكون صيغة التفضيل النسبي (تستعمل للمقارنة بين اثنين) في الكلمات الظَّرفية أحادية المقطع اللَّفظي monosyllabic وكذلك في صيغة الظَّرف early، باضافة اللاحقة (-er) الى آخر هذه الظُّروف.

كما تتكون صيغة التفضيل المُطلَق (تستعمل للمقارنة بين ثلاثة أو أكثر) من تلك الظُّروف، باضافة اللاحقة التالية (est-) الى آخرها. مثال.

high – higher – highest
fast – faster – fastest
late – later – lastest
hard – harder - hardest

الظُّروف التالية غير قياسية (تحيد عن القاعدة)، إدرسها بإمعان.

far - farther, further - farthest, furthest,
ill, badly – worse – worst,
little – less – least,
late – later – last,
much, many – more - most

ملاحظة: يعبِّر الظَّرف farther في اللُّغة الإنجليزية الفُصحى (القياسية) عن مسافة أكبر، بينما يعني الظَّرف further درجة أعلى من الزَّمن أو المسافة، أو المكانة، أو كمّية أكبر، أو مقدار أكبر، كما يوضِّح ذلك المثال التالي.

Heaven is <u>farther</u> than hell.
He received <u>further</u> reports from a computer tape.

ويمكننا، في أقل تقدير، التخفيض من درجة تأثير الظرف والإقلال من حدَّته (مثلما نفعل في الصِّفات)، وذلك باستعمال الكلمة less أو الكلمة (least) متبوعة بصيغة الظَّرف البسيطة simple adverb. مثال.

soon - less soon – least soon
keenly – less keenly - least keenly
agreeably – less agreeably – least agreeably

لا تنطبق قواعد المقارنة بصورة نظرية على بعض التعابير الظرفية ذات المعنى المطلق، مثاما في الصفات المطلقة absolute adjective المذكورة سابقاً. مثال.

fatally, quite, certainly, absolutely, entirely

مع ذلك، نستطيع بالتمرين المتواصل تعلم كيفية المقارنة بين الأشخاص (أو الأشياء) باستعمال هذه الظروف.

لاحظ التراكيب التالية المستعملة في المقارنة للتعبير عنها في الجملة.

(أ)   استعمال التركيب (as + الظرف + as) في الجملة المثبتة لتكوين المقارنة من الظرف البسيط، مثال:

He worked as slowly as he dared.

(ب) استعمال التركيب (as+ الظرف + as) في الجملة المنفية لتكوين المقارنة من الظرف البسيط، مثال:

He doesn't snore as (so) <u>loudly</u> as you do.

(ت) استعمال التركيب than + التفضيل النسبي أو المُطلَق في الجملة لتكوين المقارنة من الظرف في دردجة التفضيل النسبي (بين اثنين)، أو التفضيل المُطلَق (بين ثلاثة أو أكثر)، مثال:

They arrived <u>earlier</u> *than* she did (or than her).
He eats <u>more</u> *than* I do (or than me).
She danced <u>more gracefully</u> *than* the other girls.
He went <u>farther</u> *than* the other runners.

CHAPTER VII. THE CONJUNCTIONS

الفصل السابع. حروف العطف

"No parts of speech must be used more exactly than (connectives)"

(R. Voorhees - "HANDBOOK OF PREPOSITIONS")

"لا يوجد أي من أجزاء الكلام ممّا ينبغي لك استخدامه بدقة، أكثر من (أدوات الربط)" (فورهيس).

تُسمَّى أدوات الربط بهذا الأسم conjunctions (.conj) لأنها تُلحِقُ، كلمات، أو أجزاء من الجملة، أو تَضُمُها conjoin، أو تربطها join بعضها بعضاً. مثال.

"Peas _and_ beans may be served from the ground before they be quite dry; _but_ they must not put into stacks or barns until perfectly dry, _for_, if they be, they will mould."

المعنى: "يمكن جني البازلاء والفاصولياء من الأرض قبل أن تجِف تمامًا، لكن يجب ألّا تُجمع في أكوام أو داخل حظائر حتى تجِف تمامًا، فلو فعلنا ذلك، سوف تتعفَّن".

التحليل: لاحظ أن الكلمة الرابطة and تعمل على الربط بين الكلمتين peas و beans في المثال، وبيان العلاقة بينهما، ونتيجة لهذا الضَّم junction، فانها تجعل بقية أقسام الجملة جميعها ترتبط بهاتين الكلمتين وتتعلق بهما.

أما الكلمة but فانها تربط فيما بين الجزء الأول والجزء الثاني من موضوع الجملة.

بينما الكلمة for، التي تأتي أداة ربط أحياناً، تقوم في هذه الحالة، بنفس الوظيفة التي تعمل بها الكلمة الرابطة but، اذ تواصل عملية الربط بين أجزاء الجملة، و بالتالي يعود كل جزء من الجملة السابقة الى الأسمين peas و beans اللذان هما موضوع الجملة.

تعمل أداة الربط (أو حرف العطف) في اللُّغة الإنجليزية على ربط كلمات، (أو مجموعات من الكلمات) الى بعضها بعضاً في الجملة، لتكوين معنى مؤسعاً ومقبولاً منها.

وللتذكير بأدوات الربط أو العطف، نستعمل التركيب FANBOYS الذي تمثل حروفه الحروف الأولى من أدوات العطف التالية.

For, And, Nor, But, Or, Yet, So

أهمية حرف العطف

تعني كلمة "حرف العطف" نفسها أنها تضع الفكرة أو الفعل التالي في موضع مسبق في الجملة. وللحصول على مثال جيد على ذلك، ضع في اعتبارك العبارة التالية:

gathering in the corn (جمع الذرة)

فإذا كان جمع الذرة يعني هنا موسم الحصاد، فهو ظرف وليس حرف جر، لأنه يضيف إلى الفعل bver. و إذا كان يعني التجميع، فهو حرف جر، لأنه يضع موضعًا مسبقًا حيث يلتقي الناس، أي في مكان وجود مزروعات الذرة.

لا ينبغي لك العبث بحروف الجر. فقد نتج تصادم طائرتين من طراز 747 في عام 997، مما أسفر عن مصرع 583 شخصًا، نتيجة سوء فهم بشأن حرف الجر (at). لقد فهم المراقب الجوي على الأرض أن عبارة "عند الإقلاع" ("At take-off") تعني أن الطائرة كانت تنتظر على المدرج عند نقطة الإقلاع waiting at the take-off point؛ وليس أنها كانت بالفعل منطلقة في حالة اقلاع.

إن استخدام حرف الجر الخاطئ لن يؤدي في كثير من الأحيان إلى مثل هذه النتائج المأساوية. لكن استخدام حرف الجر الصحيح سيكون دائمًا مصدرًا للرضا ويعكس جيدًا الكفاية الكتابية للشخص.

KINDS OF CONJUNCTION

1.   أنواع حروف العطف

توجد أدوات الربط على نوعين وتفيد جميعها لتضم كلمات أو أجزاء من الجمل الى بعضها بعضاً. وتعكس رسمياً حالة الجمع والإتحاد بين الأحداث، أو حالات الوجود التي يعبّر عنها الفعل، وكما يلي:

Coordinating Conjunctions

(1) حروف العطف الرابطة

وتسمَّى كذلك بحروف العطف التراكمية copulative conjunction، أي تعكس تراكم الحدث في الجملة وتكاثره أو تكراره فيها. مثال، حالة وصل وإتحاد union:

You **and** I talk.

Subordinating Conjunctions

(2) حروف العطف الثانوية

وتسمَّى كذلك بحروف العطف الفاصلة disjunctive conjunction، وهي تناقضية أي تبين تناقض الحدث في الجملة وفصله وتفريقه أو إبعاده فيها. مثال، حالة فصل sdi union:

You talk, **but** I act.

ولا تتغير أشكال حروف العطف، (أو نهاياتها) في الكتابة، إذ تتم تهجئتها دائمًا بطريقة واحدة وبنفس الطريقة. ولا تشكِّل حروف العطف أية صعوبة للدارس، و لكن كما سوف تلاحظ من حين لآخر، لإستعمال أدوات الربط بالشكل الصحيح مع الكلمات لتكوين الجمل، فإنَّ الأمر سوف يتطلب منك قِسطاً مستحقاً من الإنتباه والإهتمام.

سأتناول كل ذلك وبكل سرور، بالشرح المفصل والتبسيط فيما يأتي، وما عليك سوى الأستماع بكل معلومة جديدة تكتشفها.

Coordinating Conjunctions

(1) حروف العطف الرابطة

تعمل هذه الحروف على الرَبط بين الكلمات (أو مجموعات من الكلمات) المتساوية في المرتبة والأهمية، أي التي من نفس المرتبة أو الدَرجة في الجملة، مثال ربط الكلمات:

Jack **and** Jill.

wind <u>or</u> weather

ربط مجموعات من الكلمات:

"The time has come,' the Walrus said, 'To talk of many things; of shoes _and_ ships _and_ sealing-wax, _and_ cabbages _and_ kings." ("The Walrus and the Carpenter" poem of OHenry's)
not to live _in_ but to look at
what we want _and_ what we get
if we live _or_ if we die
knowledge comes _but_ wisdom lingers. تتريث
we must die, _for_ men are mortal خالدون

Businesses expect employees at all levels to identify problems, think through solutions <u>and</u> alternatives, <u>and</u> explore new options if their approaches don't work.

هناك ستة حروف عطف رابطة، ألا وهي:

and, but, for, nor, or, yet

ولأن هذه الحروف تتصاحب مع بعضها بعضاً بانتظام في الجملة (وفي الكلام)، لذا تسمى بالأدوات المصاحبة correlatives، أو المتلازمة، وتفيد الوصل (أو الفصل) بين الأسماء ومنها.

both...and...
not only ...but (also)...
either...or...
neither...nor...
so...as...
whether...or...

مثال:

<u>Neither</u> fish, <u>nor</u> fowl, <u>nor</u> good red herring
He <u>not only</u> marks his cross, <u>but also</u> signs his name.

Subordinating Conjunctions

(2) حروف العطف الثانوية

تعمل حروف العطف الثانوية هذه على الربط بين العبارة الثانوية subordinate clause والعبارة الرئيسة main clause في الجملة.

تعريف: العبارة clause هي مجموعة من الكلمات تضم مبتدأ subject وخبر-predicate.

يمكن للقاريء ببساطة فهم معنى العبارة الرئيسة main clause دون الحاجة الى وجود اضافات، فهي وحدة متكاملة ذاتياً، بينما تعتمد العبارة الثانوية econdary clauses على كلمة (أو كلمات) أخرى اضافية ليتضّح معناها للقاريء، مثال:

I whistle, *while* he works.

لاحظ أنَّ العبارة الثانوية while he works مربوطة مع العبارة الرئيسة I whistle بواسطة حرف العطف الثانوي ـ أداة الربط while.

يتصدّر حرف العطف الثانوي subordinate conjunction العبارة (الثانوية) التي يأتي فيها وبالتالي يجعلها عبارة تابعة، وفي نفس الوقت، يربطها مع العبارة الرئيسة في الجملة.

كما تعتمد العبارة الثانوية على ارتباطها بالعبارة الرئيسة لتستمد منها علاقتها بموضوع الجملة وتكتسب منها قوَّتها في سياق الكلام. مثال:

Before the sun rose, the first shots were heard.
The first shots were heard *before* the sun rose.

في هاتين الجملتين، تعتبر الكلمة before هي أداة الربط link-word، مع أنَّ العبارة (الثانوية) التي تتصدّر أداة الربط تسبق العبارة الرئيسة في الجملة الأولى، وتلحقها في الجملة الثانية، لكن يبقى المنطق في علاقة التوافق بين أقسام الكلام في الجملة، دون تغيير.

اليك فيما يلي حروف العطف الثانوية ذات الأستعمال الأكثر شيوعاً في الإنجليزية والغاية من استعمالاتها والعلاقات التي تبينها.

أ.   حروف العطف للزَّمن

Time

as, as long as, often, since, till, until, when, while

ب.   حروف العطف للسبب

Reason or Cause

as, because, in as much as, since, why

ت.   حروف العطف للإفتراض، أو الشرط

Supposition or Condition

although, though, if, unless, whether ... or

ث.   حروف العطف للغرض أو الغاية

Purpose

so, that, in order that, lest

ج.   حرف العطف للمقارنة

Comparison

"than"

CHAPTER VIII. THE PREPOSITIONS

الفصل الثامن. حُروف الجَّر

أخذت هذه الأداة preposition إسمها من اللاتينية في الكلمتين: (pre) وتعني (قبل) والكلمة position (pre.) وتعني (مكان)، ولكونها تأتي قبل الأسماء noun والضمائر pronoun في موقعها في الجملة. كما ترى في المثال التالي:

"Indian corn is sown _in_ May. _In_ June and the three following months, it is carefully cultivated. When ripe, _in_ October, it is gathered _in_ the field, _by_ men who go _from_ hill _to_ hill _with_ baskets, _into_ which they put the ears. The leaves and stalks are then collected _for_ winter use; and, they not only serve as food _for_ cattle and sheep, but are excellent _in_ the making of sheds to protect animals against the inclemency _of_ the weather."

ان حروف الجَّر في الإنجليزية، ليست كثيرة العدد، لذا ينبغي لك أن تتقن استعمالها بِحِرص واهتمام. وأرى أن المثال السابق يكفينا ليساعدك على تَعَرُّفِ الكلمات التي تعود الى هذا الفصل. مع ذلك اليك المجموعة التالية من حروف الجَّر الأكثر استعمالاً في اللُّغة.

in, to, from, for, of, before, under, into, at, against, with, by, during, after

يبيِّن لنا حرف الجَّر علاقة الإسماء noun أو الضمائر pronouns، أو طبيعة ارتباطها بعضها بعضاً في الجملة، ويضيف معنى الفعل (أو ماهو بمعناه) الى الأسم (أو الضمير) الذي يليه، مثال.

James gives money _to_ Peter.
Peter receives money _from_ James.
water _under_ the bridge
age _before_ beauty
dog _in_ manger (ملجأ الحيوان)

في الجمل السابقة، تربط حروف الجَر (تحتها خط)، كلمتين فيما بينهما، تماماً مثلما تفعل حروف العطف. وبعكس حروف العطف، تبيِّن لنا حروف الجَر العلاقة الموجودة بين الكلمتين اللتين تتوسطهما وتربط بينهما في الجملة.

USE OF THE PREPOSITION

1. استعمالات حروف الجَّر

يوضِّح حرف الجَّر في الجملة بشكل عام العلاقة بين شخصين (أو شيئين) وفقاً للمكان (أو الموقع) المذكور ضمن سياق الكلام في الجملة. وتُستخدم حروف الجر عادةً أمام الأسماء أو الضمائر وتُظهر لنا علاقة أي منهما بكلمات أخرى في الجملة. مثال:

He stood <u>on</u> a hill, looking <u>at</u> the lake, then ran <u>along</u> the valley, between rows of trees.

يمكن استعمال حرف الجَّر للتعبير عن العلاقات التالية في الجملة.

أولاً. حرف الجَّر للدلالة على زمن حدث الجملة Time، مثال:

<u>before</u> dawn
<u>after</u> noon
<u>during</u> the night

اليك فيما يلي بعض حروف الجَّر الشائعة للتعبير عن زُمن وقوع الحدث في الجملة.

<u>after</u> (breakfast)
<u>from</u> … to (Monday … Friday)
<u>at</u> (10 o'clock)
<u>in</u> (January)
<u>before</u> (breakfast)
<u>on</u> (June)
<u>during</u> (lunch time)
<u>since</u> (yesterday)
<u>for</u> (two hours)
<u>until</u> (tomorrow)

ثانياً. حرف الجَّر للدلالة على الوسيلة أو الواسطة Instrumentality مثال:

<u>through</u> neglect
<u>with</u> swords
<u>by</u> *Charles Dickens*

ثالثاً. حرف الجَّر للدلالة على الإسلوب أو الطريقة (Manner) مثال:

<u>with</u> love
<u>by</u> hooks

رابعاً. حرف الجَّر للدلالة على السبب و الغرض (Reason and Purpose)

مثال:

<u>for</u> knowledge
<u>for the sake of</u> knowledge
<u>for the sake of</u> good old days

لاحظ استعمال حروف الجَّر التالية في المثال القادم.

before, up, under, around, in, of,

after, down, over, through, on, to

مثال:

John Begay is sitting *in* his hotel room. He's tired. He spent all day seeing the sights *in* New York. He left the hotel early *in* the morning *before* breakfast and came back *after* dinner. He walked *up* and *down* the streets and looked *in* the windows. He walked *through* the stores. He went *around* the island of Manhattan *on* a boat. He walked *over* a bridge and took a bus that went *through* a tunnel *under* the river.

Position Of The Preposition
2. موقع حرف الجَّر في الجملة

يسبق حرف الجَّر بصورة عامة المفعول به object، الذي يليه مباشرة في الجملة، مع هذا، يمكن لحرف الجَّر كذلك أن يلحق بالمفعول به دون خطأ. وهذا ما يحدث في التعابير الإصطلاحية، أو العبارات ذات الأستخدام العام، مثال:

<u>Whom</u> are you speaking *about*?

This is the type of treatment, <u>which</u> I will not put up *with*.
Peace is <u>what</u> we must prepare *for*.

نجد في هذه الجمل، أن الضمائر التالية (تحتها خط) whom, which, what، هي في

صيغة المفعول به (object) لحرف الجَّر الذي جاء بعدها في نهاية الجملة.

ملاحظة:

(أ)   يمكن حذف المفعول به من الجملة. مثال:

The lady (whom) we look <u>for</u>.
The ground (which) we stand <u>on</u>.

(ب)   يمكن حذف حرف الجَّر for, to من الجملة، وذلك عندما تضع المفعول به
غير المباشر (العاقل) في المثال التالي، الإسم James وSusan، <u>قبل</u> المفعول به
المباشر (غير العاقل) في المثال التالي، الكلمة book و job، مثال:

He gave the book _to_ Steve.   He gave _Steve_ <u>a book</u>.
I'll find a job _for_ Susan.   I'll find _Susan_ <u>a job</u>.

هذا يعني امكانية وضع المفعول به غير المباشر indirect object، Steve و Susan
قبل المفعول به المباشر direct object، a job وthe book في الجملة ونحذف حرف
الجَّر to, for منها.

نستعمل هذا التركيب بعد الأفعال الآتية، وبحذف حرف الجَّر to منه.

take, bring, send, lend, promise, pay, offer,
lend, pass, throw, tell, show, sing, play (piano, etc.)

كما يمكن استعمال تركيب الجملة ذات المفعولين (غير المباشر ثم المباشر) بعد الأفعال
التالية، وبحذف حرف الجَّر for منها كذلك.

get, find, keep, reserve, book, make,
build, knit, buy, order, fetch, give

مثال.

I showed the map <u>to</u> Tom.
I showed <u>Tom</u> the map.

She made a coat <u>for</u> me.
She made <u>me</u> a coat.
She sent a letter <u>to</u> Jack.
She sent <u>Jack</u> a letter.

They kept a seat <u>for</u> Freddy.
They kept <u>Fred</u>dy a seat.

●أن تركيب الجملة الخالي من حرف الجَّر هو الأكثر شيوعاً، إلّا أنه لا يستعمل
عندما يأتي المفعول به المباشر (غير العاقل) ضميراً pronoun و ليس إسماً

noun في الجملة. مثال.

He offered the Job <u>to Sarah</u>.
He offered <u>Sarah</u> the job.
He offered *it* <u>to</u> Sarah.
He offered *it* <u>for</u> us.

في المثال الأخير، لا يمكن حذف حرف الجَر من الجملة، كما لا يوجد بديل آخر للجملة.

• الأفعال التالية تأتي مع المفعول به غير المباشر (العاقل) (indirect ob)
(ject) فقط.

tell, show, promise, read, write, sing

•الأفعال التالية تأتي بدون حرف الجَر to.

tell, show, promise

مثال:

Please <u>tell</u> Tom.
<u>Show</u> Tom.
Tom <u>promised</u> Paula.

•الأفعال التالية تستعمل (للعاقل), ويلحقها حرف الجَر to.

read, write, sing, play

مثال:

Read <u>to</u> us.
I'll write <u>to</u> him.
She <u>sang</u> to them.

ويمكن أيضاً استعمال الصيغة التالية:

sing for, play for.

Use of a Preposition
3. تطبيقات حرف الجر

أولاً. الإسم المجرور بحرف الجَر

Object Of A Preposition

يكون الإسم (أو الضمير) الذي يأتي بعد حرف الجَر في الجملة، مفعولاً به، أي في حالة المفعولية objective case، وهو الذي يقع عليه تأثير معنى الفعل في الجملة، مثال:

A cannon *before* them.
The secret *between* us.
A headache *to* him.

تعتبر الضمائر them, us, him جميعها في حالة المفعول به لحرف الجَر الذي تقدمها في الجملة.

Prepositions on و at و in حروف الجَر

أولا. نستعمل حروف الجَر in و at و on للدلالة على الزَّمن (أو فترة محدّدة منه).

(أ)   حرف الجَر in: نستعمل حرف الجَر in للدلالة على فترة زمنية معيَّنة، وذلك مع ذكر اسم الشهر، أو السنة، أو فصل من فصول السنة، أو فترة من اليوم، مثال.

<u>in</u> August, <u>in</u> 1999, <u>in</u> summer, <u>in</u> the morning, <u>in</u> the afternoon, <u>in</u> the evening

(ب) حرف الجَر at: نستعمل حرف الجَر at للدلالة على وقت معيَّن بالساعة، أو بأجزاء اليوم، أو للدلالة على طول مناسبة معيَّنة وليس يوم واحد فقط منها، مثال.

<u>at</u> six o'clock, <u>at</u> noon, <u>at</u> morning, <u>at</u> night, <u>at</u> Christmas, <u>at</u> the Eid

(ت) نستعمل حرف الجَر on للدلالة على اليوم بالتاريخ أو بالإسم، أو بالمناسبة أو الحدث الذي يميِّزه، مثال.

<u>on</u> Monday, <u>on</u> May 20th, <u>on</u> the National Day, <u>on</u> Christmas Day, <u>on</u> Oct. 12ht, <u>on</u> the 1st. day of Eid

(ث) نستعمل العبارات التالية عند الأشارة الى جزء محدّد من اليوم و تاريخ معيَّن.

<u>on</u> the morning, <u>on</u> the afternoon, <u>on</u> the evening

مثال:

The battle started <u>on</u> the morning of the 24th.

معلومة (1):
تعني العبارة on time، (في الوقت المحدّد)، بينما تعني العبارة (in time)، (في الوقت المناسب، وليس متأخراً عن ذلك). مثال:

The 8:30 p.m. train started <u>on time</u>. (at 8:30 p.m.)
We were <u>in time</u> for the train. (We arrived before 8:30 p.m.)

كما تعني العبارة in time، (عاجلاً أم آجلاً، أو مع مرور الوقت). مثال:

You'll get used to it <u>in time</u>.

معلومة (2):

في المثال التالي، يعني حرف الجَر (at) (في الوقت المحدَّد تماماً)، مثال:

<u>at</u> 6 a.m., <u>at</u> noon

في المثال التالي، يعني حرف الجَر (by) (في الوقت المحدَّد أو قبله)، وعادة ما يكون قبله، مثال:

<u>by</u> 6 am, <u>by</u> noon

I'll be finished <u>at</u> six.

أي في الساعة السادسة تماماً.

She'll be finished <u>by</u> six.

أي قبل السادسة بصورة مؤكدة تقريباً، لذا فإنها ستنتهي قبل المتحدث السابق في الجملة الأولى.

ثانياً. استعمال حروف الجر in و at و on للدلالة على المكان.

(أ)   نستعمل حرف الجَر at للدلالة على وجود شخص ما (أو شيء ما) في عنوان معين، أو قرية صغيرة، أو موقع معيَّن، (مثل تقاطع طرق، أو جسر، أو موقف للسيارات)، أوفي البيت أو في العمل. مثال:

He stayed <u>at</u> home yesterday.

I live <u>at</u> 19 Tulips Street.

(ب) نستعمل حرف الجَر in للدلالة على وجود شخص ما (أو شيء ما) داخل بلد ما، أو مدينة معينة، أو قرية، أو ساحة عامة أو ميدان عام، أو شارع، أو غرفة، أو غابة، أو أدغال، أو في حقل، أو أي مكان آخر داخلي، أو مُقيَّد المساحة (ولو نظرياً). ولكن حين نقول.

We are <u>at</u> a village / square / street / field.

يعني هذا، (اننا قد وصلنا الى ذلك المكان).

(ت) نستعمل حرفي الجَر (at) و (in) مع الكلمات التالية (وأخرى غيرها).

river, lake, swimming-pool

مثال، حين نقول:

<u>at</u> the sea

فاننا نعني، (على ساحل البحر، وليس بداخله)
بينما تعني العبارة التالية، (في داخل ماء البحر فعلاً)

<u>in</u> the sea

أما العبارة :

<u>at</u> sea

فتعني على ظهر سفينة في البحر، وليس بداخله.

كما تعني العبارة at building، داخل المبنى، أو بجواره فقط، لكن على أرضيته.

بينما تفيد العبارة in building، بمعنى في داخل المبنى فعلاً.

وتعني العبارة at station، أمام المحطة، في الشارع المحاذي لها، أو داخل مبنى المحطة،
او على رصيف القطار، أو في مكتب التذاكر، أو ربما داخل صالة الأنتظار.

(ث) نستعمل حرف الجَّر (in) للدلالة على المكان، مثال:

The boy is <u>in</u> bed.
She is <u>in</u> the house.

(ج) نستعمل حرف الجَّر into مع أفعال الحركة لبيان الدخول الى المكان، مثال:

The boy got <u>into</u> bed.
She went <u>into</u> the house.
He jumped <u>into</u> the swimming-pool.

CHAPTER IX. THE INTERJECTIONS

الفصل التاسع. أدوات التعجُّب

يعود أصل كلمة التعجب الإعتراضية interjenction (.int) الى اللاتينية، فقد أشتقت من الكلمة inter التي تعني (بين) between، ومن الكلمة jection، التي تعني (شيء ما مُلقئ) something thrown، ويصبح المعنى الحَرفي الدقيق للكلمة (شيء ما مطروح بين) something thrown between.

تُعبِّر أدوات التعجُّب المُقحمة في سياق الجملة عن الأحساس، وهي كلمات وأصوات للتعبير عن الدَّهشَة، والغضَب، والفَرح، والحُزن، والذُعر، والهَلَع، وماشابه. وتُعَدُّ أدوات التعجُّب عنصراً مستقلاً لا علاقة له قواعدياً مع الأجزاء الأخرى في الجملة.

وفيما يلي بعض الكلمات من أقسام الكلام الأخرى، التي تستعمل بشكل مألوف في الجملة، وقد تعمل أحياناً، كأدوات تعجُّب اذا نطقناها بصورة انفعالية ممزوجة بالمشاعر. كما انَّ الطائفة الأخرى منها ليست كلمات حقيقية، بل هي مجَّرد أشكال مستحدثة لها أصوات وليس لها معنيّ محدَّداً أو مفيداً، مع ذلك فقد اعتبرها بعض النُحاة-grammar ians، من علماء فقه اللُّغة الإنجليز Englis h philologists and scholars قِسماً من أقسام الكلام، أو قد فرضت وجودها بفعل انتشارها بين الناس اليوم.

Ah!, Oh!, Bang!, Wow!, Bingo!, Yuck!, Help!, Welcome!, Indeed!, So!,
Hurrah!, Ouch!, Oops!, Yahoo!, Well!, Nonsense!, O'dear!, Alas!,

ملاحظة: عموماً، تكون أداة التعجُّب متبوعة بعلامة التعجُّب [!]، كما تنتهي الجملة التعجُّبية، والعبارة التعجُّبية بهذه العلامة أيضاً. مثال.

"Hurrah! We won the game!"
"Alas! I failed the exam!"
"Wow! What a beautiful car!"
"Oh! I forgot to bring my purse!"
"Ouch! It hurts!"
"Eww! It tastes so bad!"
"Yahoo! I got a job!"
"Huh! I don't care!"
"Yuck! I hate mayonnaise!"

"Oops! The printer is out of order!
"O' dear! Not again!"
"OMG! What a mess!"

<u>O!</u> lift me as a wave, a leaf, a cloud!
I fall upon the thorns of life! I bleed!
(Ode to the West Wind, Percy Bysshe SHELLEY - 1819)

<u>Ah!</u> dearest love, sweet home of all my fears
And hopes, and joys, and panting miseries,—
Tonight, if I may guess, thy beauty wears
A smile of such delight,
As brilliant and as bright,
As when with ravished, aching, vassel eyes,
Lost in soft amazed,
I gaze, I gaze!
(Odes by John KEATS)

CHAPTER X. THE VERBALS

الفصل العاشر. الصِّيغ المشتقة من الفعل

تعمل صيغة الفعل (بدلا من الفعل الرئيس) في الجملة إسماً noun أو صفةً adjec-
tive أو ظرفاً adverb، بدلاً من فعل أساسي principal verb فيها. تُستعمل الصيّغ
التالية المشتَّقة من الفعل بوصفِها أقساماً أخرى للكلام في الجملة، وتقع في ثلاثة أنواع،
و كما يأتي.

1. صيغة المصدر المنتهية بالنهاية GERUND (-ing)
أو اسم الفاعل المنتهي باللاحقة (-ing)، مثال.

brimming

2. صيغة إسم الفاعل واسم المفعول PARTICIPLE
المنتهية باللاحقة (-d) أو (-ed) مثل injured، أو (-en) مثل broken. وقد تظهر بصيغ
أخرى، مثال.

brought, been, gone

3. صيغة المصدر الكامل INFINITIVE
فيما يخص صيغة المصدر الكامل infinitive، تأخذ هذه الصيغة حروف الفعل الذي ينشأ
منه ذلك المصدر، أي الشكل الأساس basic form للفعل المحدود (أو صيغة الفعل في
الزمن المضارع البسيط present simple tense)، مسبوقة بعلامة المصدر to، و تسمى
بالمصدر الكامل full infinitive، أو بصيغة المصدر المسبوق بالعلامة the to-in-to
finitive form.

وبالأضافة الى وظيفة هذه الكلمات، المشتقة من الفعل المحدود، (كأسم فاعل أو محدّد
لُغوي تعريفي) modifier في الجملة، فان لها أيضاً بعض خصائص الفعل المحدود الذي
نشأت منه، ويكون الفعل المحدود finite verb مقيَّداً بشخص الفاعل وعدده، فعلى سبيل
المثال، تكون الأفعال read و write أفعالاً محدودة finite verbs، بينما تكون الكلمات
المشتقة منها غير محدودة infinite.

تعريف الفعل المحدود finite verb: هو شكل فعل له موضوع ويمكن أن يعمل كجذر
root في جملة مستقلة independent clause؛ يمكن للجملة المستقلة، بدورها، أن
تمثل وحدها جملة كاملة. في العديد من اللغات الأنجلوساكسونية والجرمانية الحيَّة، تعتبر
الأفعال المحدودة هي مصدر المعلومات النَّحوية مثل نوع الجنس gender، وصيغة
الشخص person، والعدد number، وزمن فعل الحدث tense، والتصريف الزمني
للفعل aspect، والأسلوب mood، وصيغة المعلوم والمجهول active and passive

voice.

يَطيبُ لي أنْ أتطرق في الجزء التالي وبالتفصيل المفيد، الى تبسيط أنواع الصيغ المشتقة من الفعل، فوقتاً طيباً أيها القاريء الكريم برفقة هذه المعلومات اللُغوية القيِّمة.

يَطيبُ لي أنْ أتطرق في الجزء التالي وبالتفصيل المفيد، الى تبسيط أنواع الصيغ المشتقة من الفعل، فوقتاً طيباً أيها القاريء الكريم برفقة هذه المعلومات اللُغوية القيِّمة.

GERUND

1. صيغة المصدر المنتهية بالنهاية (ing-)

تسمى هذه الصيغة بحالة المصدر اللاتيني المبنية إسماً ولها تأثير الفعل في الجملة، إذ تُشتَق منه مباشرة، لكنها تعمل عمل الأسم noun، وبالتالي تكون إسماً فعلياً verbal noun. مثال.

<u>Thinking</u> can be fun.
<u>Hiking</u> is good exercise.
She was praised for her <u>playing</u>.

أولاً. صيغة المصدر Gerund في الزمن المعلوم والمجهول

اليك فيما يلي أمثلة للصيغ الزمنية للمبني للمعلوم active voice وللمبني للمجهول passive voice لصيغة المصدر gerund المنتهية باللاحقة (ing-).

المضارع المعلوم

reading, writing

المضارع المجهول

being read, being written

وكذلك:

الزمن التام المعلوم

having read, having written

الزمن التام المجهول

having been read, having been written

مثال:

<u>Marrying is</u> her object.

الكلمة marrying صيغة المصدر gerund المنتهية باللاحقة (ing-)، هي فاعل للفعل الرابط (is). ويمكن لهذه الصيغة القيام بأية وظيفة من وظائف الأسم التالية (فاعل، أومفعول به، أو مبتدأ، أو خبر، أو تكملة للخبر، أو بدل) في الجملة. قارن بين الجملة السابقة والجملة التالية:

<u>Marriage</u> is her object.

الكلمة marriage هنا هي أسمٌ يقوم بنفس عمل المصدر marrying ولها من حيث الجوهر، نفس معنى المصدر.

تُعَدُّ الأشكال الأخرى لصيغة المصدر gerund المنتهية باللاحقة (ing-) استثنائية، نسبياً.

مثال.

In retrospect استعادة الأحداث, he could see her object in <u>having married</u>.

Shakespeare said that <u>being married</u> means being married.

His having being married makes any man a better philosopher, Socrates contended.

ملاحظة: تأخذ صيغة المصدر gerund المنتهية باللاحقة (ing-) نفس صيغة اسم الفاعل في المضارع present participle.

ثانياً. خصائص الفعل في صيغة المصدر المنتهية باللاحقة (ing-)

Verb Characteristics of the Gerund

أ.   تأخذ صيغة المصدر gerund، المنتهية باللاحقة (ing-) ضميراً pronoun في حالة المفعول به في الجملة. مثال.

<u>Marrying him</u> is her subject.

كما ترى، فان الضمير him في الجملة، مفعول به object لصيغة المصدر gerund المنتهية باللاحقة (ing-) marrying.

ولكي تستطيع معرفة المفعول به لصيغة المصدر gerund المنتهية باللاحقة (ing-)، اسأل عن الجملة باستخدام أداة السؤال whom (بمن؟) للعاقل، أو which (بماذا؟) لغير العاقل.

في الجملة السابقة، يعطينا الجواب him المفعول به لصيغة المصدر gerund المنتهية باللاحقة (ing-). وبطبيعة الحال، لا يأخذ الأسم marriage ضميراً مفعولاً به object قط، إذ لا يصح القول marriage him.

ب.   يعمل الظرف adverb على تحديد صيغة المصدر gerund، المنتهية باللاحقة التالية (ing-) في الجملة. مثال.

Though he has several times <u>repented leisurely</u>, he has not been cured of <u>marrying hasty</u>.

يعرّف الظرف hasty الحال التي حدثت فيها صيغة المصدر marrying في الجملة، وبنفس الطريقة، يعرّف الظرف leisurely الحال التي وقع فيها الفعل repented.

ملاحظة: تحدد الصّفة adjective صيغة المصدر gerund، المنتهية باللاحقة (ing-) في الجملة، حينما تكون وظيفتها الأسمية أكثر وضوحاً من وظيفتها المؤقتة. مثال.

<u>Hasty marrying</u> often leads to leisurely repenting.

المعنى: غالباً ما يقود الزواج المتسرِّع الى التوبة (الندم) ببطيء.

تُحدِّد الصفة Hasty الكلمة marrying التي هي الإسم noun الواضح من صيغة المصدر gerund، المنتهية باللاحقة (ing-).

ت.   تأخذ صيغة المصدر gerund، المنتهية باللاحقة (ing-) فاعلاً (subject) في الجملة، ويكون هذا الفاعل في صيغة الملكية possessive عادة. مثال.

John's <u>marrying</u> her is a necessary prelude مقدِّمة to <u>his</u> divorcing her.

الكلمة John's هي أسم في حالة الملكية، و فاعل subject لصيغة المصدر gerund، المنتهية باللاحقة (ing-)، marrying، وكذلك لاحظ الضمير his الذي هو فاعل لصيغة المصدر divorcing، في حالة الملكية أيضاً.

كما يأتي فاعل صيغة المصدر gerund، المنتهية باللاحقة (ing-) في حالة المفعولية ob-jective case في مرات عديدة، ومنها في الحالات الآتية:

(1)   عندما يكون الفاعل مُشدَّداً في الجملة، مثال.

Though I approved of marriage, I cannot approve of <u>John</u> (him) <u>marrying</u>.

(2)   عندما يأتي الفاعل في صيغة الجمع، كما في الكلمة (minors) في المثال.

I cannot approve of <u>idiot marrying</u>.

(3)   عندما يكون الفاعل محدَّداً في الجملة، مثال.

I cannot approve of an <u>idiotic person marrying</u>.

ثالثاً. استعمالات صيغة المصدر المنتهية باللاحقة (ing-)

أ. نستعمل هذه الصيغة في الحالات الآتية.

(1)   فاعل subject في الجملة، مثال.

<u>Eating</u> between meals is bad for th figure.

(2)   بعد حرف الجَرّ preposition في الجملة. عند استعمال الفعل بعد حرف الجَرّ مباشرة في الجملة، يجب أن يكون ذلك الفعل في صيغة المصدر gerund المنتهية باللاحقة (ing-)، مثال.

He is fond of <u>swimming</u>.

(3)   في الأسماء المركبة compound nouns، مثال.
<u>Swimming</u>-pool

(4)   بعد الأفعال والعبارات رائجة الأستعمال، التالية. مثال.

stop, mind, deny, save, risk, defer, finish, keep, dread, avoid,
admit, fancy,

enjoy, defer, delay, resent, resist, miss, detest, involve, prevent,
consider,

imagine, forgive, pardon, excuse, suggest, understand, it's no
good,

can't stand, anticipate, postpone, can't help, it's no use.

(5)   وبعد الصِّفة التي تعني أن الأمر يستحق (أو لايستحق) العناء worth، مثال.
There is nothing here <u>worth buying</u>.
<u>Avoid travelling</u> in the rush hour.
<u>It's no use looking</u> through the key hole.
She <u>dreads getting</u> old.
Would you <u>mind waiting</u> for a few minutes.
<u>Stop talking</u>!

ب. يمكن في الحالات الآتية، استعمال صيغة المصدر gerund المنتهية باللاحقة (ing-)،
وكذلك صيغة المصدر الكامل full infinitive المسبوقة بعلامة المصدر to.

(6)   بعد أفعال الحركة التالية مباشرة.

begin, start, continue

<u>تذكير</u>: اذا جاء فعل المعرفة know، أو فعل الإدراك والفهم understand بعد أحد
الأفعال الثلاثة تلك، فيجب أن يكتب في صيغة المصدر الكامل full infinitive
المسبوقة بعلامة المصدر to في الجملة. مثال.

I began <u>working</u>, I began <u>to work</u>
I began <u>to know</u>, I began <u>to understand</u>

(7)   بعد الأفعال الآتية:

attempt, intend

وبعد العبارة التالية:

can't bear

(8)   بعد أفعال التفضيل الحسِّي الآتية:

like, prefer, love, hate

عند استعمال هذه الأفعال في حالة الشرط conditional، يتبعها المصدر الكامل full infinitive المسبوق بعلامة المصدر to في الجملة، مثال.

Would you <u>like to stay</u> here.

وعند استعمال هذه الأفعال في صيغة الزمن المضارع البسيط present simple tense، او الزمن الماضي البسيط past simple tense، تليها صيغة المصدر gerund المنتهية باللاحقة (ing-)، مثال.

I <u>like riding</u> horses.
She <u>hates waiting</u> for buses.

ملاحظة: في الولايات المتحدة الأمريكية، يستعمل تركيب المصدر الكامل full infinitive المسبوق بعلامة المصدر to، وذلك بعد الفعل المضارع love بصورة شائعة، مثال.

They <u>love to run</u> on the sand.

(9)   بعد الأفعال التالية. وكما في المثال.

remember, regret
I <u>remember seeing</u> my friend last month.
I'll remember <u>to post</u> your letter.
I regret <u>going</u> there.
I regret <u>to say</u> that we have no news for you.

(10) وبعد الأفعال الآتية، وكما في المثال.

allow, permit, advise, recommend

I don't allow him <u>to smoke</u> a pipe.
I don't allow <u>smoking</u>.

ملاحظة: لاتأخذ صيغة المصدر gerund، المنتهية باللاحقة (ing-)، ضميراً في حالة المفعول به، بعد الفعلين التاليين:

allow, permit.

(11) بعد العبارات التالية، وكما موضَّح في المثال.

it needs, it wants, it requires

The grass <u>wants cutting</u>. (or, it wants to be cut.)

The machines <u>need regulating</u>. (or, they need to be regulated).

(12) عندما تأتي بعد الأفعال التالية، وكما في المثال.

try, propose, go on, be afraid (of), used to

• عندما يعني الفعل try (يحاول)، سوف تتبعه صيغة المصدر الكامل infull finitive المسبوقة بعلامة المصدر to في الجملة. مثال:

They try to put wire netting all-round the garden.

•وحين يعني الفعل try (يجرّب)، سوف تتبعه صيغة المصدر gerund، المنتهية باللاحقة (ing-) في الجملة. مثال:

They tried putting wire netting all-round the garden.

تفسير: هذا يعني، انهم جرّبوا وضع شبكة أسلاك حول الحديقة، ليعرفوا ان كان ذلك يحل المشكلة، فرضاً لإبعاد الأرانب البرية، أو الثعالب، أو الكلاب السائبة عن الحديقة).

•وحين يعني الفعل purpose (ينوي، أو يفترض)، فسوف تتبعه صيغة المصدر الكامل full infinitive المسبوقة بعلامة المصدر (to) في الجملة. مثال:

I propose to start tomorrow.

• لكن حين يعني الفعل propose (يقترح)، فسوف تتبعه صيغة المصدر ger-und، المنتهية باللاحقة (ing-) في الجملة. مثال:

I propose waiting till the police get here.

•وحين يعني الفعل mean (ينوي، أو يقصد)، فسوف تتبعه صيغة المصدر الكامل full infinitive المسبوقة بعلامة المصدر to في الجملة. مثال:

I <u>mean to climb</u> to the top by sunrise.

•لكن حين يعني الفعل mean (يتطلب، يستلزم)، فسوف تتبعه صيغة المصدر gerund، المنتهية باللاحقة (ing-) في الجملة. مثال:

He determined to succeed even if it <u>means studying</u> every day and night.

ملاحظة (1):

لاحظ أن الأفعال الآتية تلحقها عبارة في محل مفعول به objective clause تحتوي على صيغة المصدر (gerund، المنتهية باللاحقة (ing-).

admit, avoid, consider, enjoy, finish, give up, go on, keep (on), (don't) mind, miss, practice, remember, stop, suggest, try.

مثال:

He <u>kept</u> <u>studying</u> English Literature until he received his Ph. D. degree.

في المثال التالي، لاحظ أن للفعل stop في العبارة المصدرية infinitive clause،

He <u>stopped</u> <u>to smoke</u>.

معنىً يختلف عن معناه عندما يجيء في عبارة صيغة المصدر gerund، المنتهية باللاحقة النحوية (ing-). مثال.

He <u>stopped</u> <u>smoking</u>.

أي، أنه كان معتاداً على التدخين، لكنه امتنع عنه.

• كما أن للفعل remember أيضاً، معنىً يختلف في العبارة المصدرية infini-tive clause، عنه حينما يأتي في عبارة صيغة المصدر gerund، المنتهية باللاحقة (ing-). مثال.

He remembered <u>to call</u> his mother.

أي، أنه تذكّر وجوب مكالمة والدته هاتفياً.

He remembered <u>calling</u> his mother.

أي، تذكّر بأنه قد كلّم والدته هاتفياً.

ملاحظة (2):

تكون عبارة صيغة المصدر gerund، المنتهية باللاحقة (ing-) في حالة الملكية posses-sive form، عندما تضم إسماً (أو ضميراً) يكون فاعلاً في حالة الملكية في الجملة، مثال.

I don't mind <u>leaving</u> early.

الفاعل هو ضمير الشخص الأول المفرد المتكلم ((I)).

I don't mind Tom's <u>leaving</u> early.
I don't mind his <u>leaving</u> early.

PARTICIPLES

2. اسم الفاعل واسم المفعول

يُشتق إسم الفاعل (وإسم المفعول) من الفعل verb، ويعمل عمل الصِّفة في الجملة، بالتالي يكون صفة فعلية verbal adjective. ويدل على ما وقع منه الفعل.

اذ يُعرَّف اسم الفاعل (واسم المفعول) على أنه صفةٌ تُصاغ بالتصريف conjugation من الفعل، دون فقدان علاقة الفعل بالكلمات المستقلة في الجملة. معجم أوكسفورد Oxford، الإصدار الرابع. مثال.

<u>Coming</u> round the mountain, Jack more mountains.

يعرِّف اسم الفاعل coming الإسم Jack الذي وقع منه الفعل في الجملة ويدلنا عليه.

يوضح لنا المثال التالي، زمن اسم الفاعل وصيغته المعلومة active voice، والمجهولة passive voice، من الفعلين المحددين read و write في الجملة:

المبني للمعلوم
المضارع البسيط

reading, writing

التام

having read, having written

المبني للمجهول
المضارع البسيط

being read, being written

الماضي البسيط

read, written

التام

having being read, having being written

أولاً. زمن اسم الفاعل واسم المفعول

Tense in the Participle

أ.   اسم الفاعل

The Present Participle

تنتهي صيغة اسم الفاعل المبني للمعلوم active، باللاحقة (ing-) دائماً. ويخبرنا اسم الفاعل عن حدث يقع في الجملة في نفس الوقت الذي يقع فيه الحدث الذي تشير اليه الأفعال

المحدَّدة الموجودة فيها. مثال:

Mathew left <u>scowling</u> but silent.

هنا يشير اسم الفاعل scowling (عابس) الى الإسم Mathew ويصفه لنا، وكذلك تفعل الصِّفة silent التي تشير الى نفس الإسم في الجملة. كما نلاحظ أن الحدث الذي يصفه اسم الفاعل، يقع في نفس زمن وقوع الحدث الذي يصفه الفعل المحدد left.

مثال آخر:

Scowling but silent, Mathew leaves.

مرة أخرى يتزامن وقوع الحدث الذي يحدده اسم الفاعل scowling مع وقوع الحدث الذي يصفه الفعل leaves في الجملة.

•استعمالات اسم الفاعل Using The Present Participle

يستعمل اسم الفاعل present participle في الإنجليزية في الحالات الآتية.

(1) صفة في الجملة، مثال.

<u>running</u> water
<u>growing</u> crops
<u>dancing</u> ballerina

(2) لتكوين صيغ الأستمرارية في الجملة، مثال.

She is <u>working</u>.
You have <u>been dreaming</u>.
We are <u>being followed</u>.

(3) بعد أفعال الحواس، مثال.

I saw flames <u>rising</u> and heard people <u>shouting</u>.

(4) بعد أفعال الحركة التالية go و come في الجملة، مثال.

They are going <u>ski-ing</u> this winter.
Keep someone <u>waiting</u>.
Catch someone <u>doing</u> something.

(5) عندما يقوم الفاعل بحدثين في آن واحد، يمكن التعبير عن أحدهما بصيغة اسم الفاعل present participle وقد تأتي هذه الصيغة قبل الفعل أو بعده في الجملة، مثال.

He rode away. He whistled as he went.

تصبح الجملة مع اسم الفاعل كما يلي:

He rode away <u>whistling</u>.

(6) عندما يقع حدث ما بعد حدث آخر مباشرة وبتأثير نفس الفاعل في الجملة،
يكون الحدث الأول بصيغة اسم الفاعل present participle ويكتب في مُستهل
الجملة، مثال.

He <u>opened</u> a drawer, and <u>took out</u> a revolver.
<u>Opening</u> the drawer, he <u>took out</u> a revolver.

(7) حينما يكون الحدث الثاني في الجملة جزءاً من الحدث الأول فيها، أو ناتجاً
عنه، نُعبّر عن ذلك الحدث الثاني باستعمال اسم الفاعل present participle في
الجملة، مثال.

She went out, <u>slamming</u> the door.
He fired, <u>wounding</u> one of the thieves.

(8) تستعمل صيغة اسم الفاعل لإستبدال التركيب التالي في الجملة:

الأداة as أو nice أو because (يتبعها) ضمير أو اسم فاعل (يتبعه) فعل معلوم]

[(as, nice, or because + Pronoun or Noun + Active Verb)]

مثال:

<u>As</u> <u>he</u> <u>knew</u>, that he wouldn't be able to see his friends, he
phoned them.

لاحظ توظيف صيغة اسم الفاعل هنا بدلاً من التركيب السابق.

<u>Knowing</u> that he wouldn't be able to see his friends, he phoned
them.

ب.   اسم المفعول
The Past Participle (Passive)

تعتبر صيغة اسم المفعول المبني للمجهول passive، هي ثالث صيغة تصريف رئيسة للفعل
في اللُّغة الإنجليزية. وتدل هذه الصيغة على ما وقع <u>عليه</u> الفعل، وتشير الى حدث يقع قبل
وقوع الحدث الذي يشير اليه فعل الجملة.

وتتكون صيغة اسم المفعول past participle من الأفعال القياسية المعروفة لدينا،
وذلك باضافة اللاحقة النهائية (d-) أو (ed-) الى صيغة المصدر infinitive من الفعل
ودون توظيف علامة المصدر to، كما في الكلمات worked معمُول، أو loved محبُوب.
مثال:

<u>Neglected</u> and unhappy, Ambrose <u>retired</u> to the country.

يصف لنا اسم المفعول neglected الإسم Ambrose في الجملة، وفي نفس الوقت،

تنعت الصفة unhappy نفس الأسم.

لاحظ أن الحدث الذي يشير اليه اسم المفعول قد وقع قبل وقوع الحدث الذي يخبرنا عنه الفعل retired (إنعزل الى) في الجملة.

ملاحظة: في الأفعال غير القياسية (الخارجة عن القياس)، تتم صياغة اسم المفعول منها بطرائق عديدة، يلزم على الدارس تعلمها جيداً، وكل على انفراد. مثال taken, rung, won.

للمزيد من المعرفة، راجع موضوع -أقسام الفعل الرئيسة، في الفصل الرابع من هذا الكتاب.

• استعمالات اسم المفعول (المجهول) Using The Past Participl e Pas sive

يستعمل اسم الفاعل الذي يأتي في صيغة المبني للمجهول-Past Participle, pas sive voice (حيث يكون الفاعل محذوفاً) في الإنجليزية، في الحالات الآتية.

(1) صفة في الجملة، مثال.

<u>stolen</u> money
<u>broken</u> glass

لاحظ حالة المبني للمجهول في المثال السابق، حيث تعني الجملة الأولى (مالٌ مَسرُوق! – على وزن مَفْعُول)، لكنها لاتخبرنا عمَّن سرق ذلك المال، فالفاعل هنا مجهول.

كما تعني الجملة الثانية (زجاج مَكسُور – على وزن مَفْعُول)، دون أن تعلمنا من كسر الزجاج، فالفاعل هنا مجهول كذلك.

(2) لصياغة الأزمنة، وتكوين صيغة المصدر infinitive، وصيغة اسم المفعول التام، وصيغة المبني للمجهول passive voice، مثال.

he has seen
to have loved
It was broken

(3) بدلاً عن التركيب التالي في الجملة:

[الأسم أو الضمير المتبوع بفعل في صيغة المبني للمجهول]، لاحظ المثال.

[Noun (or, Pronoun) + Verb in Passive Voice]

She enters. She is accompanied by her mother.

لتصبح الجملة مع اسم المفعول كما يلي:

She enters, accompanied by her mother.

لتصبح الجملة مع اسم المفعول كما يلي:

He was aroused by the crash and leapt to his feet. leaped و

Aroused by the crash, he leapt to his feet.

ملاحظة: لتركيز التأكيد على وقوع الحدث الذي يعبّر عنه اسم المفعول ast PartiP ciple، قبل الحدث الذي ينقله الينا الفعل الآخر اللاحق في الجملة، نستعمل صيغة اسم المفعول التام المبني للمجهول المكونة من التركيب التالي:

(having been + Past Participle(

وذلك عوضاً عن البناء التالي:

[Noun (or, pronoun) + had been + Past Participle]

مثال:

She had been warned about the bandits in town, yet, she left her valuables at home.

لتصبح كما يلي:

Having been warned about the bandits in town, yet, she left her valuables at home.

ت.   اسم المفعول التام
The Perfect Participle

يتكون اسم المفعول التّام Perfect Participle، بوضع الفعل الثانوي (المساعد) have المنتهي باللاحقة (ing-)، أي having ليسبق اسم المفعول ast ParticipleP مباشرة في الجملة. لاحظ التركيب الآتي.

having + Past Participle

يصف اسم المفعول التّام Perfect Participle حدثاً وقع بصورة تامة، واكتمل قبل وقوع الحدث الذي يشير اليه الفعل المحدّد في الجملة، مثال.

Having read the questions, he felt ready to answer them.

هنا، تشير اسم المفعول التّام having read الى الضمير الفاعل he ويصفه في الجملة. كما ان حدث (قراءة الأسئلة) الذي تنقله لنا صيغة اسم المفعول التّام، قد وقع واكتمل قبل وقوع الحدث الثاني في الفعل felt في المثال المذكور.

ملاحظة: لا شك أن التمرين يؤدي الى الإتقان! ولكي تتمكن من التمييز بسهولة بين صيغتي (اسم المفعول) و(اسم المفعول التّام)، ينبغي لك الأهتمام بالتمرّن على ذلك والتمرّس المتكرر لإتقانه، فهو اقل صعوبة بالممارسة والمِران المتواصلين، منه بتطبيق القواعد.

وفي الواقع، ان الإيقاع hythmr (أو التناغم) الموجود في الجملة، عادة ما يكون هو

المفتاح للإختيار بين صيغتي (اسم المفعول) و(اسم المفعول التّام)، أكثر مما تقرّه لنا القواعد النحوية لأزمنة الفعل في اللّغة.

- استعمالات اسم المفعول التّام (المعلوم)-Using The Perfect Parti-
ciple Active

أوضّح لك هنا، كيف يمكنك في الإنجليزية، استعمال صيغة اسم المفعول التّام المعلومة Perfect Participle, active voice، في جمل مفيدة. تستعمل صيغة اسم المفعول التّام المعلومة في الجملة على الطريقة الآتية، لتأتي.

(1) بدلاً لصيغة اسم الفاعل التي تدلنا على حدثين، يقع أحدهما بعد وقوع الحدث الآخر مباشرة وبفعل تأثير نفس الفاعل أو التأثير، مثال.

<u>Eating</u> too much, he felt sleepy.

فتصبح كما يلي مع اسم المفعول التّام:

<u>Having eaten</u> too much, he felt sleepy.

(2) لتوكيد وقوع الحدث الأول قبل وقوع الحدث الثاني في الجملة، ولتفادي الإلتباس في تحديد زمني وقوع الحدثين في الجملة. مثال.

<u>Reading</u> the instructions, he <u>snatched up</u> the fire extinguisher.

قد تعطينا هذه الجملة إنطباعاً بحدوث الفعلين في آنٍ واحد. لكن لاحظ تأثير المعنى في الجملة التالية.

<u>Having read</u> the instructions, he <u>snatched up</u> the fire extin-
guisher.

أي, أنّه وبعد إن أتم قراءة تعليمات الأستعمال، خطف طفّاية الحريق (من موقعها).

(3) لضرورة إبراز الفترة الزمنية الموجودة بين وقوع الحدثين في الجملة. مثال.

<u>Failing</u> twice, he didn't want to try again.
<u>Having failed</u> twice, he didn't want to try again.

تعطي صيغة اسم المفعول التّام في الجملة الأخيرة، الإحساس بوجود فاصل زمني بين زمني وقوع الحدث الأول (الفشل مرتان)، ووقوع الحدث الثاني (عدم الرغبة في المحاولة ثانيةً).

(4) لأظهار طول الفترة التي استغرقها وقوع الحدث الأول في الجملة. مثال.

<u>Having been</u> his own boss for such a long time, he found it
hard to accept orders from another (boss).

ث. خصائص الفعل في اسم المفعول
Verb Characteristics of the Participle
(1) يأخذ اسم المفعول Past Participle إسماً (أو ضميراً) مفعولاً به في الجملة، مثال.

Having taken the **books**, she went to school.

كما ترى، الأسم books هو مفعول به object لإسم المفعول having taken، فقد وقع عليه تأثير الحدث الذي تعبِّر عنه صيغة (اسم المفعول) في الجملة.

(2) كما في الفعل، يصف الظرف adverb، مثال.

Having finished the work **hurriedly**, he went home.

يصف لنا الظرف hurriedly طريقة حدوث اسم المفعول having finished.

ج. ملاحظة على استعمالات اسم الفاعل
Note on Using of the Participle
(1) حين يأتي اسم الفاعل في محل صفة adjective (للإسم أو الضمير) في الجملة، فعليه أن يصف لنا الإسم noun، أو بديل الإسم noun substitute (الضمير)، بشكل واضح ومنطقي فيها.

وعندما لا يشير اسم الفاعل الى الإسم (أو الضمير) بشكل صريح ومنطقي في الجملة، سوف ينتج عن ذلك تركيباً مغلوطاً يسمَّى، اسم الفاعل المتدلِّي dangling participle في الجملة، أي أنه يظل متأرجحاً في غير موقعه الصحيح فيها، مثال (خطأ):

Roaring and **jumping**, he killed the tiger.

الصواب (اسم الفاعل صفة):
He killed the roaring and jumping tiger.

تركيب آخر صحيح (في صيغة المبني للمجهول) لنفس الجملة:
The **roaring** and **jumping** tiger **was killed** by him.

(2) حينما يكون "اسم الفاعل" صفة مشتقة من الفعل (verbal adjective)، يجب تمييزه عن "صيغة المصدر المنتهية باللاحقة (ing-) Gerund"، التي هي اسم مشتق من الفعل أو اسم فعل verbal noun يقوم مقام الفعل في الدلالة على معناه وفي عمله. مثال:

A gentle lullaby song stopped the infant's crying.

ان صيغة المصدر المنتهية باللاحقة (ing-) crying أتت مفعولاً به للفعل stopped في

الجملة. اذ أن الأداء المذكورة في الجملة قد أثَّر على حالة (البكاء) فأوقفها.

بينما في جملة اسم الفاعل التالية، يصف لنا اسم الفاعل (crying)، حالة الإسم (infant).

Crying, the infant received a gentle lullaby song.

قارن ذلك مع الجملة البسيطة الآتية حيث تنعت الصِّفة (crying) الإسم (infant).

The crying infant received a gentle lullaby song.

Infinitive
3. صيغة المصدر الكامل

تعتبر صيغة المصدر infinitive هي التصريف الرئيس الأول للفعل في الإنجليزية، وتسبقها العلامة to. تُعرف صيغة المصدر المسبوق بالعلامة to "بالمصدر الكامل"full in-finitive، أو صيغة "المصدر بالعلامة to" the "to-infinitive" form، مثال.

الكلمات التالية: القراءة، الكتابة و الأكل.

to read, to write, to eat

وبالإمكان الإستغناء عن علامة المصدر to، لا سيِّما بعد الأفعال الثانوية المساعدة الآتية:

may, can, shall, will, must

و كذلك بعد الأفعال الرئيسة التالية:

dare, bid, make, see, hear, feel, do, let

وبعد العبارات التالية، أيضاً:

would rather, would sooner, rather than, sooner than, had better

بما أن المصدر infinitive هو كلمة مشتقة من الفعل verb وتُعبِّر عن الحدث الجاري على ذلك الفعل، فانه يكون (أسم فعل) verbal noun بعلاقته مع الفعل في الجملة، ويأتي صفةً adjective، أو ظرفاً adverb فيها.

لاحظ زمن المصدر infinitive وصيغته المعلومة active voice والمجهولة passive voice في المثال التالي:

المبني للمعلوم
المضارع البسيط

to read, to write

المضارع التام

to have read, to have written

المبني للمجهول

المضارع البسيط

to be read, to be written

المضارع التام

to have been read, to have been written

ملاحظة (1):

عبارة المفعول به object clause.

تُعَدُّ عبارة المفعول به في الإنجليزية من أحد العناصر الخمسة الرئيسة لبناء الجملة، أمّا العناصر الأربعة الآخرى فهي الفاعل subject، والفعل verb، والكلمات المساعدة-ad junct ومفردات التكملة complement.

عادةً ما تتكون عبارة المفعول به - وهي شبه الجملة الإسمية noun phrase- من أسم أو ضمير في حالة المفعول به، زائداً أية كلمات تابعة قد تسبقه، أو تلحقه.

وكثيراً ما تلحق عبارة المفعول به الفعل الموجود في العبارة clause، مثال:

Everyone <u>likes</u> <u>her</u>.

في العبارات التي تكون في محل مفعولاً به ive clauseobject في الجملة، تأتي فيها بعض الأفعال متبوعة بعبارات مصدرية infinitive clause، ويمكنك تعرُّفها بملاحظة وجود صيغة المصدر the to-infinitive form المسبوقة بعلامة المصدر to فيها. مثال:

Ever since civilization began, certain individuals <u>have tried</u> <u>to run</u> away from it.

ولتسهيل مهمتك في السيطرة على هذا الموضوع، إليك فما يلي مجموعة من الأفعال شائعة الأستعمال التي يتبعها المصدر الكامل infinitive المسبوق بعلامة المصدر to في الجملة، ينبغي لك تَذكُّرها.

attempt, begin, cease, continue, decide, forget, intend, learn, like,
love, mean, need, offer, promise, refuse, remember, start, try, want

لاحظ، كذلك، أنَّ بعض الأفعال يمكن أن تلحقها العبارة المُستهَلَّة بالإسم الموصول that، والتي تسمى clausethat -، أو العبارة المصدرية infinitive clause الخالية من

العلامة to، وذلك بسبب دخول أحد الأفعال المساعدة عليها. مثال.

decide
I decided <u>to go</u>.
I decided *that I would go*.

hope
I hope <u>to go early</u>.
I hope *that I can go early*.

pretend
I pretended <u>to be confused</u>.
I pretended *that I was confused*.

promise
I promised <u>to go</u>.
I promised *that I would go.*

لاحظ الفرق الشاسع في المعنى بين الصيغتين التاليتين عند توظيف ضمير الوصل that في الجملة:

I forgot <u>that I went.</u>

(ذهبتُ، لكني نسيتُ أني قد ذهبت)

I forgot <u>to go</u>.

لم أذهب قَط، لأني نسيت الذهاب أصلاً

I remembered <u>that I left early</u>.

غادرت مبكراً، وقد تذكرت أني فعلت ذلك

I remembered <u>to leave</u> early.

لقد تذكرتُ أنَّ عليَّ المغادرة مُبكِّراً

ملاحظة (2):
اختلاف الفاعل عن المفعول به.

عندما يختلف فاعل الجملة subject، كما في المثال التالي الكلمة the author، عن المفعول به object في المثال التالي الكلمة people، الموجود في العبارة المصدرية (الثانوية)، يجب في هذه الحالة، تحديد ذلك المفعول به وتعريفه جيداً، وذلك باضافة كلمة جديدة اليه (بعد المصدر) infinitive، مثال:

The author advised <u>people</u> *<u>to have</u>* <u>patience</u>.
He advised *<u>them</u>* <u>to have</u> patience.
The author advised people not <u>to act</u> <u>hastily</u>.

فيما يلي بعض الأفعال التي تتبعها عبارات مصدرية (ثانوية) infinitive clause تتطلب تحديد المفعول به فيها بزيادة كلمة جديدة الى الجملة.

advise, allow, ask, encourage, expect, force, get, help, invite, order, permit,

persuade, prepare, promise, remind, request, teach, tell, urge, want, warn

أولاً. استعمالات المَصدَر

Use of the Infinitive

نستعمل المصدر infinitive في الجملة إسماً noun، أو صفةً adjective، أو ظرفاً adverb، وكما موضَّح فيما يلي، حيث يجيء المصدر في تلك الحالات:

(1) إسماً في الجملة، مثال.

To see is to believe.

يكون المصدر to see فاعلاً للفعل الرابط is، والكلمة to believe هي خبرٌ مرفوع predicate nominative تكملة للجملة.

ملاحظة: يكون المصدر infinitive، أو العبارة المصدرية infinitive clause في الجملة، فاعلاً subject للفعل فيها، ويكتب عادة، في مستهل الجملة، مثال:

To obey the laws, is everyone's duty.

The great art of life is sensation, to feel that we exist, even in pain.
   (Lord BYRON)

(2) صفة adjective في الجملة، مثال:

W. C. Fields liked water to bath in, and whisky to drink.

(3) ظرفاً adverb في الجملة، مثال:

The sower went forth to sow.

يعرف لنا المصدر to sow (زراعة) هنا ما يشير اليه الفعل went(forth) في الجملة السابقة.

ثانياً. خصائص الفعل في المصدر

Verb Characteristics of the Infinitive

تنعكس بعض حالات الفعل في المصدر الكامل full infinitive (مع العلامة to العائدة للمصدر) وكما موضَّح فيما يلي:

174

(1) يأخذ المصدر إسماً، (أو ضميراً) يكون في حالة المفعول به في الجملة، مثال.

<u>To see *him* is to believe *her*</u>.

كما ترى، ان الضمير him هو مفعول به للمصدر الكامل to see، والضمير her، مفعول به للمصدر الكامل to believe.

(2) يوضح الظرف معنى المصدر في الجملة ويصفه للقاريء، مثال:

To spell <u>correctly</u>, requires no instructions in black magic.

(3) يأخذ المصدر الكامل فاعلاً subject في الجملة، ويكون هذا الفاعل إسماً noun أو ضميراً pronoun في حالة المفعول به object فيها، مثال:

I know *them* <u>to be</u> burners of books.

جاء الضمير them فاعلاً للمصدر الكامل to be في حالة المفعول به.

ملاحظة: قارن الجملة السابقة مع الجملة التالية التي تحتوي على (عبارة) تبدأ بالأسم الموصول that:

I know <u>that</u> *they* <u>are</u> burners of books.

هنا، الضمير they فاعل للفعل المحدود are، وبالتالي يكون في حالة الفاعل subject (وليس مفعولاً به) object. من ناحية أخرى، هناك تشابهاً كبيراً في بناء الجملتين، إذ تشكل الكلمات اللاحقة للفعل know في المثالين، المفعول به للفعل في كل جملة، وفي كل مجموعة من الكلمات أيضاً، يكون الضمير مقيِّداً بالمصدر أو بالفعل الذي يتبع. بينما يكون الفاعل للمصدر to be في حالة المفعول به.

ثالثاً. زمن المصدر

Tense In The Infinitive

أ. صيغة المصدر المضارع

Present Infinitive

يدّلنا المصدر الكامل في صيغته المضارعة present infinitive على حدث يقع في نفس الوقت الذي يقع فيه الحدث الثاني الذي يشير اليه الفعل المحدَّد verbfinite في الجملة. مثال:

I <u>considered</u> him <u>to be</u> only three generations removed from a savage.

ان الحدث الذي يشير اليه المصدر to be، وكذلك الحدث (الثاني) الذي يصفه الفعل con-sidered يقعان في وقت وحد.

ب. صيغة المصدر التّام

Perfect Infinitive

تتكون هذه الصيغة من المصدر المشتق من الفعل have، مع صيغة اسم المفعول past participle للفعل الرئيس (أي التصريف الثالث للفعل). مثال:

to have worked,
to have spoken

وتشير هذه الصيغة الى حدث يقع قبل وقوع الحدث (الثاني) الذي يشير اليه فعل الجملة الرئيس، مثال:

They <u>believe</u>, the soldier <u>to have taken</u> unofficial leave.

هنا، وقع العمل الذي أخبرتنا عنه صيغة المصدر التّام to have taken قبل وقوع الحدث الذي يشير اليه الفعل الرئيس believed.

ملاحظة: يمكن استعمال المصدر التّام بصفة فاعل (subject) في الجملة. مثال:

<u>To have made</u> the mistakes twice was unforgivable.

وكذلك حين يأتي ضمير الشخص الثالث المفرد لغير العاقل (it) في بداية الجملة، مثال:

It is better <u>to have loved</u> and lost than never <u>to have loved</u> at all.

ث. استعمال المصدر التام مع الأفعال المساعدة
Using P. I. with Auxiliary Verbs

(1) لتكوين صيغة الشرط التّام perfect conditional؛ نستعمل المصدر التّام مع الأفعال التالية. لاحظ المثال.

should, would, might, could

If I had seen her, <u>I should have invited</u> her.

(2) للتعبير عن التزام غير مُنجَّز؛ نستعمل المصدر التّام مع الأفعال التالية، لاحظ المثال.

should, ought

He should <u>have helped</u> her.

لكنه لم يساعدها!

She oughtn't to <u>have gone</u> out alone.

لكنها خرجت لوحدها!

(3) للتعبير عن خطة عمل، أو ترتيب غير مُنجَّز؛ نستعمل المصدر التّام مع الفعل was

و were، مثال:

The house <u>was</u> to <u>have been</u> ready today, but it is still only half finished.

(4) للتعبير عن رغبة غير محقَّقة؛ نستعمل المصدر التّام مع التعابير التالية، (انظر المثالين للتوضيح).

would like, should like

I should like to <u>have seen</u> it (but I didn't see it!).
He would like to <u>have gone</u> (but his wife successfully opposed the idea!).

ملاحظة: نستعمل الفعل المساعد would مع أسماء (وضمائر) الشَّخص الثاني والشخص الثالث، المفردة، والمجموعة، والمؤنَّث والمذكَّر.

(5) للتعبير عن المقدرة، أو الإمكانية الماضية غير المستعملة؛ نستعمل المصدر التّام مع الفعل المساعد could، مثال:

I *could* have climbed the mountain (but I didn't).

(6) للتعبير عن عمل سابق، ولكنه غير ضروري؛ نستعمل المصدر التّام مع العبارة needn't، مثال:
We *needn't* have hurried. Now we are too early.

(7) لتخمين الأحداث السابقة، وتقدير وقوعها؛ نستعمل المصدر التّام مع الفعلين التاليين، لاحظ المثال.

may, might

He *may* have come.
He *might* have come.

ملاحظة: ان استعمال الفعل المساعد might في الجملة، قد يزيد الإرتباك في معنى الفعل لدى القاريء (أو المستمع)، لذا يجب استعمال الفعل المساعد might (مع المصدر التّام)، عندما يكون فعل الجملة الرئيس في الزمن الماضي. لاحظ المثال:

She <u>said</u> that he *mightn't* have come.

(8) للتعبير عن الإستنتاج والإستدلال؛ نستعمل المصدر التّام مع الإفعال التالية:

must, can't, couldn't

وللتعبير عن الإستنتاج والإستدلال المنفي negative؛ نستعمل المصدر التّام مع أحد

الفعليين المنفيين التاليين:

can't, couldn't

لا يوجد اختلاف في المعنى بين التعبيرين المنفيين can't و couldn't المستخدمة بهذه الطريقة. لكن يجب استعمال couldn't، عندما يكون فعل الجملة الرئيس في الزمن الماضي. لاحظ المثال:

He _can't (couldn't)_ <u>have moved</u> the piano himself. It takes two men to lift it.
We <u>knew</u> he _couldn't_ <u>have crossed</u> the river, because the bridge was broken.

(9) للتعبير عن الإستنتاج المؤكد؛ نستعمل المصدر التّام المسبوق بالفعل must. مثال.

Someone _must_ <u>have been</u> here recently; these ashes (in the fire place) are still warm.
He must <u>have come</u> this way; here are his foot-prints.

CHAPTER XI. PHRASES
AND CLAUSES

الفصل الحادي عشر. شبه الجملة والعبارة

يمكن لمجموعة من الكلمات أن تحل محل بعض أقسام الكلام في الجملة، لاحظ ذلك في صيغ المجموعات الكلامية في المثال الآتي.

The <u>green-eyed</u> monster.
The monster <u>with green eyes</u>.
The monster <u>that has green eyes</u>.

للتوضيح: لاحظ التركيب green-eyed في الجملة هو صفة تصف لنا معنى الإسم mon-ster وتحدد معناه، لكن التركيبين الأخيرين with green eyes و that has green eyes يحددان معنى الإسم monster بصورة متشابهه، وبالنتيجة يُعدُّ كلاً منهما صفة أيضاً.

تسمى مجموعة الكلمات في التركيب الإسنادي التالي with green eyes بشبه الجملة phrase، وتسمى المجموعة الأخرى في التركيب الإسنادي التالي that has green eyes بالعبارة الثانوية التابعة subordinate clause، ويؤلف كل منهما وِحدة كلمات مفهومة، أي يعمل كل منهما باعتباره قسماً منفرداً من أقسام الكلام يُعبّر عن فكرة من عدة أجزاء، مع هذا تختلف التسميتين. يكون التركيب الإسنادي في شبه الجملة مستقلاً، وجزئياً في العبارة.

تضم العبارة الثانوية that has green eyes المبتدأ that والخبر has green eyes.

بينما لا يأخذ تركيب شبه الجملة with green eyes مبتدأ أو خبر، لكونه في حاجة الى كلمة أساسية، ألا وهي الفعل verb.

غالبًا ما يتم الخلط بين المصطلحات النحوية شبه الجملة Phrase و العبارة Clause من قبل المتحدثين باللغة الإنجليزية. سيساعدك هذا الدرس المليء بأشباه الجملة والعبارات على فهم الاختلاف بينهما.

PHRASE

تعريف شبه الجملة

هي عبارة عن مجموعة كلمات تشكل بذاتها وحدة متكاملة ذات معنى داخل جملة. هناك أنواع مختلفة من أشباه الجملة phrases تصنف اعتمادًا على جزء الكلام part of speech الذي تنتمي إليه أهم كلمة فيها– أو الكلمة الرئيسة (headword) الموجودة في تركيب شبة الجملة.

- شبه الجملة الإسمية Noun Phrases تشتمل على اسم noun بالإضافة إلى محدّد تعريفي (معرِّف) determiner أو مقيَّد modifier و/أو صفة ad-jective. مثال.

the house	modifier + n.
any big store	adj. + modofier + n.
green trees	adj. + n.
some yellow cars	modofier + adj. + n

- تتكون شبه جملة في محل جر (Prepositional Phrases) من حرف الجر (preposition) (ظرف مكان) بالإضافة إلى مفعول به (object) لحرف الجر. مثال.

inside the store	prep. + modifier + obj.
at home	prep. + obj.
behind closed doors	prep. + adj. + obj.
on top of a mountain	Prep. + possessive + obj.

- تتكون شبه الجملة الوصفية (Adjectival Phrases) من صفة بالإضافة إلى ظرف (adverb) و/أو شبه جملة الجر (prepositional phrase). مثال.

slightly dizzy	adv. + adj.
perfectly normal	adv. + adj.
covered in dust	adj. + prep. phr.
very happy about it	adv. + adj. + prep. phr.

CLAUSE

تعريف العبارة

وهي تعتبر مجموعة من الكلمات بما في ذلك المبتدأ subject (أو المسند اليه)، والخبر predicate (أو المسند). والمبتدأ يمثل الفاعل subject وهو الشخص أو الشيء الذي يؤدي فعل الحدث الذي يدلنا عليه الخبر (المسند)، في حين أن المسند هو ذلك الفعل بالإضافة، اختياريًا، إلى معلومات إضافية مثل المفعول به object لفعل الجملة، أو صفة adjective تصف لنا المبتدأ الفاعل، أو ما يفعله. مثال.

Birds fly.
He looks happy.
We love pancakes!
I might be mistaken.

هذه الأمثلة هي عبارات مستقلة independent clauses، لأنها جُملٌ قائمةٌ بذاتها وتعطي معنى مفهوما. يمكن أن تحتوي الجملة على أكثر من عبارة مستقلة واحدة ـ كما موضح في المثال التالي بالخط المائل Italics وتحتها خط.

<u>Birds fly</u> and *<u>fish swim</u>*.
<u>He looks happy</u> but *<u>you seem sad</u>*.

تسمى العبارة Clause التي تعتمد على عبارة أخرى لإكمال معناها عبارة تابعة de-pendent clause أو عبارة ثانوية subordinate clause. لا يمكن للعبارات التابعة أن تقف وحدها؛ اذ يعتمد اكتمال معناها على عبارات مستقلة independent clauses مصاحبة لها. في هذه الأمثلة، تجد العبارات التابعة مكتوبة بخط مائل Italics. كما ترى، إذا قمت بحذف الكلمات غير المائلة (العبارات المستقلة المصاحبة)، تصبح الجملة غير كاملة.

I don't know *<u>how birds fly</u>*.
Tell me *<u>if he looks happy</u>*.
We're going to "Pancake" restaurant, *<u>because we love pancakes!</u>*
He thinks *(that)* *<u>I might be crazy</u>*.

في اللغة الإنجليزية، وعلى العكس من الفرنسية والإسبانية، يكون استعمال أداة الربط "that" اختيارياً، مما يجعل الأمر أكثر صعوبة في تعرُّف العبارات التابعة dependent clause.

الملخّص Synopsis

تمثل كل من العبارات Clauses وأشباه الجمل Phrasesمجموعات من الكلمات، ولكن العبارات يجب أن تحتوي في الأقل على مبتدأ subject وخبر predicate.

إذا كانت العبارة مستقلة independent clause، فهي جُملة قائمة بحد ذاتها ولها معنى مفهوم.

أما شبه الجملة Phrase فليس لها مبتدأ ولا خبر، على الرغم من أنها قد تقوم بوظيفة أي منهما. كما أن أشباه الجمل ليست جمل قائمة بحد ذاتها. مثال.

The big red house is on Maple Street.

الجملة أعلاه هي عبارة مستقلة. والجملة The big red house هي عبارة اسمية تفيد كمبتدأ subject مسند اليه (فاعل) للعبارة، أما القسم التالي on Maple Street من الجملة فهو عبارة الجر prepositional phrase التي تشكل، مع الفعل (is)، الخبر (المسند) في العبارة.

مثال.

It's good that you are so happy about it.

إن جملة It's good هي عبارة مستقلة independent clause، بينما جملةthat you are so happy about it هي العبارة التابعة dependent clause في الجملة العامة.

وان جملة so happy about it هي شبه جملة وصفية تحتوي على شبه جملة الجرـpre positional phrase حولها.

لاحظ أن لكل من العبارة Clause وشبه الجملة Phrase معانٍ أخرى لم أتناولها في هذا الملخّص التعريفي، بل سأتطرق اليها بالتفصيل والشرح المُبسَّط في المادة التالية.

Phrase

1. شبه الجملة

يتلخص مفهوم شبه الجملة بأنها مجموعة من الكلمات الخالية من المبتدأ subject، أو الخبر predicate في تركيبها، وتعبّر عن مفهوم معيناً وتعمل بوصفها قسماً منفرداً من أقسام الكلام داخل الجملة العامة.

وتأتي شبه الجملة في الحالات النّحوية التالية من أقسام الكلام المعروفة:

- إسماً (noun)

- فعلاً (verb)

- مصدراً منتهياً ب (ing-) (gerund)

- مصدراً كاملاً (infinitive)

- بدلاً (appositive) في الجملة.

- إسماً للفاعل (participle)

- حَرفاً جًاراً (prepositional)

- شبه جملة مُظلَقَة (absolute)

يُطيب لي أن أوضِّح لك كل ذلك في الصفحات اللاحقة، وأدعوك معي الى التركيز في الملاحظة والدراسة، والتطبيق والتمرين، لتضمن لنفسك قسطاً عادلاً من الفائدة والأستحقاق في المعرفة.

ينقسم تركيب شبه الجملة (phrase) الى الأنواع التالية.

TYPES OF PHRASES AS USED

أولاً. أنواع شبه الجملة وفقاً لإستعمالها

تصنف شبه الجملة حسب استعمالنا لها في الجملة العامة، و على الشكل الآتي.

- شُبه جُملة إسميَّة (Noun Phrase)
- شُبه جُملة وصفيَّة (Adjective Phrase)
- شُبه جُملة ظرفيَّة (Adverb Phrase)

Nominal Phrase
أ_   شبه الجملة الأسمية

يستعمل تركيب شبه الجملة الإسمية noun phrase أو nominal phrase بدلاً عن الفاعل subject ويعوِّض عنه في الجملة. تأخذ شبه الجملة إسماً (أو ضميراً غير محدَّداً) كعنصر رئيس فيها، أو تؤدي نفس وظيفتة النَحوية.

وغالباً ما تأتي شبه الجملة كفاعل verb subject للفعل ومفعول به للفعل verb ob-ject، وتكملة لحرف الجَر preposition، وتركيب مُسنَد، كما في الكلمتين old وhouse في المثال:

The dog is <u>old</u>.
There is a large <u>house</u>.
<u>To do</u> is <u>to learn</u>.

تعمل شبه الجملة to do عمل الفاعل، بينما تكون شبه الجملة to learn تكملة للجملة – خبر مرفوع predicate nominative لفعل الكينونة الرابط is.

Adjectival Phrase
ـب   شبه الجملة الوصفية

وهي مجموعة من الكلمات التي تأتي لوصف الإسم (أو الضمير) في الجملة، ويمكن وضعها في موقع يسبق ذلك الإسم (أو الضمير)، أو قد يلحقه فيها. مثال:

<u>Books in black and red</u>, were the clerk's delight.

تصف شبه الجملة in black and red الإسم books وتحدِّد لنا معناه في الجملة.

Adverbial Phrase

ـت   شبه الجملة الظرفية

وهي مجموعة من الكلمات التي تعيد لنا وصف الفعل (أو الصفة أو الظرف) في الجملة. وعلى غرار الظروف (adverbs)، تصف لنا شبه الجملة الظَّرفية الفعل (verb) في الجملة وذلك ببيان كيفية وقوع حدث الجملة ومكان ذلك، وزمنه وسببه، مثال:

He <u>shouted</u> <u>*on house tops*</u>.

يعني هذا المصطلح التعبيري، الإعلان والإشهار على الحاضرين بأعلى صوت ممكن.

هنا، تصف لنا شبه الجملة الظَّرفية on house tops، كيفية وقوع حدث الفعل shouted.

ملاحظة: بما أنَّ أية مجموعة من كلمتين أو أكثر (مرتبطتين ببعضهما بعضاً)، تُكوِّن لنا تركيب شبه جملة phrase، يصبح من السَّهل عليك تمييز النماذج التالية من صيغ أشباه الجمل.

(1) شبه جملة من الفعل

A Verb Phrase

وتتكون من الفعل الرئيس main verb والأفعال المساعدة auxiliary verb فيها، كما في التراكيب التالية.

will trust
will have trust
will have been trust

(2) شبه جملة في محل جَّر

A Prepositional Phrase

وهي تركيب من الكلمات يتضمن حرف جَّر preposition، ومفعول به object مجرور بحرف الجَّر، أو أية كلمات تصف ذلك المفعول به في الجملة.

وفي معظم الأحيان، تصف لنا شبه الجملة المجرورة عمل الفعل، وتسمى بشبه الجملة الظَّرفية adverbial phrase، وعندما تصف لنا الإسم، عندها تُسمَّى بشبه الجملة الوَصفية adjectival phrase

by means of
in reference to
in spite of
on account of
with reference to

(3) شبه جملة في محل عطف أو ربط

A Conjunctional Phrase

تحتوي شبه جملة العطف على أداة عطف تنظم بين عنصرين أو أكثر (مثل الكلمات أو العبارات الرئيسة c lausemain أو الجُمل) ذات الأهمية القواعدية المتساوية في اللغة الإنجليزية، وتنسق فيما بينها. مثال:

as if, as though, in order that, in so far as, on condition that

ومن ناحية أخرى، سيبدو أنه من السهولة اعتبار هذه التراكيب أفعالاً مركبةcompound verbs، أو حروف جُر مركبة compound prepositions، أو حروف عطف مركبة compound conjunctions.

Mood Of Phrases

ثانياً. أنواع شبه الجملة وفقاً لصيغتها الإعرابية

يجري تصنيف شبه الجملة، عادة، وفقاً للكلمة ذات الأهمية القصوى فيها، أو وفقاً للكلمة الإستهلالية فيها. وعلى النهج التالي.

أ.   شبه جملة في محل جُر   Prepositional Phrase
ب.   شبه جملة في محل اسم فاعل، أو اسم مفعول   Participiale Phrase
ت.   شبه جملة مصدرية   PhraseInfinitive
ث.   شبه جملة في محل صيغة المصدر المنتهي باللاحقة (ing-)، Gerund Clause

لاحظ أنَّ هذا التصنيف لشبه الجملة، وُضع وفقاً للصيغة القواعدية، ولا يتعارض مع التصنيف المعتمد على الأستعمال والتوظيف اللُّغوي لهذه التراكيب. فيما يلي سأشرح لك كل نوع على حدة، وبالتفصيل المفيد مع بعض الأمثلة الإيضاحية، وألتمس منك سعة الصدر وكرم المتابعة، فطُّب نَفْساً بما هو آت.

أ-   شبه جملة في محل جُر

Prepositional Phrase

مثال:

The time <u>for conversation</u> *is* not <u>before breakfast</u>; let us *eat* in silence.

للتوضيح، تعمل شبه الجملة الأولى for conversation التي في محل جُر بتأثير حرف الجُر for، صفة adjective تقيِّد معنى الأسم time.

كما أنَّ شبه الجملة الثانية before breakfast التي في محل جَّر بتأثير حرف الجر be-fore، هي خبر مرفوع بعد الفعل الرابط is و تخبرنا عن زمن وقت المحادثة.

بينما تعمل شبه الجملة الثالثة in silence المجرورة بفعل حرف الجَّر in، عمل الظُّرف adverb و تحدد معنى الفعل eat.

‑ب شبه الجملة في محل اسم فاعل

A Participial Phrase

مثال:

<u>Having joined the Rotary Club</u>, Sinclair Lewis felt the *George Babbitt*.

تحدِّد شبه الجملة Having joined the Rotary Club التي في محل اسم فاعل participle، الإسم Sinclair Lewis وبطبيعة الحال تكون هنا صفة adjective فقط.

بابيت Babbitt، رواية ساخرة بقلم الروائي سنكلير لويس عن الثقافة والمجتمع الأمريكي تنتقد فراغ الحياة في الطبقة الوسطى والضغط الاجتماعي نحو التوافق.

‑ت جملة مصدرية

Infinitive Phrase

شبه جملة مصدرية في محل اسم، مثال.

<u>To read books</u> means <u>to enlarge one's horizons</u>.

شبه جملة مصدرية في محل صِفَة، مثال.

He was looking for a book <u>to read</u>.

شبه جملة مصدرية في محل ظرف، مثال.

He read <u>to enlarge his horizons</u>.

‑ث شبه جملة في محل صيغة المصدر المنتهية باللاحقة (ing‑)

Gerund

مثال:

<u>Reading books</u> enlarges one's horizons.
Absolute Phrase

ثالثاً. شبه الجملة المُطلَقة

شبه الجملة المُطلَقة absolute phrase تمثِّل مجموعة من الكلمات التي تحدِّد جملة

مستقلة ككل، وتحتوي على الفاعل subject (أو المبتدأ)، أي الإسم مع التركيب المحدّد له modifier، وفي الغالب على اسم الفاعل participle أو participial phrase أي شبه جملة اسم الفاعل

وتحدّد شبه الجملة المطلقة absolute phrase الإسم noun في الجُملة، وتفصلها الفارزة، ولا ترتبط مع الجملة بأدوات الربط أو العطف conjunction، كما تكون خالية من الفعل المحدد finite verb، وتصف لنا الجملة بأكملها. مثال:

He held onto the ball, <u>his fingers squeezing it tightly</u>.
I will be back tomorrow, <u>weather permitting</u>.
<u>Weather permitting</u>, we shall meet in the evening.
<u>God willing</u>, we shall meet again.
<u>The weather being fine</u>, we went out for a picnic.
<u>The sun having risen</u>, we set out on our journey.
<u>It being a stormy day</u>, we stayed inside the house.

يمكن (قواعدياً) فصل شبه الجملة phrase عن بقية أجزاء الجملة التي توجد فيها، ولا يحدّد هذا التركيب أية كلمة في الجملة، وإنّما يشمل بالتوصيف والتعريف، المعنى الكامل للجملة.

كما ان اسم الفاعل participle (مع الإسم أو الضمير الذي يحدّده في الجملة)، يعطينا تركيب شبه الجملة المطلقة (absolute phrase). مثال آخر:

<u>The albatross having been slain</u>, they were idle as a painted ship upon a painted ocean.

تُعتَبر شبه الجملة التي تحتها خط في هذا المثال، تركيباً لغوياً كاملاً ومطلقاً absolute، وتعمل عمل الظرف adverb عملياً في الجملة، و تساوي بذلك الجملة التالية:

When the albatross was slain, they were idle.

كما ان الإسم الموجود في التركيب المؤلف من الكلمة الإسمية substantive: he alt b atross واسم الفاعل participle: having been slain يسمى nominative أي حالة الرفع المطلق absolute.

كما ان المصدر الكامل infinitive يكون كذلك شبه جملة مطلقة. مثال:

<u>To tell the truth</u>, I lied.

ملاحظة: ان تركيب شبه الجملة التي في محل عطف بيان (أو بدل) appositive phrase، وكذلك شبه الجملة الإعتراضية parenthetical phrase يعدّان، أحياناً،

أشباه جمل مطلقة.

Clause

2. العِبارة

العبارة هي مجموعة من الكلمات ذات الصلة والتي تحتوي على فاعل subject وفعل verb، (مبتدأ وخبر، أو المسند اليه والمسند). وتأتي في عبارة رئيسة principal clause، وأخرى ثانوية subordinate clause في الجملة العامة. مثال.

While she was taking the test, _Karen muttered to herself_.
Moths swarm around a burning candle.

فعندما تنقل لنا العبارة clause، معلومة خبرية مفهومة وذات معنى كاملاً ــ أي تمثل جملة خبرية كاملة ــ فانها تسمى عبارة رئيسة main clause أو أساسية principal clause، أو عبارة مستقلة independent clause. ولكن، حينما تقدم لنا العبارة معلومة خبرية غير مفهومة بمفردها ــ أي تعتمد في توضيح معناها على كلمة (أو كلمات) أخرى في الجملة ــ فانها تسمى عبارة ثانوية subordinate clause، أو تابعة dependent clause.

ملاحظة: في هذا الوقت، ربما بالكاد تريد أن أُذَكِّرُك بشيء ما عن المصدر infinitive الذي قرأت عنه كثيراً في الفصول السابقة. مع ذلك وللأهمية، لن يكون من الخطأ، إنْ عدت الى قراءة الجزء الخاص بالملاحظة رقم (1) و(2) من الفصل العاشر السابق، بانتباه لتأنس بالمعلومات المفيدة فيها.

Main Clause
أولاً. العِبارة الرئيسة

وهي مجموعة كلمات التركيب الإسنادي المستقل independent clause، التي تحتوي على فاعل وفعل وتكوّن لنا جملة خبرية كاملة المعنى. مثال:

Men come and go, but the brook غدير goes on forever.

تحتوي هذه الجملة على عبارتين رئيستين main clause، وكل واحدة منهما قادرةٌ على الوقوف بمفردها للتعبير عما معناها، وتكون مفهومة للقاريء.

ملاحظة: حين تكتب أي من العبارتين الرئيستين في الجملة السابقة، بصورة منفردة، فانهما سوف تعتبران جملتين بسيطتين simple sentence، وليس عبارة clause.

ومن الضروري أن تتضمن العبارة أكبر جزء من مفردات الجملة التي هي قسم منها.

Subordinate Clause

ثانياً. العبارة الثانوية

وهي مجموعة من كلمات التركيب الإسنادي الجزئي، الحاوية على فاعل subject، وفعل verb، وتعتمد على كلمة (أو كلمات) أخرى في الجملة لتكتسب معناها كاملاً. و ترتبط دائماً بالعبارة الرئيسة main clause بواسطة كلمة رابطة (ضمير وصل) relative pronoun، أو أداة ربط ثانوية subordinate conjunction في الجملة العامة.

Kinds of Clauses

ثالثاً. أنواع العبارات وفقاً لإستعمالها

تُصَنَّف العبارات وفقاً لإستعمالها (أو وظيفتها) في الجملة الى ثلاثة أصناف، وعلى النحو التالي.

Noun Clause

أ. العبارة الأسمية

وهي عبارة مستقلة (أي تركيب إسنادي) تعمل عمل الإسم، ويمكن استعمالها كفاعل subject للجملة، أو تكملة للفاعل، أو مفعول به مباشر direct object، (أو غير مباشر)، أو مفعول به لحرف الجر object of a preposition، أو بدل appositive. مثال:

I like what I see.

في هذه العبارة الأسمية تكون الكلمة الضمير (I) هي الفاعل، والفعل هو (see).

He believes that the devil likes angel cake.

أتت العبارة الإسمية that the devil likes angel cake في هذه الجملة لتعمل عمل المفعول به object للفعل believes.

Adjective Clause

ب. العبارة الوصفية

مثال:

The lady who had two heads, could not credit the proverb which declared that two heads were better than one.

تحدّد عبارة التركيب النّحوي الإسنادي الوصفي الأولية who had two heads الإسم lady، بينما تحدّد عبارة التركيب النّحوي الإسنادي الوصفي الثانية which declared الإسم proverb وتصفه للقاريء.

ملاحظة: حذف ضمير الوصل المفعول به (تحته خط) من الجملة. لاحظ المثال:

This is the evidence [<u>which</u> or <u>that</u>] the detectives sought, and now they can arrest the men [<u>whom</u> or <u>that</u>] they have suspected.

Adverbial Clause

.ت   العبارة الظَّرفية

مثال:

He cried <u>because he has broken the glass</u>.

تقوم العبارة الظَّرفية (تحتها خط) (أو التركيب النّحوي الإسنادي) بتحدِّيد الفعل (cried) ووصفه لنا.

ملاحظة: يمكننا أحياناً ضغط العبارة الظَّرفية (عبارة الحال) وتحويلها الى شبه جملة phrase، وذلك بحذف بعض الكلمات منها التي يمكن تقدير وجودها بسهولة، و بضمنها الفعل. مثال:

Although (<u>they were</u>) exhausted, they were staggered on. يترنحون
I'll let you know if (<u>it'll be</u>) necessary.

Elliptical Clause

.ث   العبارة الحذفية

في العبارة حيث تحذف منها الكلمات (أو يجري إختصارها)، يتم حذف المبتدأ subject أو الخبر predicate منها، وذلك حينما يستطيع القاريء فهم ذلك من سياق معنى الكلام في الجملة. مثال:

He needs shock therapy more urgent than you (<u>do أو need it</u>).

تم هنا، حذف الخبر (تحته خط). مثال آخر:

While (<u>he was</u>) eating, he kept talking relentlessly. بلا هوادة

وهنا، حُذف المبتدأ (تحته خط).

ملاحظة: عندما يختلف المبتدأ (المحذوف، he)، عن المبتدأ الموجود his في العبارة الرئيسة، ينتج عن ذلك ما يسمى بالتركيب التابع gling constructiondan، مثال:

While (<u>he was</u>) eating, <u>his words</u> tumbled forth relentlessly.

الآن، حاول أن تدرُس العبارات الثانوية التالية ولاحظ وظائفها في كل جملة توجد فيها.

She <u>knew</u> <u>where she was going</u> and <u>how would she get there</u>.

كل من العبارتين في الجملة السابقة، هي عبارة اسمية noun clause في محل مفعول به object للفعل knew.

He *ate* when he was hungry, and *drank* whenever he could.

تعود العبارة الظرفية adverbial clause الأولى في الجملة، الى الفعل ate لتصف لنا كيف وقع الحدث.

أما العبارة الظرفية adverbial clause الثانية، فتُشير الى الفعل (drank) وتصفه لنا.

He had but a single purpose, which he concealed from every-body, including himself.

هذه عبارة وصفية (adjective clause) تصف الكلمة الأسم purpose.

Criminals who have status in their world, frequently serve an apprenticeship in crime.

وهذه عبارة وصفية تصف الإسم criminals.

While making hay, you ought to see whether the sun is shining.

هذه عبارة إسمية، مفعول به للمصدر to see.

CHAPTER XII. THE ARTICLES

الفصل الثاني عشر . أدوات التَعريف والتَنكير

هي على ثلاث أدوات (a.) articles. تُعَدُّ أداة التَعْريف the (أل التعريف) للإسم المفرد والمجموع، وأداتي التَنئكير (النكرة) للمفرد a و an من الصفات التحديدِّية، وتستعمل لكلا الجنسين.

أتطرق فيما يلي الى الحديث مَلِيًّا عن أداة التعريف definite article في اللغة الإنجليزية وعن أصلها واشتقاقها، واستعمالاتها في الجملة، وآثار إسقاطها من الكلام أو حذفها من الجملة أو إهمالها. وكذلك سأفعل مع أدوات التنكير indefinite article.

Definite Article (The)

1. أداة التعريف (The)

تتمثل أداة التعريف في اللغة الإنجليزية بالكلمة (the)، وهي ما نسميه (ألَّ) التعريف، تَيمُّناً بمثيلتها في لُغتنا الغَربيَة الجَميلة.

لقد تم إشتقاق أداة التعريف the من الصيغة القديمة لإسم الإشارة that، وهي ما تزال تتمتع بقوة الإشارة، والتأثير الإيضاحي والإستعراضي في الجملة، مثال:

He is <u>the</u> George Bernard Shaw.
<u>The</u> one and only.
'Scoring <u>the</u> goal' seems more important than 'scoring <u>a</u> goal'.

وتحدِّد لنا أداة التعريف (the) الشخص (أو الشيء) المعيّن الذي نتحدث عنه في الجملة، فاننا حينما نقول، على سبيل المثال،

<u>The tree</u> which stood close beside the barn is blown down.

نعلم من الجملة ليس فقط عن حادث انهيار الشجرة، وانما، كذلك، عن مكانها المحدَّد (بمحاذاة الحظيرة).

ونستعمل أداة التعريف the لتسبق الكلمة المفردة (والمجموعة) في موقعها في الجملة. وأحيانا تستعمل قبل كلمات أو تعابير درجات المقارنة، مثل:

the best, the worst
the highest, the lowest

وتعمل أداة التعريف the على تخصيص الإسم في الجملة، اي انها تصف لنا شخصاً (أو شيئاً) محدداً ومنفصلاً بكيانه ومتميزاً بتركيبه عن الأشخاص (أو الأشياء) الأخرى التي من نوعه. وتستعمل لتعريف الكلمات المفردة والمجموعة، المذكَّرة والمؤنَّثة، للعاقل ولغير العاقل من الأشياء والمفاهيم الفكرية والجماد (وأسماء الحياد والأسماء المشتركة المعنى). مثال.

the girl	the girls
the boy	the boys
the car	the cars

An eye for an eye, and a tooth for a tooth.
The monkey has a beard.
In the hour of need.
The children are angels.
He is not the man I thought he was.

حينما نستعمل الأسم في حالة المفرد للتعبير عن فصيلته، أو فئته، أو صنفه، فاننا نضع أداة التعريف (the) قبل ذلك الإسم، مثال، عندما نقول:

The oak is a fine tree.

فاننا نعني عموماً، أن شجر البلوط (أو السنديان) oak هو شجر فاخر.

عندما تسبق أداة التعريف the الصفة العائدة الى الإسم المفرد الدال على الجماعة أو مجموعة في الجملة، فانها تعني إسماً جمعاً (ويكون فعل الجملة في صيغة الجمع)، مثال:

None but *the* brave *deserve* *the* fair.

(لا أحد يستحق الإنصاف سوى الشجعان.)

Cowards die many times before their deaths; *the* valiant never taste of death but once. (William Shakespeare, Julius Caesar's play).

عندما تقع أداة التعريف the قبل الإسم المفرد في الجملة، يكون تأثيرها تَعميميًّا وشمولياً، وقد تتشابه في معناها صفتي التنكِّير (تعطيان صفة التفَّرُد والإنفِراد) any و every وتتساوى معهما في المعنى، مثال:

The child is father to the man.
The lunatic,المعتوه the lover, the poet, are of imagination all compact.

ملاحظة: ان تكرار استعمال أداة التعريف the قبل الأسماء المتسلسلة أو المتتالية، (كما في الجملة الأخيرة)، يؤكِّد الصِّفة الفَردية لتلك الأسماء، و يُشدِّد على مركزها في الجملة.

إذا جاءت أداة التعريف the قبل الإسم العَلَم، فهي تقلبه الى اسم نكرة (عام، دون تحديد، وغير مرتبط بشخص ما)، مثال:

He was *the* Solomon of our asylum.

She was *the* Jezebel of the old ladies' home.

لاحظ الأسلوب البلاغي للكاتب في الإستعارة المَجازية في الجملتين.

إذ تعني الكلمة Solomon الرجل الحكيم، وتعني الكلمة Jezebel المرأة الشرِّيرة.

(مستعارة من شخصية ملكة فينيقية في القرن السابع قبل الميلاد).

Use of The

أ.   استعمالات أداة التعريف

إستعمل أداة التعريف the في الحالات التالية.

-    قبل الكلمة التي في صيغة المفرد والجمع، وكما يأتي.

(1)   قبل الإسم العَلَم الذي لا مثيل له (لا غيره)، ويُعدُّ واحداً من نوعه، مثال:

the earth, the sea, the sky, the weather

(2)   قبل الإسم العَلَم الذي أصبح معروفاً بسبب إعادة ذكره (تكراره) مرة ثانية، مثال:

His car struck a tree; you can still see the mark on *the* tree.

(3)   قبل الإسم العَلَم المُعرَّف بعبارة أو فقرة مضافة تخبرنا عنه الى الجملة، مثال:

the man whom I met
the place where I met him
the girl in blue
the tourist on the camel

(4)   قبل الإسم الذي يُعبِّر عن شيئ محدَّد (أو معيَّن) ويصِفَه، بسبب المُوقع، أو المَحَّل الذي يكون فيه، أو المَكان الذي يوجد فيه، مثال:

Jane is in the garden.
He sent for the doctor.

تفسير: أي، أرسل بطلب طبيبه الخاص في عيادته.

Please pass me <u>the</u> salt.

تفسير: أي، لطفاً، ناولني المِمْلَحَة التي على المائدة.

(5) قبل صيغة التفضيل العُليا (المُطلَقة)، وقبل الكلمات (...,first, second) وغيرها، وكذلك قبل الكلمة (only)، التي تأتي كصفات أو ضمائر في الجملة، مثال:

Mont Blanc is *the* <u>highest</u> mountain in Europe.
Most people think that Saturday is *the* <u>worst</u> day in the week.
Soviet cosmonaut Yuri Gagarin was *the* <u>first</u> human in space and orbited Earth for 108 minutes.

(6) قبل الإسم المفرد الذي يصف لنا صنف الشيء أو نوعه أو طبيعته، مثال:
<u>The</u> cuckoo is lazy.

تفسير: أي: أن جميع طيور الوقواق بطيئة

(7) قبل الصفة (adjective) التي تدلّ على نوع الأشخاص، وتعطينا إسم الجمع لهم، مثال:

There is no peace for any, but <u>the</u> dead.(كل الأموات)

(8) قبل الأسماء العَلَم للبِحار، والأنهار، وسلاسل الجِبال، ومجموعات الجُزُر، وأسماء الجَمع لبعض الدُّوَل، مثال:

<u>the</u> Alps	<u>the</u> Netherlands	<u>the</u> Bahamas
<u>the</u> Atlantic	<u>the</u> Republic of Congo	<u>the</u> Indies
<u>the</u> Himalayas	<u>the</u> Sudan	<u>the</u> Canary Islands
<u>the</u> Thames	<u>the</u> U.S.A.	<u>the</u> Caribbean Islands

(9) قبل أسماء الآلات الموسيقية، مثال:
She learnt to play <u>the</u> flute

تستعمل الصيغة leared في الولايات المتحدة وكندا.

(10) قبل اسم وَجبَة الطعام المميَّزة (أو الخاصّة)، مثال:

<u>The</u> dinner given to celebrate their victory cost £200.

Dropping the Definite Article (the)

ب. إهمال أداة التعريف

لا تستعمل أداة التعريف (the) في الحالات الآتية:

(1)   قبل أسماء المدن و البلدان وأسماء العَلَم، مثال:

Mr. Jones returned to <u>Wales</u> and bought a house in <u>Swansea</u>

الأسماء التالية هي استثناء من القاعدة، وتستعمل قبلها أداة التعريف (the):

the U.S.A

the former USSR
the Congo
the Sudan
the Netherlands
the Mall, the Strand

هو، شارع تجاري وسط لندن.

the High Street, the Smiths

أي، السيد والسيدة سميث وأبناؤهما .

the Joneses

أي، السيد والسيدة جونز وأفراد العائلة بأكملها .

ويمكن القول، على سبيل المثال، the Mr. Smith، في جملة معينة حينما نريد التأكيد على شخص محدَّد، (أو شيء ما بعينه و دون غيره)، مثال:

I don't want to see <u>the</u> Mr. Smith who works in the accounts office; I want to see <u>the</u> other one (the other Mr. Smith)

(2)   قبل الأسماء المُجرَّدَة، (إلّا عندما تأتي بصيغة مفردة)، مثال (المقصود، طائفة البشر):

Man fear <u>death</u>

في الجملة التالية يشير الإسم death الى معنىً محدَّداً لحدث وقع لإسم عَلَم معيَّن في الجملة، لذا نسبقها بأداة التعريف the:

<u>The death</u> of <u>the Prime Minister</u> left his party without a leader.

(3   بعد الإسم الذي في حالة الملكية، أو بعد صفة التملُّك، مثال:

<u>the</u> uncle of the boy   (the boy's uncle)
<u>the</u> book is mine   (it is my book)

(4   قبل أسماء وجبات الطعام الشائعة، و أوقات تناولها (الإفطار، الغداء، العشاء)، مثال:

.We have porridge for breakfast
.We have sushi for dinner

لكن، حينما يأتي الأسم في حالة الملكية (إفطار يوم الزفاف)، فاننا نسبقه بأداة التعريف the، فنقول:

.<u>The</u> <u>wedding breakfast</u> was held in her father's house

(5   قبل الأسماء الدالة على أجزاء الجسم، وكذلك انواع الملابس، والتي عادةً ما تسبقها صفة تملُّك في الجملة، مثال:

.Raise *your* right hand
.He took off *his* coat

لكن لاحظ، أن الجمل التالية:

The brick hit <u>Tom's face</u>
.She seized the <u>child's collar</u>
.I patted <u>his shoulder</u>

كما يمكن لهذه الجمل أن تعطينا نفس المعنى لكن بالشكل الآتي:

.The brick hit Tom <u>in the</u> face
.She seized the child <u>by the</u> collar
.I patted him <u>on the</u> shoulder

وكذلك نستعمل أداة التعريف the قبل الإسم في جملة المبني للمجهول، مثال:

.He was hit <u>on the</u> head
.He was cut <u>in the</u> hand

(6   قبل أسماء الجمع النكرة الدالَّة على إسم فئة أو جماعة، أو طائفة، وما على شكلها، مثال:

.<u>Women</u> are expected to like shopping

تفسير: أي، جميع النساء بشكل عام

.<u>Big hotels</u> all over the world are very much the same
.<u>Grass</u> is good for <u>horses</u>, and <u>wheat</u> for <u>men</u>

ملاحظة: إذا أدخلنا أداة التعريف the قبل الكلمة women، في الجملة السابقة، فان ذلك سوف يعني أننا نشير الى مجموعة معينة من النساء، وليس كل النساء بشكل عام.

خلافاً لما في اللُّغة الإنجليزية، تأخذ أسماء الجمع النكرة هذه في بعض اللُّغات الأخرى، ومنها اللُّغة العربية، أداة تعريف تسبقها وتُستهل بها في الجملة.

Omitting (the) before Certain Words

ت.   حذف أداة التعريف قبل كلمات معينة

إحذف أداة التعريف the من الكلمة في الحالات التالية:

(1)   قبل الكلمة home، وذلك عندما تأتي هذه الكلمة بمفردها، أي حينما لا تسبقها (أو تلحقها) صِّفَة adjective، أو كلمة وصفِّية، أو عبارة وصفِّية adjectival clause تصفها في الجملة، مثال:

.He went <u>home</u>
.She left <u>home</u>
.The got <u>home</u> late
.They hurried <u>home</u>
.They arrived <u>home</u> after dark

لاحظ أنَّ حرف الجَر to قد حُذف قبل الكلمة home، (وبعد أفعال الحركة)، كما لم نستعمل حرف الجَر at بعد الفعل arrive.

لكن، حين تستعمل صفة أو كلمة وصفية، أو عبارة وصفية لتضعها قبل الكلمة home، أو بعدها، عليك أن تتعامل مع الكلمة home مثل أي إسم آخر فيما يخص استعمالك لأداة التعريف the، أو حروف الجَر المختلفة في الجملة، لاحظ المثال الآتي:

.We went to *the* bride's <u>home</u>
.For some years this was *the* <u>home</u> of your queen
.England was *the* only <u>home</u> he had ever known

(2)   قبل الكلمات التالية الدالَّة بوضوح على إسم مكان.

bed, church, college, court, hospital, market, prison, school, sea, work

ثُكتب أسماء المكان هذه في الجملة، دون أن تسبقها أداة التعريف the، وذلك حينما يمكننا
الدخول في تلك الأماكن، أو زيارتها، أو الأنتفاع منها للغرض الرئيس الذي أنشأت من أجله.
مثال:

We go to <u>bed</u> to sleep
We go to <u>church</u> to pray
We go to <u>college</u> to study
We go to <u>court</u> as litigants
We go to <u>market</u> to buy or sell
We go to <u>prison</u> as prisoners
We go to <u>school</u> as students
We go to <u>sea</u> as sailors
We go to <u>hospital</u> as patients
We go to <u>work</u> as workers

وبالطريقة ذاتها يمكن قول مايلي دون الحاجة الى استعمال أداة التعريف (the):

.We can be in <u>bed</u> to sleep
.We can be in <u>church</u> to pray
.We can be in <u>college</u> to study
.We can be in <u>court</u> as litigants
.We can be in <u>hospital</u> as patients
.We can be in <u>market</u> to buy or sell
.We can be in <u>prison</u> as prisoners
.We can be in <u>school</u> as students
.We can be at <u>sea</u> as sailors
We can be at <u>work</u> as workers

وكذلك:
We get out of <u>bed</u>
We return from <u>court</u>
We return from <u>church</u>
We return from <u>college</u>
We leave <u>hospital</u>
We return from <u>market</u>
We escape from <u>prison</u>
We return from <u>school</u>

We return from <u>sea</u>
We return from <u>work</u>

ولكن، عندما لا يمكننا الدخول في تلك الأماكن، أو زيارتها، أو استخدامها (أو الأنتفاع منها رسمياً) للغرض الرئيس الذي أعدّت له، نستعمل في هذه الحالة أداة التعريف (the) قبل أسماء تلك الأماكن، مثال:

I went to <u>the</u> church to see the carvings
.He comes to <u>the</u> school sometimes to speak to the headmaster
The attorney returned from <u>the</u> prison where he had been visit-
ing his client
They are at <u>the</u> sea

تفسير: أي، عند ساحل البحر.

لاحظ الفرق في المعنى بين هذه الجملة والجملة التالية:

They are at sea

تفسير: أي، على ظهر سفينة في البحر، لكن ليس ضرورياً أن يكونوا بحّارة.

.He went to <u>the</u> bed

تفسير: المعنى، سار نحو الفراش حتى وصله.

لاحظ الفرق في المعنى بين هذه الجملة والجملة التالية:

.He went to bed

تفسير: أي، دخل في الفراش، ويفترض أنّه قد خلد الى النوم

وبخلاف الأسماء التي ذكرناها لك سابقاً، تأخذ الأسماء التالية (الشائعة جداً) أداة التعريف the، مثال:

Cathedral, cinema
office, theatre

في الولايات المتحدة وكندا.Theater

.He is at <u>the</u> office

لكننا نقول:

.He is <u>at</u> work
.She is going to <u>the</u> theatre

Indefinite Articles (an), (a)

‫**.2**   أدوات التنكِّير‬

تسمى أدوات التنكير indefinite articles التاليتين an و a بهذه التسمية، لكونها لا تُعرِّف define لنا أي شخص أو شيء تتحدث عنه الجملة، ولا تقرِّر determine ذلك التقديم.

فحين نسبق الأسماء التي بإحدى هاتين الأداتين، فاننا نسعى للدلالة (فقط) الى نوع ذلك الشخص أو الشيء الذي نكتبه في الجملة، ولا تخبرنا أدوات التنكير المزيد عن ماهيَّة ذلك الشخص (أو الشيء)، فمثلاً، حين نقرأ الجملة التالية:

A tree is blown down.

نفهم منها أن شجرة ما قد انهارت ربما بفعل الرياح، لكننا لا نعرف أية شجرة كانت تلك.

تتمثل أداة التنكِّير في اللُّغة الإنجليزية بالصيغتين an و a، وقد تم اشتقاقهما من الصيغة القديمة للكلمة one، ولهما قوَّة العدد و معناه أحياناً، وفي الأصل توجد كلمة واحدة للتنكير، هي an، أما الثانية a، فهي ذات الكلمة الأولى، سوى أنها اختصار abbreviation لها و تقصير shortening لنفس الكلمة، وتستعملان قبل الأسماء في صيغة المفرد singular number، مع استثناء لهذه القاعدة في الكلمتين few و many عندما يستخدمان قبل الأسم، كما في المثال:

a few horses
a great many horses

ولكن في الواقع، هذا ليس استثناءاً. لأن الكلمتين few و many تعنيان عدد number، وبالتالي تكون الجملتان:

a *small number* of horses
a *great number* of horses

أي: (عدد) قليل من الخيول، و(عدد) كبير من الخيول، وتتوافق أداة التنكير مع هذا (العدد) number في الكلمة، والمفهوم للقاريء، والذي هو في حالة المفرد.

سوف أعطيك، بالتدرِّج، قواعد استعمال هذه الأدوات، إلّا أنَّ شاغلي الأهَّم هو أن أعلِّمك، شيئاً بعد شيء، كيف تفرِّق بين صيغة وأخرى من هذه الأدوات مع المفردات الإنجليزية المختلفة. مثال:

A stitch in time saves nine.

المعنى، الغرزةُ في وقتها المُناسب، تُوَفِّر تِسعاً، ويقابله في العربية – دِرهَم وِقَايَةٍ خَيرٌ مِنْ قِنْطارِ عِلاَج.

• تستعمل أداة التنكيّر a قبل الكلمات (أو الأسماء) المفردة المعدودة (المؤنَّثة والمذكَّرة والمحايدة)، التي:

- تبدأ بصوت ساكن حرف صحيح consonant – كُل ما هو ليس بحرف علَّة vowel من حروف الهجاء،

- أو التي تبدأ بواحد من حرفي العلَّة vowel letter التاليين u, y وتعطينا صوتاً ساكناً عند نطقها (أصوت العلَّة اللِّيئَة)، يُعدُّ الحرف y شبه مُعثَّل -.semi vowel

- و قبل الكلمات المفردة المعدودة التي تبدأ بالحرف H الصائت.
مثال:

,a boy, a̲ crowd, a̲ European, a̲ girl, a̲ useful thing, a̲ union
a̲ hill, a̲ history a̲ horse, a̲ hump

ملاحظة: تبدأ الكلمات الأربع الأخيرة في المثال السابق، بالحرف الصحيح H الصائت، لذا نستعمل أداة التنكير a أمام كل منها.

• تستعمل أداة التنكير an قبل الكلمات (أو الأسماء) المفردة المعدودة (المؤنَّثة والمذكَّرة والمحايدة)، التي:

- تبدأ بأحد الحروف المُعثَّلة أو أصوات العلَّة (المتحركة أو اللِّيئَة) vowel sound، مثل a, e, i, o, u، و يعطي الحرف الأول فيها الصوت (أ) في مُستهَّل تلفُّظها، مثال:

a̲n adder, a̲n apple, a̲n eagle, a̲n elephant, a̲n egg, a̲n idiot, a̲n inch
a̲n iPad, a̲n iPhone, a̲n oily seed, a̲n omen, a̲n orange, a̲n ugly hat
a̲n urn, a̲n umbrella, a̲n unfinished work

- تبدأ بالحرف (H) الصامت في الكلمة، مثال:

a̲n heir, a̲n heiress, a̲n heirloom
a̲n hour of need, a̲n honourable man

ملاحظة: متى يكون الحرف H صامتاً (أو مكتوماً) mute في الإنجليزية؟.

غالبًا ما يتم نطق الكلمات الإنجليزية ذات الأصل الفرنسي التي تُستَهَل بالحرف H، على الطريقة الفرنسية، لذلك فإننا ننطق كلمات مثل Honor (وهي من أصل فرنسي)، بشكل عام بدون صوت الحرف H. وهكذا يتم نطق الكلمات الفرنسية الأصل، مثل الكلمة الفرنسية Hors d' Oeuvres (التي تعني مُقَبِّلات من الطعام، أو مُشَهِّيات)، وتلفظ /ɔvə'do/،

تمامًا كما ينطقها الفرنسيون. قِلَّة من المتحدثين بالإنجليزية يفكرون فعلاً، فيما إذا كانت الكلمة من أصل فرنسي أم لا؛ اننا نتعلَّم فقط كيفية نطق الكلمة عندما نكون صغارًا راجعين في ذلك الى الحِسّ الفِطري والذوق النقي والخيارات الطفوليِّة.

وينطبق هذا التفسير كذلك على كلمات أخرى مثل الكلمة hour، حيث نكتب الحرف h، الأول فيها، ولا ننطقه not sounded عند الكلام، لذا نسبقها بالأداة an، وليس a.

• تستعمل أداتي التنكير a أو an لتسبق بعض الكلمات المفردة المعدودة المبتدئة بالحرف H، وذلك تبعاً للمتكلم – إذا كان يلفِّظ الحرف H أو لا يتلفَّظه، مثال:

a hotel أو an hotel
a historical novel أو an historical novel

• ينطبق استعمال الصيغتين (a) و (an) على جميع أنواع الأجناس (gender)، مثال:

a man, a woman
an actor, an actress

• الأداتان (a) و (an) تجعلان الإسم عامًا وتمنحانه صفة العموميِّة والشمولية في الجملة، أي تصفان شخصاً (أو شيئاً) باعتباره جزءاً من نوع عام، أو واحداً من صنف عام، أو من مرتبة عامَّة، مثال:

And this is the sum of lasting love: scratch a lover and find a foe.
Though he seemed a man of distinction, he acted like an ape.
A woman, a dog and a walnut tree, the more you beat
them, the better they be. (Aesop's fables published 1490).

كما يكون للأداتين تأثيراً متبادلاً أحياناً، مثال:

Her perfume costs a pound an ounce.
He works seven days a week.

Use of (a) and (an)

أ. ‏ استعمالات أداتي التنكير

إستعمل أداتي التنكير a و an في الحالات التالية:

(1) ‏ قبل الإسم المفرد المعدود (الذي يوجد منه أكثر من واحد)، عندما يُذكر لأوَّل مرة ولا يُعبِّر عن شخص معين أو شيء محدد، مثال:

A dog is an animal.
I see a man.
A house has a roof.
A cat can catch a mouse.

(2)   قبل الإسم المُفرَد المَعدُود الذي يكون نموذجاً لصنف الأشياء أو الأشخاص، مثال:

A cow has horns.

تفسير: لجميع الماشية قرون

An elephant never forgets.
A palm tree is usually very tall.

(3)   قبل الإسم الخَبر (للمبتدأ والمُكَمِّل له)، ويشمل هذا الأسماء الدَّالة على المهنة، مثال:

She is a good girl.
He is a doctor.
She is a chemist.
He became an engineer.

(4)   قبل بعض التعابير و الأصطلاحات العدّية المعروفة، مثال:

a couple of, a dozen, a score, a gross, a hundred, a thousand a million, a lot of, a great many of, a great deal of.

(5)   قبل التعابير والأصطلاحات الدالَّة على السعر، أو السرعة، أو النسبة. وتأخذ أداة التنكير معنى الكلمة each، مثال:

sixpence a pound, a shilling, a dozen, sixty
miles an hour, four times a day, ten shillings a
yard.

ملاحظة: لا يمكن استبدال أي من أداتي التنكير a أو an بالصفة one في الجملة. ولمعرفة الفرق بينهما، إليك الآتي:

(أ)   إعلَم أن الصفة العددية one ليست قابلة للإستبدال بأيٍ من أداتي التنكير a و an دائماً، حيث نقول في المثال التالي:

A handkerchief.

فاننا نعني أيَّ منديل يد، لا على التّحديد، وليس منديلاً معيَّناً. لكنّنا حينما نقول:

.<u>One</u> handkerchief

فاننا نقصد هنا تحديداً منديلاً واحداً فقط لا أكثر.

مثال آخر:

.<u>A</u> pen is no good

تفسير: ان القلم، في هذه الجملة، ليس هو الشيء المطلوب. لكن عندما نقول في المثال:

.<u>One</u> pen is no good

تفسير: فاننا نعني هنا، أنَّ قلماً واحداً (فقط) لا يفي بالغرض، و إنما نحتاج الى المزيد منها، ربما الى اثنين، أو ثلاثة أقلام أخَر.

لاحظ كذلك استعمال الصفة one مع الصفات التنكيرية other و others، ومثيلاتها، لبيان التّوكيد في الجملة، على المعنى المقصُود والتشدِّيد عليه فيها، مثال:

.'<u>One</u> man said 'Yes', the <u>others</u> said 'No

لكن لاحظ نبرَة الصَّوت في الجملة التالية، حين استعملنا أداة تنكير فيها:

.<u>A</u> man showed me the way

(ب)   بما أننا لا نستطيع استعمال أداتي التنكير a وan كضمائر pronoun في الجملة، لذا نستعمل الصفة one بدلاً عنهما، مثال:

.<u>One</u> of my friends
.Please, reserve a table and try to get <u>one</u> near the door

نستعمل الصفة one كذلك قبل الأسماء الدَّالة على الزَّمن، مثل day, week, month وذلك للتعبير عن وقت معيَّن يقع فيه عمل محدَّد، مثال:

.<u>One</u> day a telegram arrived
.<u>One</u> night there was a terrible storm

لكن، لاحظ المثال الآتي:

.<u>A</u> rainy day is very common in England
.He spent <u>a</u> night in Paris

(6)   نستعمل أداة التنكير a مع صفتي التنكير ـ الكلمتين few ـ التي تستخدم للمعدود، أو little ـ لغير المعدود، وذلك لصياغة تراكيب وَصفية نعبِّر من خلالها عن قِلَّة العدد، (أو صغر الكمية) للموضوع الذي أذكره في الجملة. مثال:

A paragraph, means one of those collections of blocks, of"
sentences, which are divided from the rest of the work by
beginning a new line <u>a little further</u> in <u>than</u> the lines in gen-
eral". (William Cobbett, Letter I, "A Grammar of the English
Language", 1817).

وتعني اللفظة a few عدداً قليلاً، أو ما يعدُّه المتكلم كذلك. بينما تعني اللفظة a little كمية صغيرة، أو ما قد يعدُّها المتكلِّم كمِّية صغيرة.

وهكذا، فان العبارة a few friends، ربما تعني شخصين، أو ثلاثة، أو عشرين؛ كما أن العبارة a little time يمكن أن تعني سُوَيعات، أو أياماً، أو سنوات، تبعاً لما يقصده المتكلم.

كما تستعمل الكلمة only (فقط، مُجرَّد) قبل اللفظة a few أو قبل a little، لتؤكد قلة العدد في الواقع، أو صغر الكمية فعلاً في نظر المتكلم.

only a few/ only a little

وعند استعمال صفتي التنكير few و little بدون أداة التنكير a، سيكون لهما عندئذٍ معنى سلبي تقريباً، ويمكن استبدالهما بالعبارة hardly any، مثال:

He had <u>little</u> for amusement.
<u>Few</u> people know him.
The haughty and insolent <u>few</u>.

7) نستعمل أداة التنكير a قبل الأسماء المفردة المعدودة، للتعبير عن الشعور بالتعجُّب (أو الأسف و الإمتعاض)، مثال:

What <u>a</u> hot day!
What <u>a</u> beautiful garden!
Such <u>a</u> pity!
What <u>a</u> shame!

وبطبيعة الحال، لا تستعمل أداة التنكِّير المفردة a أو an مع الأسماء الجمع، مثال:

What *pretty* <u>flowers</u>!
What *big* dogs!

8) يمكن استعمال أداة التنكير a في الجملة (أو الكلام)، لتسبق الكلمات التالية: .Mr، .Mrs، .Miss، .Mis التي يتبعها إسم العائلة أو اللقب، مثال:

a Mr. Smith, a Mrs. Smith, a Miss. Smith

تفسير: تعني عبارة a Mr. Smith أن المتحدث لا يعرف السيد سميث شخصياً، بينما تعني العبارة Mr. Smith الخالية من أداة التنكير a، أن المتحدث يعرف السيد سميث، أو يعلم بوجوده.

يستعمل اللقب Mis. ويلفظ miz/ /miz، لمناداة السيدة التي لانعرف حالتها الإجتماعية، إن كانت متزوجة أو مطلقة أو أرملة.

Dropping the Indefinite Articles

ب. إهمال أداة التنكير

لا تستعمل أداة التنكير في الحالات الآتية:

(1)   قبل أسماء جمع، إذ ليس لأداة التنكير صيغة جمع، بالنتيجة فان صيغة الجمع للكلمة المفردة a dog، على سبيل المثال، هي dogs.

(2)   قبل الأسماء غير المعدودة، ومثلما في الحالات الأربع التالية.

(أ) الأسماء الآتية هي في الحالة المفردة في الإنجليزية وغير معدودة:

advice, information, news, baggage, luggage, furniture.

وغالباً ما تسبقها واحدة من الكلمات الوصفية التالية:

some, any, a little, a lot of, a piece of

مثال:

I'll give you a piece of advice.
There isn't any news today.
You need some more furniture.

كما تعتبر الكلمة knowledge غير معدودة كذلك. لكننا نسبقها بأداة التنكير (a) عندما نستعملها بصورة منفردة لنعني معلومة معيَّنة واحدة، مثال:

A knowledge of languages is always useful.
He has a good knowledge of Mathematics.

أما الكلمة المألوفة Hair فتعني كل الشعر الموجود على رأس الأنسان (أو الذي يغطي جسمه)، لذلك تعتبر غير معدودة، لكن حين نقصد بالقول ـ شعرة واحدة، أو كل شعرة من شعر الرأس، مثلاً، عندها نقول a hair أو two hairs، مثال:

She has fair أشقر hair.

.The fisherman used a hair to tie the feather to the hook

(ب) قبل أسماء المادّة، مثل الأسماء التالية، كمثال، وغيرها كثير. وتعتبر غير معدودة.

glass, iron, stone, paper, cloth, wine, coffee, tea

لكن العديد من هذه الأسماء قد يعني شيئاً محدَّداً واحداً، عندها تأخذ أداة التنكير في الجملة، مثال:

.Windows are made of glass

لكننا نقول:

.Have a glass of water
.We write on paper
.I've got a (news) paper
.Iron is metal
.I use an electric iron

وغالباً ما تستعمل إحدى الصفات التنكيرية التالية مع الأسم الدّال على المادّة، كما أوضحنا في أعلاه. مثال:

Would you like some coffee?1
.I want a piece of wood

beauty, happiness, fear, hope, :قبل الأسماء المعنوية المُجرَّدة، مثل (ج)
death وغيرها، إلّا إذا استعملت هذه الأسماء بصيغة منفردة و مستقلة، مثال:
.He was pale with fear
Some children suffer from a fear of the dark, called Nyctopho-
.bia

(د) قبل أسماء وجبات الطعام، إلّا حين تسبق هذه الأسماء صفات، مثال:

.We have breakfast at eight
.He gave us a good breakfast

ونستعمل أداة التنكير في الجملة قبل الأسم الدّال على وجبة الطعام، حين تكون تلك الوجبة مقدَّمة للإحتفال بمناسبة معينة، أو للإحتفاء بشخص ما وتكريمه، لاحظ ذلك في المثال الآتي:

.I was invited to dinner

أي، إنني دُعيت الى المائدة، كالمعتاد في البيت يومياً.
لكن، لاحظ التعبير التالي:

I was invited to <u>a dinner</u>, given to welcome the new ambassa-
.dor

CHAPTER XIII. GLOSSARY

الفصل الثالث عشر. المُصطلحات النَحوية

يتناول هذا الفصل استعراض المصطلحات النَحوية grammatical terms المتداولة في تعليم اللُّغة الأنجليزية للتعريف بها للطالب والمطّلع، مع الشرح المستفيض والأمثلة التي توضِّح كيفية استعمالها بصيغها الصحيحة. إنَّ دراسة هذه المصطلحات والتعابير بعناية وتركيز، ومعرفتها عن قرب، تشحِذ ذاكرة الطالب والمدرِّس عَمَّا يكونا ربما قد نَسياه أو غَفِلا عنه، وتُمَهِّد لهما سبيل الأستفادة من مواد هذا الكتاب وكتبيَّ الثلاثة الأخرى، لإتقان اللُّغة الأنجليزية وتَعلُّم قواعدها وضبط أصولها النَحوية والإستماع باستعمالها في الأمور اليومية بثقة كبيرة ومهارة فائقة. لقد قمت بترتيب هذه المصطلحات حسب تهجئتها في الأبجدية الأنجليزية ومن المفيد أن تحفظها عن ظهر القلب جيداً، كونها ستمر عليك مراراً وتكرارا.

ACRONYNM

مختصر، أو اللفظة الإستهلالية التركيب: كلمة مركَّبة من الحروف الأولى التي تستهل كلمات أخرى، مثال:

NATO	The North Atlantic Treaty Organization
UNICEF	The United Nations Children's Fund
MOFA	Ministry of Foreign Affairs
WHO	World Health Organization
IMF	International Monetory Fund

ACTIVE VOICE

صيغة الفعل المبني للمعلوم، وتنطبق على الفعل الذي يكون فاعله (الإسم أو الضمير الذي يعود الى الإسم) في الجملة، هو مصدر الحدث الذي يشير اليه هذا الفعل، وهو المعاكس لصيغة الفعل المبني للمجهول passive، مثال:

<u>We</u> <u>*saw*</u> him.

ADJECTIVAL MODIFIER

كلمة أو عبارة أو جملة تعمل كصفة في التعريف بمعنى الإسم أو الضمير، مثال:

<u>*Your*</u> country; a <u>*turn-of-the-century*</u> style; people <u>*who are always late*</u>.

ADJECTIVE

صفة، وهي الكلمة التي تسمَّى النعت، وتستعمل لوصف الأسم noun، أو الضمير pro-

211

noun في الجملة، مثال:

A *small* child; It is *small*; *Only* requirement

ADVERB

ظرف أو حال، كلمة أو مجموعة كلمات تصف الصفة، أو الفعل وكيفية وقوع الحدث، أو الظرف الآخر في الجملة، وتعبر عن علاقة مكانية، أو زمانية، أو ظرفية، أو سلوكية، أو سببية، أو عن الدرجة ، أو الكم والحجم في الصفة، وغيرها، مثال:

gently, accordingly, now, here, why

exceptionally quiet engine; gestures *gracefully*

AFFRICATE

هو الصوت الذي تنتجه الوحدة الصوتية phoneme الفونيم، الذي يجمع بين الصوت الإنفجاري plosive وما يليه مباشرة من صوت الاحتكاك fricative or spirant الناتج عن حقن الهواء داخل تجويف الفم، في نفس مكان النطق في الفم.

يستعمل هذا للدلالة على الحرف الساكن consonant الناتج عن إيقاف تدفق الهواء باستخدام الشفاه أو الأسنان أو الحنك، متبوعًا بإطلاق مفاجئ للهواء. وهو صوت انفجاري في الكلام يتمثل في المفردات الأساسية الإنفجارية plosive في اللغة الإنجليزية هي t و k و p (ساكنة وبدون صوت) و d و g و b (صائتة).

وعلى سبيل المثال صوت الحرف ch كما في كلمة chair وصوت الحرف j كما في كلمة jar. الأمثلة التالية هي أصوات /tʃ/ و /dʒ/ في بداية ونهاية الكلمتين "church" / /tʃɜːtʃ/، و "judge"/dʒʌdʒ/، (الأول ساكن ولا صوت له، والثاني صائت).

غالبًا ما يكون من الصعب تصنيف أي مجموعة معينة من الأصوات الإنفجارية plosive مع إلى الأصوات الاحتكاكية على أنها صوت واحد منفرد، أو صوتين منفصلين، والسؤال يعتمد على ما إذا كان سيتم اعتبارها أصواتاً منفصلة أم لا.

من المعتاد اعتبار الأصوات /tʃ/ و /dʒ/ صوتيات متفرغة في اللغة الإنجليزية (عادة ما يرمز إليها بالرموز čّ و ǰ على التوالي من قبل بعض الكتاب الأمريكيين). كما تحدث الأصوات ts (، dz، tr، dr) أيضًا باللغة الإنجليزية ولكن لا يتم اعتبارها عادةً أصوات مدمجة affricates. ويقال أن العبارتين "why choose" /ɪ tʃuzwa/ و "white shoes" /ɪt ʃuzwa/، تظهران الفرق بين الصوت /tʃ/ المندمج affricate (في العبارة الأولى) والصوتين /t/ و /ʃ/ المنفصلين (في الثانية).

AGENT NOUN

أسم يدل على فاعل العمل أو مصدر الحدث في الجملة، مثال:

builder

AGENT SUFFIX

لاحقة أخيرة، تضاف الى آخر الفعل لتكوين الأسم الفاعل، مثال (er-, or-) كما في:

teach*er*, sail*or*

AGREEMENT

المطابقة بين كلمة (من أقسام الكلام) مع أخرى تماثلها في الصيغة العددية القواعدية grammatical number، أو الجنس gender، أو الملكية possessive، أو الأعراب case، أو الزمن tense، أو الشَّخص person، أو المعنى، مثال:

The dog *barks*. She *walks*. It *moves*

England expects every <u>man</u> to do <u>his</u> duty.

We <u>hurried</u> to the door, but nobody *was* there.

<u>We</u> were frightened during our drive along the motorway,

for *we* saw everywhere wreckage from previous car acci-

dents.

ALLOPHONE

أي من أصوات الكلام التي تمثل وحدةً صوتيةً واحدةً single phoneme، مثل الفرق بين الصوت /k/ في الكلمتين kit، و skit، واللذان هما من الفئة ذاتها allophones للصوت /k/.

ANALOGY

التناظر في الكلمات، صياغة كلمة، او لفظة مشتقة derivative، أو تركيب بتقليد كلمة موجودة أو نموذج لغوي pattern موجود وذلك باستعمال الأستعارة metaphors والتشبيه similes، مثال:

"<u>Life</u> is a <u>box</u> of chocolates."

"<u>You</u> are the <u>wind</u> beneath my wings."

ANTECEDENT

كلمة تسبق ضمير الوصل relative pronoun في الجملة، و قد تكون اسماً noun أو شبه جملة phrase، يشير إليه الضمير وتسبقه في موقعها في الجملة. كما يجب أن يتوافق الضمير مع هذه الكلمة في الشخص والعدد والنوع. مثال:

I called *Jack* and thanked <u>him</u>.

<u>Michael and his teammates moved</u> off campus.

(last but two) ANTEPENULTIMATE

المقطع اللفظي syllable الثالث ما قبل الأخير third from the last في كلمة، مثل المقطع (sy---) في لفظة الكلمة الأولى، والمقطع --ul-- في الكلمة التي تليها في المثال الآتي:

monosyllable   (mo-no-<u>sy</u>-lla-ble)
antepenultimate   (an-te-pen-<u>ul</u>-ti-mate)
Her name is hidden away at the bottom of the <u>antepenulti-</u>
<u>mate</u> page of the book.

والمقطع اللَّفظي syllable هو نبرة صوتية، إمَّا بسيطة أو مركبة، ويُنطق بنبضة صوتية
واحدة.

ANTONYM

الكلمة المضادَّة (المعاكسة) في المعنى لكلمة أخرى، وتعطي معنى مناقضاً لمعنى كلمة
أخرى، مثال:

same – different

APPOSITION

البدل، أو العطف. أستعمال كلمة (و خصوصاً اسم noun) في جملة واحدة مع كلمة أخرى
تتطابق معها قواعدياً في الأعراب syntactically parallel، مثال:
Yolanda, *the singer* visited our school.

ARTICLE

ألأداة. متمثلة في أداتي التنكير (a) و (an)، و اداة التعريف (the) – أل التعريف،
مثال:

a *book*, an *apple*, the *oranges*

ATTRIBUTIVE

وصفي، كلمة تأتي اسماً noun، أو صفة adjective، أو عبارة شبه جملة phrase، تعبِّر
عن وصف لكلمة ما، وتسبقها موقعها في الجملة، لاحظ الكلمة (old) والكلمة (issuance)
في المثال التالي:
Issuance date.
The *old* dog.

AUXILIARY VERB

الفعل المساعد (الثانوي) ، يستعمل لتكوين الأزمنة tense الأفعال و صيغها mood،
وكذلك الصيغ المعلومة active voice و المجهولة passive voice لأفعال أخرى في
الجملة ، مثال:
I knew that when I grew up, I *shall* be a writer. (George ORWELL)

(إريك آرثر بلير (1903-1950)، المعروف باسمه المستعار جورج أورويل George OR-
WELL، روائي وكاتب وصحفي وناقد إنجليزي. أشهر رواياته "مزرعة الحيوان" -Ani
.('mal Farm

CASE

حالة (صيغة) الأسم noun أو الضمير pronoun (في حالة الفاعل الأسمية sub-jective، أو المفعولية objective، أو الملكية possessive)، التي تبيّن لنا علاقته مع الكلمات الأخرى في الجملة، مثال:

The <u>boy</u> *runs* across the green field.
"I know the <u>boy</u>."

CLAUSE

عبارة، جزء واضح في الجملة يحتوي على فاعل (مبتدأ) subject (أو يتضمنه أحياناً)، كما يحتوي على المسند (الخبر) predicate.

<u>John</u> <u>took the train.</u>

COLLECTIVE NOUN

اسم الجماعة، اسم في صيغة المفرد ويدل على الجماعة ويشير إلى مجموعة من الأفراد، مثال:

any, audience, committee, company, assembly, family, crew.

COMPARATIVE

صيغة المقارنة، وتعكس الصفة adjective، أو الظرف adverb وتعبر عن درجة أعلى في النوعية، كما في الكلمات (brave) و (worse)، مثال:

You are so much <u>honester</u> than I am. (Iris Murdoch)

جان إيريس مردوخ 1919-1999، روائية وفيلسوف بريطانية، مُنحت وسام الأمبراطورية البريطانية.

COMPARISON

المقارنة، هي التفريق الحاصل في صيغة درجة المقارنة النسبية comparative (بين اثنين)، (وكذلك صيغة درجة التفضيل العليا المطلقة superlative)، المشتقة من الصيغة البسيطة (الأساس basic) للصفة adjective، أو للظرف adverb.

She is old<u>er</u> <u>than</u> her brother.
It was the colde<u>st</u> winter on record.

COMPLEMENT

تكملة، تتمة، كلمة أو بضع كلمات لازمة لأتمام التركيب النحوي grammatical con-struction في الجملة، وقد تأتي مكمّلة للعبارة (clause) في الجملة العامة، مثال:

Stewart is (a) <u>thoughtful</u> (man), Solitude makes Stewart <u>thoughtful</u>.

أو تأتي تكملة للصفة (adjective)، مثال:

215

John is glad <u>of your help</u>.

أو تأتي تكملة لحرف جَر (preposition)، مثال:

I thought <u>of John</u>.

COMPOUND PREPOSITION

حرف الجَر المركَّب، و يتألف من أكثر من كلمة واحدة، مثال:

<u>with regard to</u>

CONCORD

و تعني التوافق والمطابقة agreement بين الكلمات بالجنس gender، أو العدد-num‑ber، أو الشَّخص person، مثال:

The <u>girl</u> <u>who is</u> here.
You who <u>are</u> alive.
<u>Those</u> men <u>work</u>.

CONDITIONAL

الصيغة الشَّرطية، و تمثل (1) عبارة شَرطية - conditional clause - تعبر عن الشَّرط، أو

(2) صيغة الفعل المستعمل في عبارة تابعة مترابطة منطقياً مع العبارة الشَّرطية، أو ناشئة عنها (جواب الشَّرط)، مثال:

<u>If he had come</u> (1), I <u>should have</u> <u>seen</u> him (2).
Nobody <u>would</u> ever <u>marry</u>, if they thought it over. (G.B. SHAW)

CONSONANT

الحرف الساكن (أو الصوت الساكن) هو صوت واضح لا يمكن نطقه تمامًا دون مساعدة حرف علّة vowel (متحرك). وتنقسم الحروف الساكنة consonants، فيما يتعلق بتأثيرها، إلى فئتين: حروف شبه ساكنة vowelssemi-، وحروف مكتومة النبر الصوتي mute.

1) حرف صحيح (أو صوت الكلام)، عند نطقه يكون النَفَس محتبساً بعض الشيء، يرتبط مع حرف علّة (متحرك، مُعتَّل) (صوت علّة واضح يمكن نطقه بمفرده) ()vowel ليشكّلا معاً مقطعاً صَوتياً (syllable) واحداً.

2) حرف صحيح يستعمل عادة ليعطي، على سبيل المثال:

المقطع اللفظي (<u>ewe</u>) يكتب كالتالي: (حرف علّة يتبعه حرف صحيح ثم حرف علّة). لكنه يُلفظ على النحو الآتي: صوت صحيح (y) يتبعه صوت علّة (oo)، أي (yoo).

CO-ORDINATION

تناسق، ويعني ربط جزأين، أو أكثر، داخل جملة مركَّبة لهما نفس الأهمية في المعنى، مثال:

Adam delved, and Eve span.

آدم حرث (الأرض، وحواء حاكت (الثياب

CORRELATIVE CO-ORDINATION

تناسق متبادل العلاقة في الجملة يفيد إما وصلاً أو فصلاً بين الأسماء أو الضمائر، ويحدث بين أزواج من الكلمات (الضمائر) المتعلقة ببعضها بعضاً والمستعملة معاً، في الغالب، مثل either ... or, neither ... nor()، وكما معروض في الجملة التالية:

I end <u>neither</u> with a death <u>nor</u> marriage. (W. Somerset Maugham)

COUNTABLE

المعدود، كلمة تدل على اسم يشير في صيغة المفرد singular الى العدد واحد من نوعه، و في صيغة الجمع plural الى أكثر من واحد من نوعه، ويمكن تحديده بالمفرد باحدى الكلمات الآتية، وغيرها:

a, an, one, every

كما يمكن تحديده في صيغة الجمع، باحدى الكلمات الآتية، و غيرها:

many, two, three

DIMINUTIVE

صيغة التصغير، اسم يدل على التصغير للتحبّب والتودُد والأستلطاف، أو للأزدراء والأستخفاف، مثال:

Ringlet, Johnny, kitten, princeling

DIPHTHONG (DIGRAPH)

الأدغام، حرفا علّة يشكلان صوتاً مفرداً، مثال: (ea) كما في الكلمة d<u>ea</u>h، أو حرفان صحيحان (ساكنان) يشكلان صوتاً مفرداً، مثال: (gh) كما في <u>gh</u>cou.

DIRECT OBJECT

المفعول به المباشر الذي يعبر عن المفعول به الرئيس والأساسي في حدث الجملة، مثال:

He sent <u>a present</u> to his son.

DISYLLABLE

كلمة ثنائية المقطع اللَّفظي (أو ثنائية النبرة الصوتية في النطق)، مثال:

Lovable (/lov/able), useful (/use/ful/), clever (/cle/ver/)

DOUBLE PASSIVE

تركيب لفظي يحتوي على صيغة المصدر المبني للمجهول passive infinitive تسبقها صيغة الفعل المبني للمجهول passive verb مباشرة، مثال:

The music <u>is intended</u> <u>*to be played*</u> on a piano.

ELISION
الترخيم (إدغام)، حذف صوت العلّة (حرف معتّل) vowel، أو مقطع صوتي لَيِّن (أو لفظي) syllable من الكلمة عند النطق، مثال:

let's (let us),
he's (he is, he has),
we'd (we would, we should, we had),
I'll (I will, I shall)
"What's in a name? That which we call a rose by any other
name would smell as sweet" (Quote from Romeo and Juliet
by William Shakespeare, ca. 1600).

ELLIPSIS
الحذف، حذف omission كلمة، أو بضعة كلمات، أو اسقاطها من سياق الكلام في الجملة تكون لازمة لأكمال التركيب أو المعنى فيها، ويستطيع القاريء تقدير وجودها رغم غيابها من الجملة. يستعمل الحذف عادة لتقصير طول جملة الأقتباس دون الأخلال في معناها. ويستدَّل على الكلمات المحذوفة في الكتابة أو الطباعة، في الغالب، بوجود نقاط التعبير عن الحذف، أو الأنتقال المفاجيء في الكلام، أو ما يسمّى ellipsis points (وهي ثلاث أو أربع نقاط متباعدات فيما بينها) (. . .)، متباعدة في موقع الكلمة (أو الكلمات) المحذوفة من النص، مثال:

"I never meant . . ."

FEMININE
نوع الجنس (المؤنَّث)، الذي يشير الى فئة الأناث من الأنسان و النبات و الحيوان و الأشياء.

FINITE
محدود، أو مقصور على، كلمة تؤَضح عمل جزء من الفعل، محدَّد بشخص الفاعل أو عدده، مثال:

I am. He comes

FORMAL
رسمّي (فصيح)، كلمة (أو كلمات) تبين نوع اللغة الأنجليزية التي يستعملها الناس، والدوائر الرسمية للأغراض المُهمَّة، أما كتابة، أو في خطبهم العامة public speech.

FUTURE
صيغة الزمن المستقبل، زمن الفعل الدّال على حدث سوف يقع لاحقاً، مثال على صيغة الزمن المستقبل البسيط future simple tense للفعل:

I shall go.

I am not a manual worker, and please God I never <u>shall be</u>.
(George ORWELL)

GENDER

نوع الجنس من حيث التذكير والتأنيث. في الأنجليزية أربعة أنواع لجنس الكلمة وعلى النحو التالي:

(1)   المذكَّر masculine، مثال:

boy, father, cock, Joseph

(2)   المؤنَّث feminine، مثال:

girl, mother, hen, Josephine

(3)   المحايد neuter، مثال:

flower, fire, furnace

(4)   العام أو المشترك common، مثال:

cousin, parent, fish, bird

GERUND

صيغة المصدر المنتهية باللاحقة (ing-)، وهي عبارة عن جزء من الفعل يمكن استعماله إسماً في الجملة، وينتهي باللاحقة الأخيرة (ing-)، مثال:

What is the use of my <u>scolding</u> توبيخ him?
She did not like his <u>being</u> High church. (L.P. HARTLEY)

GROUP POSSESSIVE

صيغة التملك الجماعية، وهي التركيب الذي يمكن فيه إضافة اللاحقة (s'-) التي تعكس حالة الملكية possessive case، الى آخر كلمة موجودة في شبه الجملة الأسمية noun phrase التي تعتبر وحدة كلامية واحدة، مثال:

<u>The king of Spain's</u> daughter
<u>John and Mary's</u> baby
<u>Somebody else's</u> car
<u>A quarter of an hour's</u> drive

HARD

الصوت اللَّفظي القوي (القاسي)، كلمة تدل على حرف ينطق بصوت قاس، و بشكل رئيس الحرف (c) الذي يعطي الصوت الحنجري /k/ ، كما في الكلمة cut، أو الحرف (g) الذي يعطي الصوت الحنجري /g/ ، كما في الكلمة utg.

HISS-SOUND

همسة صوت. الهسهسة hissing وهي اصدار صوت صفيري طويل. يُعرف هذا النوع من الصوت أيضًا بالصفير sibilance، وهو حرف (السين) الساكن ينطق عندما يمر تيار من

الهواء عبر الأسنان التي تلامس بعضها بعضاً، أو تكون قريبة من بعضها البعض الآخر.

مثال ذلك، من المعروف أن الثعابين تهس في أذنابها، وأحيانًا هو ما يعبّر به الجمهور غير الراضي عن أداء الممثل عن شعوره تجاه ذلك باصدار صوت الهسهسة بدلاً من الصراخ.

HOMOPHONE

إذا تم نطق كلمتين مختلفتين بشكل متطابق، فإنهما متجانستان. في كثير من الحالات، سيتم تهجئتهما بشكل مختلف، على سبيل المثال "soar" - "sore" - "saw" في نطق محطة تلفاز وإذاعة (بي بي سي) البريطانية، لكن التجانس الصوتي (homophony) ممكناً أيضًا في حالة الكلمات مثل "bear" (فعل) و "bear" (اسم) وهي مكتوبة بنفس الطريقة.

HOMORGANIC

عندما يكون هناك صوتان لهما نفس مكان النطق في الفم وينتجان من نفس الأعضاء الصوتية، يقال أنهما متجانسان. هذه الفكرة هي نسبية إلى حد ما: من الواضح أن الصوتين (/p/) و (/b/) متجانسان، كما يتفق معظم الناس على أن الصوتين (/t/) و (/s/) متجانسان أيضًا. ولكن عادة ما يقال أن الصوتين (/t/) و (/ʃ/) يكونان متجانسين.

IF-CLAUSE

عبارة (اذا) الشَّرطية، الجملة الشَّرطية التي تتصدرها أداة الشَّرط (If)، مثال:

<u>If he survive</u>, the doctor's fees will kill him.

IMPERATIVE

الصيغة الآمرة من الفعل، والتي تعبّر عن اسلوب الأمر، مثال:

<u>Come</u> here!
<u>Let's</u> work!

INDIRECT OBJECT

صيغة المفعول به غير المباشر، وتدل على الشَّخص أو الشَّيء (الأسم أو الضمير) الذي يقع عليه تأثير الحدث أو الفعل الذي يقوم به الفاعل في الجملة بشكل غير مباشر، أي أنه لا يتأثر بشكل مباشر بمجرى ذلك الحدث، المفعول به المباشر هنا هو (book)، مثال:

I gave *him* the <u>book</u>.

INFINITIVE

صيغة الفعل الأساسية (الجذع stem)، ولا تدّل على زمن معيّن، أو عدد محدَّد، أو شخص معين، وهي صيغة المصدر المسبوقة بالأداة (to). لاشك أن تعريف الأداة (to) في اللُّغة بأنها حرف جَر (preposition)، لكنها تفقد ذلك التأثير النحوي عند استعمالها مع المصدر (infinitive)، وبالتالي تسمى بعلامة المصدر (to). ولا توجد هذه العلامة مع المصدر في اللغات الجرمانية الحيّة الأخرى.

ويسمى التعبير (infinitive) أيضاً بصيغة المصدر الكامل (full infinitive) (الذي تسبقه علامة المصدر to)، كما يدعى كذلك بصيغة (المصدر المسبوق بالعلامة to) (form)

مثال: (the to-infinitive)،

I want <u>to know</u>.
If it were real life and not a play, that is the part it would be
best <u>to have</u> acted. (C.S. LEWIS)

وصيغة المصدر الخالية من الأداة (to)، مثال:

Help me <u>pack</u>.

INFLECTIONAL AFFIX

الأضافة الملحقة للكلمة، مقطع يعبّر عن تباين نحوي إلزامي لفئة الكلمة الجذعية في سياق نحوي معين. وعادةً ما تقع هذه الأضافة الملحقة inflectional affix للكلمة بعيدًا عن جذرها وتتبع اللاحقة المشتقة. وتحدد الفرق بين صيغ الإفراد singular والجمع plural والتملك possessives، مثال:

big-bigger-biggest (-er, -est)
call, calls, called, calling (-s, -ed, -ing)
fox, foxes, fox's and foxes' (-es, -'s, -es')

INFLEXION, INFLECTION

جزء من الكلمة (بادئة prefix، أو لاحقة، أو حرف مزيد)، وعادة ما يكون لاحقة أخيرة suffix تبين العلاقة النحوية grammatical relationship، مثل العدد number أو الشّخص person، أو الزمن tense، وغيرها في الكلمة. وتعني أيضاً علم الصرف والتصريف.

INFORMAL

عامّي، غير رسمي، كلمة عاميّة دارجة تشير الى نوعية اللغة الأنجليزية المستعملة في المحادثة الخصوصية والرسائل الشّخصية، والتخاطب العام، الأنجليزية العاميّة.

INTRANSITIVE

صيغة الفعل اللازم (action intransitive verb) وتدل على الفعل حينما لا يحتاج أن يأخذ مفعولاً به مباشر في الجملة، مثال:

I must <u>think</u>.

INTRUSIVE (r-)

الصوت /r/ المقحم في الكلمة. كلمة تحتوي على الصوت /r/ المقحم فيها بدون مبرّر صرفي أو نحوي، أو تأريخي. وقد لوحظ سماع مثل هذا الصوت لأول مرة في القرن الثامن عشر، ويظهر بعد الصوت /a/ في الكلمة وعلى الشكل الآتي:

an umbrella /-r/

the pasta /-r/ is cooked
a villa /-r/ in Italy

يساعد الصوت /r/ على انسيابية الجملة، ويكون مألوفاً في الكلام العامّي الدارج السريع

slang، ولكن لا ينبغي لك استعماله في الكلام الفصيح classic أو الرسمي formal.

ITALICS

الكتابة المائلة italics، مفيدة بشكل خاص في الإشارة إلى الحروف الصامتة silent letters، مثل النهاية في العديد من الكلمات في الإنجليزية التي كتب فيها الشاعر الإنجليزي Chaucer (تشوسر). نظرًا لأن الحروف الصامتة لا تحدث في اللغة الإنجليزية القديمة، يمكن استخدام الكتابة المائلة (italics) هناك للإشارة إلى إغفال المخطوطة لحرف معيّن letter يتطلبه الهجاء الصوتي phonetic spelling الصارم، كما هي الحال في كلمة 'nman' التي تكتب بالصيغة 'man' في هجاء المخطوطات manuscript spelling.

LINKING (r-)

الصوت /r/ الرابط في الكلمة. يظهر هذا الصوت في الكلمة المنتهية بالحرف (r). وقد يكون مسبوقاً بحرف (r)، أو حرف علّة vowel، أو متبوعاً بالحرف (e) النهائي الصامت، أو قد يكون الحرف الأخير في الكلمة)، وذلك عندما تتبعها كلمة أخرى تبدأ بصوت علّة في نفس الجملة، وبالتالي يتم نطق صوت الحرف (r)، مثال:

awa<u>r</u>e of it

fa<u>r</u> away

To er<u>r</u> is human.

Her<u>e</u> it is.

MAIN CLAUSE

العبارة الرئيسة في الجملة، وتحتوي على مبتدأ و خبر، وتكون هذه العبارة كاملة البناء ومفهومة المعنى دون حاجة الى اضافة أخرى ليوضحها في الجملة، مثال:

He believes that, <u>the devil likes angel cake</u>.

MASCULINE

صيغة الجنس المذكر، لاحظ أيضاً تعريف الكلمة (gender).

MASS NOUN

صيغة اسم الجماعة التي تشير الى شيء يعدُ نحوياً "كل لا يتجزأ" grammatically indivisible، ويعامل بصفته المفردة، ولا يحدَّد بأحدى الكلمات التالية، وغيرها:

many, those, two, three

MODIFIER

كلمة أو عبارة تؤهل أو تصف أو تحد من معنى كلمة أخرى أو عبارة أو جملة، مثال:

frayed ribbon, *dancing* flowers, *worldly* wisdom

MOOD

صيغة الفعل (المزاجية) وتفيد لبيان أساليب استعماله في الجملة للدلالة على حقيقة ما، أو
أمر ما، أو إذن للقيام بشيء ما، وغيرها.

MONOSYLLABIC

صوت حرف، أو مقطع لفظي من كلمة أحادي التَّلفظ أو أحادي النبرة الصوتية، أو كلمة أحادية
التَّلفظ، أو النَبرة الصَوتية، مثال:

jar, get, sit, dog, sun, shy,
communication (/comm/u/ni/ca/tion/).

وبما ان الحروف (letter) هي أصغر الأجزاء في اللغة المكتوبة، كما هي أصغر العناصر
المكونة للمقطع اللفظي(syllable)، إلّا أنَّ المقطع اللفظي أو الصوتي (syllable) هو
أصغر جزء في الكلمة المنطوقة. كما ان المقطع اللفظي (الصوتي) هو صوت، يكون إما بسيطاً
أو مركباً، ينطق بدفعة واحدة من الصوت.

MUTE

صوت صحيح (صامت) مكتوم mute consonant، هو حرف ساكن لا يمكن سماعه على
الإطلاق بدون وجود حرف علّة معه، وعند نطق نهاية المقطع الصوتي syllable، يحبس
التنفس فجأة؛ مثل الحروف المكتومة (k، p، t)، مع حرف العلة (أصوت العلّة اللِيئَة)(ak)،
(at، ap). توجد ثمانية أصوات صحيحة مكتومة mute consonants؛ (b و d و k و p
و q و t و c و g).

NOMINAL

تركيب لغوي إسمي، يصف شبه جملة phrase، أو عبارة clause، ويكون إسماً في الجملة،
مثال:

What you need is love.

NON-FINITE

كلمة غير محدَّدة في الجملة، وتدل على جزء من الفعل غير محدّد بشخص الفاعل، أو بعدده،
مثال، المصدر infinitive، وصيغة المصدر المنتهية باللاحقة (ing-) gerund، واسم
الفاعل present participle، واسم المفعول past participle.

NON-RESTRICTIVE

كلمة (أو بضع كلمات أو عبارة) غير مقيِّدة، تفيد في الأشارة الى الكلمة التي تعود اليها في
الجملة وذلك باضافة معلومات جديدة اليها، مثال:

He carried the *suitcase*, which had lost its handle, on one shoul-
der.

NOUN

الأسم، كلمة تدل على شخص، أو شيء، أو مكان في الجملة.

NOUN PHRASE

شبه جملة اسمية، تعمل ضمن الجملة باعتبارها اسماً فيها، مثال:

<u>The one over there</u> is mine.

OBJECT

المفعول به، الأسم، (أو ما يماثله) الذي يقع عليه الحدث أو الفعل الذي يذكره لنا فعل الجملة. ويكون المفعول به مقيِّداً بتأثير الفعل المتعدِّي (transitive verb) في صيغة المبني للمعلوم active (voice) في الجملة، مثال:

I will <u>take</u> <u>that one</u>.
She made <u>dinner</u>.

OBJECTIVE

حالة المفعولية للضمير المستعمل بصيغة المفعول به لفعل الجملة، أو أن يكون محدّداً بحرف جر يسبقه في الجملة، مثال:

me, him, us, her, them, (وغيرها)

PARADIGM

في اللُّغة: التصريف النَّحوي وهو نموذج نحوي متكامل يضم مجموعة الصيغ الصرفية لجذر معيّن، مثل الفعل و الأسم، و غيرها، مثال:

the <u>paradigm</u> of an irregular verb

PARTICIPLE

اسم الفاعل و اسم المفعول، وهو جزء من الفعل يُستعمل كصفة adjective في الجملة مع احتفاظه ببعض صفات الفعل verbal qualities (مثل الزمن، والعلاقة مع المفعول به)، ويستعمل كذلك لتكوين الصيغ المركَّبة للفعل compound verb forms، ومنها صيغة اسم الفاعل present participle المنتهية باللاحقة النهائية (ing-)، وصيغة اسم المفعول past participle للأفعال القياسية المنتهية بالنهاية (ed-)، مثال:

While <u>*doing*</u> her work, she had kept the baby <u>*amused*</u>.
<u>*Running*</u> to catch a bus, she just missed it. (Anthony POWELL)
We both lay there, <u>*propped*</u> on our elbows. (Lyne Reid BANKS)

PASSIVE VOICE

صيغة الفعل المبني للمجهول، تشير الى أن الحدث الذي يصفه الفعل يعود الى الشَّخص (أو الشَّيء) الذي وقع عليه العمل فعلاً، أي ان المفعول به object المنطقي هنا، هو الفاعل النحوي grammatical subject في الجملة، مثال:

He <u>*was seen*</u> by <u>us</u>.

يشير ضمير المفعول به (us) في المثال الى الفاعل الحقيقي في الجملة (نحن – الذين رأيناه).

PAST TENSE

صيغة الزمن الماضي البسيط للفعل present simple tense، وتعبر عن حدث أو حالة وقعت في الماضي (القريب)، مثال:

I <u>arrived</u> yesterday.

PAST PERFECT TENSE

صيغة الزمن الماضي التام للفعل، وتعبر عن حدث قد تم، أو عمل قد اكتمل قبل زمن الكلام في الجملة، مثال:

I <u>had arrived</u> by then.

PENULTIMATE

المقطع (او الجزء) قبل الأخير last but one، المقطع اللفظي في الموقع قبل الأخير في الكلمة، مثال:

Celeb<u>ra</u>tion, circum<u>stan</u>ces

PERFECT TENSE

صيغة الزمن المضارع التام، يشير هذا الزمن الى حدث تام، أو عمل تام يُنظر له من الزمن الحاضر، مثال:

I <u>have finished</u> now.

وكذلك صيغة المصدر (الإسمي) التام، مثال:

He seems <u>to have finished</u> now.

PERIPHRASIS

إسهاب أو إطناب أو حَشو يعبّر عن كناية euphemism أو تلطيف أو تَوريَة في الكلام، أمثلة شائعة عن ذلك:

<u>In my humble opinion</u>, I think…

اسلوب مُسهَبٌ فيه، عبارةٌ زائدةٌ عن الحاجة

Now, <u>at this point in time</u>…

اسلوب مُسهَبٌ فيه، إضافةٌ فائضةٌ عن الحاجة

The hair of the dog.

كما يمكننا القول:

"the dog's hair"
Answering the call of nature.

كناية يمكننا اختصارها بالقول:

"nature's call"

There were, <u>in the year 1817</u>, petitions from a million and a half of men, <u>as they distinctly alleged</u>, were suffering the greatest possible hardships.

في الجملة الأخيرة في أعلاه، يمكن الإستغناء عن العبارتين اللتين تحتهما خط، دون الإخلال بالتركيب القواعدي للجملة.

PERSON

الحالة الشَّخصية في اللُّغة، وتشير الى واحدة من ثلاث حالات للضمائر الشَّخصية في صيغة الفعل. وتدل على الشَّخص المتكلِّم في الجملة (حالة الشَّخص الأول first person)، أو على المتحدَّث اليه (حالة الشَّخص الثاني second person)، أو الشَّخص (أو الشَّيء) المتحدَّث عنه (حالة الشَّخص الثالث third person) في الجملة.

PHRASAL VERB

وهي تركيب شبه الجملة الفعلية (تنبثق عن الفعل)، يحتوي على فعل verb وظرف ad- verb (وحرف جَّر preposition)، مثال:

Break down
Look forward
Took the train

PHRASE

تركيب شبه الجملة، ويضم مجموعة من الكلمات خالية من الخبر (predicate) فيه، ويعمل عمل الصَّفة adjective، أو الظَّرف adverb، أو الإسم noun، مثال:

The girl is <u>French</u>.
He pointed <u>at the parade</u>.
<u>To do</u> is to learn.

PLURAL

صيغة الجمع، وتدل على ما زاد على العدد واحد من نوعه.

POLYSYLLABIC

أي الكلمة ذات المقاطع اللَّفظيِّة المتعدِّدة (أو متعدِّدة النَّبر الصَّوتي). مثال.

congratulations   cong-ra-tu-la-tions
perseverance   per-se-ve-rance

للمعلومة: اليك أطول كلمة (متعددة المقاطع اللفظية) polysyllabic، مفهومة مستخدمة في اللُّغة الأنجليزية حتى اليوم؛ وتتألف من 45 حرفاً أبجدياً منها 25 حرفاً صحيحاً (ساكناً) consonant، و 20 حرفاً مُعثّلاً (صائتاً) vowel، في 17 مقطعاً لفظياً، وتعني: (الإلتهاب الرئوي المِعَدي المَريئي).

Pneu-mo-no-ultra-mic-ro-sco-pic-si-li-co-vol-ca-no-co-nio-sis.

1	2	3	4	5	6	7	8
neu	mo	no	ultra	mic	ro	sco	pic

9	10	11	12	13	14	15	16	17
si	li	co	vol	ca	no	co	nio	sis.

POSSESSIVE

حالة المِلكية، وهي حالة الأسم noun أو الضمير pronoun للدلالة على المِلكية، مثال:

John's book.

وكذلك في ضمائر التملك possessive pronouns التالية وغيرها:

my, his, her, their

PRESENT TENSE

صيغة الزمن المضارع (الحاضر) البسيط present simple tense لفعل الجملة، وتعبِّر عن حدث مازال جارياً في الوقت الحاضر، أو أنه يتكرر بشكل معتاد في الماضي كما في المستقبل، (وفي النحو، الفعل المضارع هو صيغة فعلية تدل على الحال أو الأستقبال)، مثال:

He commutes daily.
He smokes heavily.

PRONOUN

الضمير، كلمة تستعمل بدل الإسم وتعوض عنه لتبيِّن الشَّخص (أو الشيء) (الفاعل أو المفعول به) المعروف أو المحدَّد مسبقاً دون تسميته، مثال:

I, you, he, me, us, them
anyone, anything

PROPER NAME

اسم عَلَم، و يسمي ،على سبيل المثال، شخصاً ما، أو شيئاً ما، أو بلدة ما، أو سفينة، أو حيواناً في الجملة.

REFLEXIVE

الضمير الإنعكاسي، ويعكس العمل الذي يقوم به الفاعل في الجملة ويؤثر به على نفسه، مثال:

myself, yourself, herself
Can't you do anything for yourself?

RELATIVE

جملة الوصل (أو الجملة الموصولة)، أو عبارة الوصل relative clause التي يتقدمها ضمير وصل تستعمل لوصف اسم noun (أو ضمير pronoun) متقدِّم عليها في الجملة،

مثال:

The <u>visitor</u>, <u>whom</u> <u>you were expecting</u>, has arrived.

visitor

هذا هو الإسم الموصول الذي تشير اليه عبارة الوصل

whom

ضمير الوصل

you were expecting

عبارة الوصل

has arrived

تكملة الجملة

SEMIVOWEL

صوت (لفظة) شبه علّة (شبه ساكن)، يتوسط بين صوت حرف العلّة vowel (صوت متحرك لَيّن) وصوت الحرف الصحيح (صوت ساكن) consonant، كما في صوت الحرف (y) والحرف (w) في الكلمة. التركيب شبه الساكن semivowel- يمكن أن يبدو ناقصًا بدون حرف علّة، بحيث يمكن أن يطول صوته protracted ويمتد في نهاية المقطع الصوتي syllable؛ كما يحدث في الحروف (l، n، z) في التراكيب شبه الساكنة al، an، az.

تكون حروف شبه المُعتَلَّة التالية ساكنة soft f، h، j، l، m، n، r، s، v، w، x، y، z، c، g، لكن الحرفان w أو y في نهاية المقطع هما من الحروف المُعتَلَّة المتحركة vowels.

ولا يمكن إطالة أصوات الحروف c أو f أو g أو h أو j أو s أو x، إلا عند لفظها بامتلاء النَفَس، أي بنَفَس قوي.

الحروف الأربعة من شبه المُعتَلَّة semi vowel (شبه ساكن)، (l و m و n و r) تسمى بالحروف السائلة، بسبب ظَلاقَة أصواتها؛ وأربعة حروف أخرى v (، w، y، و z)، هي أيضًا أكثر صوتًا حينما تنطق بملء النفس.

SENTENCE ADVERB

ظرف الجملة، يصف الجملة، أو يشير اليها بأكملها، وليس الى أحد عناصرها فقط، مثال:

<u>Unfortunately</u>, he missed his train.

SINGULAR

صيغة المفرد، و تشير الى الشَّخص (أو الشَّيء) المفرد، في الجملة.

SOFT LETTER

صوت الحرف اللَّين (الساكن)، كلمة تدل على الحرف اللَّين، أو الصوت الساكن، وخصوصاً الحرف (c) والحرف (g)، حينما يصدران صوتاً صفيرياً sibilant sound، مثلما نسمع عند نطق الكلمتين التاليتين:

<u>C</u>ity

G̲erm

SPLIT INFINITIVE

صيغة المصدر المنفصل (المنقسم)، وتدل على الفصل بين المصدر infinitive والأداة (to) في الجملة، بواسطة الظرف adverb، أو شبه الجملة الظرفية adverbial phrase، مثال:

He used *to* c̲o̲n̲t̲i̲n̲u̲a̲l̲l̲y̲ *refer* to the subject.

في هذه الحالة، يقسم الظرف continually المصدر to refer الى قسمين. ولكن غالباً ما يتم التنبيه الى عدم شطر المصدر، و ان الكاتب الحَذِق يتفادى تقسيم المصدر وذلك بوضع الظرف adverb قبل المصدر infinitive في الجملة، مثال:

I am not able, and I do not want, completely to abandon the worldview that I acquired in childhood. (George OR-WELL)

STEM

جَذرُ الكلمة (او الجذع أو الجزء الأساس فيها)، الذي، عند تصريف الفعل، تضاف اليه التراكيب الأولية، أو الوسطية، أو اللاحقة (النهائية)، كما في الجذر limit،في هذا المثال:

U̲n̲l̲i̲m̲i̲t̲e̲d̲

STRESS

التشدِّيد اللَّفظي (النَبرة الصَوتية) في الكلمة، وهو تشدِّيد في نبرة الصوت vocal emphasis الثقيل يقع على مقطع لفظي واحدsyllable، المقطع المشدَّدsyllable في الكلمة، أكثر من تأثيره على المقاطع اللَّفظية الأخرى فيها stressed.

SUBJECT

الفاعل، أو المبتدأ (أو الكلمة أو العبارة الإسميّة nominative) في الجملة، وعادة ما يكون إسماً، او ضميراً، ويتحدث عنه الخبر predicate في الجملة. وهو الذي يفعل العمل، ويقوم بالحدث الذي تخبرنا الجملة عنه.

SUBJECTIVE

حالة الفاعل الدالّة على الرفع، وهي حالة الضمير الذي يكون فاعلاً في العبارة clause، مثال:

H̲e̲ broke the window.
The man, w̲h̲o̲ came yesterday, is my father.

SUBJUNCTIVE

الصيغة الأحتمالية للفعل، وتدل على ما تم تصوّره imagined، أو تمنيه wished، أو ما يمكن حدوثه possible، وتتضمن الشَّك أو التمَني، ويعبَّر عنها بصيغة الفعل الرئيسة basic form، مثال:

God <u>bless</u> you.

I insist that the boy <u>goes</u> to school this minute.

Joseph was insistent that his wishes <u>be</u> carried out. (W. Somerset Maugham)

SUBORDINATE CLAUSE

العبارة الثانوية في الجملة، وتعتمد في معناها على العبارة الرئيسة في الجملة، ويجوز أن تأتي في محل اسم noun أو صفة adjective أو ظرف adverb فيها، كما تحتوي على مبتدأ وخبر لكنها لا تعبّر عن فكرة كاملة، مثال:

He said "<u>that you had gone</u>".

SUBSTITUTE VERB

الفعل البديل في الجملة، مثل الفعل (to do) وتصريفاته، الذي يستعمل بدلاً عن فعل آخر في الجملة، مثال:

"He likes chocolate." "<u>Does</u> he?"

SUFFIX

اللاحقة الأخيرة (النهائية الموقع) في الكلمة، وهي عنصر له صفات الفعل تضاف الى نهاية الكلمة لصياغة اشتقاق جديد منها، مثل اللواحق التالية، وغيرها:

-ation, -ing, -it is, -ize, -able, -ible, -er, -or

SUPERLATIVE

صيغة التفضيل العُليا (الصيغة المطلقة)، وهي صيغة الصِّفة adjective أو الظرف-ad verb، وتُعبّر عن أعلى درجة (أو الدرجة القصوى جداً) من درجات التفضيل المشتقة من الصِّفة، أو الظرف (الحال أو الكيفية)، مثال:

brave, worst

Now, the <u>stupidest</u> of us knows. (Clive Staples LEWIS)

Those periods, which we think <u>most tranquil</u>. (Clive Staples LEWIS)

Only the <u>dirtiest</u> and <u>most tipsy</u> of cooks. (Evelyn WAUGH)

SYNONYM

الكلمة المرادفة، كلمة تتماثل مع كلمة أخرى في المعنى والأستعمال، مثال:

Convey	carry, transmit, bear
Fulfil	accomplish, achieve, effect
Warrant	authority, guarantee
Testimony	evidence, witness

Just   fair, equitable, right
Zenith   summit, height

TRANSITIVE

صيغة الفعل المتعدّي، ويأخذ مفعولاً به مباشراً direct object في الجملة، مثال:

I *said* nothing.

TRISYLLABLE

كلمة ثلاثيّة المقطع اللّفظي (أو ثلاثيّة النبرة الصوتية في النطق)، مثال:

beautiful /beau.ti.ful/,
celebrations /cel.bra.tions/

VERB

فِعْلٌ، أحد أقسام الكلام المُهمَّة في الجملة، ويخبرنا عن الحدث فيها.

VOWEL

الصوت المُعتَّل (أو الحرف المُعتَّل)، ويكون:

(1) صوت علّة (متحرك) مفتوح، يصدر بدون احتكاك مسموع في الحنجرة، وقادر على تكوين المقطع اللّفظي (الصوتي) syllable، بتأثير وجود الصوت (الحرف) الصحيح con-sonant، أوبدونه.

(2) حرف علّة يُفيد لأصدار الصوت المذكور في (1) أعلاه. مثال الحروف المعتلّة a, e, i, o, u.

WH-Question word

مصطلح مناسب، يشير الى أدوات الأستفهام interrogative وبعض ضمائر الوصل (الإستفهامية) التي تبدأ بالتركيب (-Wh)، مثال:

what, when, where, whether, which, who, whom, whose, how

CHAPTER XIV. LANDMARKS IN THE DEVELOPMENT OF ENGLISH

الفصل الرابع عشر. معالم في تطوّر الإنجليزية

في معرض توضيح القواعد والأمثلة والملاحظات والشروحات في مواضيع الكتاب، فقد استشهدت بالعديد من المشاهد التوضيحية فيما استعرته من روائع الأعمال الأدبية العالمية والأقوال المأثورة والأمثال المشهورة لمن كتب في الأدب الإنجليزي (والسياسة) من علماء النحو والصرف والنقد الأدبي، والكتّاب والشعراء، والسّاسة الذين تركوا للبشرية عظيم الأثر المنقوش في مراحل تطوّر اللغة الإنجليزية وبذلك يعدُّون من معالمها الأصيلة، لتكن لك مرجعاً رصيناً في فهم تركيب الجملة وأقسام الكلام فيها ومعرفة القواعد السليمة في القراءة والكتابة والإملاء (Spelling) والتشكيل (Punctuation) واستذكار ذلك بسهولة.

ولإشباع حب المعرفة وشغف القراءة لدى القاريء الكريم، في تعرُّف هؤلاء الرواد من القدامى والمحدثين ممَّن لهم الأثر البليغ في إنشاء اللغة الإنجليزية وسَنّ قواعد كتابتها وتطوير أصول تلفُّظها وتحديث مفرداتها وصياغة شعرها والوصول بها الى ما هي عليه اليوم من لغة ضاربة بجذورها عبر التاريخ ومرنة للتغيير ومتكيفة للتحديث، أدرج اليك فيما يأتي بإيجاز مقتطفات من السير الذاتية (Biography) للكثير من هؤلاء الشخصيات عبر الأزمان. وربما تستهويك عذوبة بعض تلك الأعمال الأدبية العالمية لأولئك الرايات الخفّاقة لتطلع على أساليبهم في الكتابة الأدبية، فتقرّر الإستمتاع بقرائتها حتى النهاية.

لسهولة البحث، سطّرتُ لك الأسماء وفق أولوية تسلسل حروفها الأبجدية الأولى.

AESOP: إيسوب AESOP (620-564ق.م) كان عبداً اغريقيا، اكتسب الشهرة بفعل حكاياته الخرافية المعروفة بخرافات إيسوب (Aesopica) التي كان يقصّها على الناس في اليونان القديمة، ومازال العالم يستمتع بقراءتها لما فيها من المتعة والدروس الأخلاقية،

حتى يومنا هذا.

BANKS: لين ريد بانكس Lynne Reid BANKS مؤلفة كتب للأطفال والكبار، بريطانية من ولادة عام 1929. ألفت 45 كتابًا، بما في ذلك رواية الأطفال الأكثر مبيعًا‑The In‑dian in the Cupboard، والتي بيعت منها أكثر من 10 ملايين نسخة وتم تكييفها بنجاح في فيلم سينمائي.

BRONTË: شارلوت برونتي Sharlotte BRONTË (1855-1816)، روائية وشاعرة إنجليزية، وهي الأكبر من بين الأخوات برونتي الثلاث (Emily وAnne) وأصبحت رواياتهن كلاسيكيات في الأدب الإنجليزي.

BYRON: جورج جوردون بايرون George Gordon BYRON (1824-1788)، البارون السادس بايرون، المعروف باسم اللورد بايرون Lord Byron، شاعر إنجليزي، وسياسي، يُعدُّ أحد الشخصيات الرائدة في الحركة الرومانسية.

CHAUCER: جيفري تشوسر Geoffrey CHAUCER (1400-1343)، شاعر ومؤلف إنجليزي. يعدُّ على نطاق واسع أعظم شاعر إنجليزي في العصور الوسطى، ومن أشهر أعماله "حكايات كانتربري" (The Canterbury Tales). وقد أطلق عليه اسم "أب الأدب الإنجليزي"، بل، "أبو الشعر الإنجليزي".

COBBETT: وليام كوبيت William COBBETT كاتب انجليزي (1835-1763) وصحفي مستقل، اصلاحي برلماني وعضو برلمان.

DICKENS: تشارلز جون هوفام ديكنز Charles John Huffam DICKENS (1870-1812)، كاتب إنجليزي وناقد اجتماعي. ابتكر بعضًا من أشهر الشخصيات الخيالية في العالم، ويعدّه الكثيرون أعظم روائي في العصر الفيكتوري. من أشهر رواياته: أوليفر تويست، ديفيد كوبرفيلد، وقصة مدينتين).

DUKENFIELD: ويليام كلود دوكنفيلد William Claude DUKENFIELD (1946-1880)، المعروف باسم دبليو سي فيلدز W. C. Fields، كوميدي أمريكي وممثل واستعراضي وكاتب.

EMERSON: رالف والدو إمرسون Ralph Waldo EMERSON (1803 - 1882)، كاتب مقالات ومحاضر وفيلسوف وشاعر أمريكي، قاد الحركة المتعالية transcenden‑talist movement في منتصف القرن التاسع عشر.).

FROST: روبرت لي فروست Robert Lee FROST شاعر أمريكي (1963-1874)،

نُشر عمله في البداية في إنجلترا قبل نشره في أمريكا.

HARTLEY: ليزلي بولز هارتلي Leslie Poles HARTLEY، روائي بريطاني وكاتب قصة قصيرة، (1895 -1972). نشر أول رواية له في عام 1924.

HOWARD: روبرت إرفين هوارد Robert Ervin HOWARD (1936-1906)، مؤلف أمريكي ولد في تكساس, معروف بشخصيته كونان البربري-Conan the Barbar .ian

KEATS: جون كيتس John KEATS (1821-1795)، شاعر رومانسي إنجليزي. أحد الشخصيات الرئيسية للجيل الثاني من الشعراء الرومانسيين، إلى جانب اللورد بايرون Lord Byron، وبيرسي بيشي شيلي Percy Bysshe Shelley، على الرغم من نشر أعماله لمدة أربع سنوات فقط قبل وفاته بمرض السل في سن 25.

LEWIS: كلايف ستابلز لويس (1963-1898)Clive Staples LEWIS، كاتب وعالم لاهوتي بريطاني. شغل مناصب أكاديمية في الأدب الإنجليزي في جامعتي أكسفورد وكامبريدج.

LEWIS: هاري سينكلير لويس (1951-1885) Harry Sinclair LEWIS روائي أمريكي وكاتب في القصة القصيرة وكاتب مسرحي. أول كاتب من الولايات المتحدة يحصل على جائزة نوبل في الأدب في عام 1930.

MANDELA: نيلسون روليهلاهلا مانديلا Nelson Rolihlahla MANDELA (2013-1918)، ثوريًا من جنوب أفريقيا مناهضًا للفصل العنصري anti-apartheid، وزعيمًا سياسيًا ومحسّنًا، وشغل منصب رئيس جمهورية جنوب إفريقيا من 1994 إلى 1999. و أول رئيس أسود ومنتخب للدولة في انتخابات ديمقراطية تمثيلية بالكامل.

MATHER: كوتون ماذر Cotton MATHER (1728-1663)، وزير بيوريتانيا في إنجلترا الجديدة- أمريكا حالياً، مؤلف غزير الإنتاج وكاتب نشرات، له نحو 400 عمل منشور. كتب عن عالم السحرة و المشعوذين).

MAUGHAM: وليام سومرست موم William Somerset MAUGHAM، 1874-1965، كاتب مسرحي وروائي وكاتب قصة قصيرة إنكليزي. من بين الكتاب الأكثر شهرة و الأعلى أجراً في عصره).

POWELL: أنتوني ديموك باول Anthony Dymoke POWELL، روائي إنجليزي (2000-1905)، اشتهر بعمله المكوّن من اثني عشر مجلدًا A Dance to the Music of Time، نشر بين 1951 و 1975 موضوعًا للمسرحيات التلفزيونية والإذاعية. حائز على وسامCommander of the Most Excellent Order of the British Empire (CBE, CH).

PROTAGORAS: فيثاغورس PROTAGORAS فيلسوف يوناني قبل سقراط (481-411ق.م). تم احتسابه كواحد من السفسطائيين من قبل أفلاطون. دَرّس الصوفية لأكثر من 40 عامًا، مُدَّعياً أنها تُعلّم الرجال "الفضيلة" في إدارة حياتهم اليومية. واشتهر بمقولته "الإنسان هو مقياس كل شيء").

SHAKESPEARE: ويليام شكسبير SHAKESPEARE William (1564-1616)، شاعر وكاتب مسرحي وممثل إنجليزي، يُنظر إليه على نطاق واسع باعتباره أعظم كاتب في اللغة الإنجليزية وأعظم من كتب في الدراما المسرحية في العالم. وغالبا ما يطلق عليه شاعر إنجلترا الوطني و "شاعر (نهر) أفون" "Bard of Avon".

SHAW: جورج برنارد شو George Bernard SHAW (1856-1950)، كاتب مسرحي وناقد ساخر وناشط سياسي إيرلندي، إمتدّ تأثيره على المسرح والثقافة والسياسة الغربية منذ ثمانينيات القرن التاسع عشر حتى وفاته والى ما بعد ذلك.

SHELLEY: بيرسي بيش شيلي Percy Bysshe SHELLEY (1792-1822)، أحد الشعراء الرومانسيين الإنجليز الرئيسيين، ويُعدُّ على نطاق واسع أحد أعظم الشعراء الغنائيين والفلسفيين في اللغة الإنجليزية.

SOCRATES: سقراط SOCRATES فيلسوف يوناني، توفي (399 ق.م) في أثينا، يُنسب إليه باعتباره أحد مؤسسي الفلسفة الغربية، وبصفته الفيلسوف الأخلاقي الأول للتقاليد الأخلاقية الغربية).

WAUGH: آرثر إيفلين سانت جون ووا Evelyn WAUGH، (1903-1966)، روائي إنجليزي وكاتب للسير الذاتية وكتب السفر، وصحفي غزير ومراجع للكتب.

CHAPTER XV. BIBLIOGRAPHY

مراجع الكتاب

List of Books Consulted

1. **Brown**, G., "*The Grammar of English Grammars*", by, Revised by Samuel U. Berrian, A. M., Publisher: Samuel, S. & Wood, W., New York.

2. **Cobbett**, W., 1826, "*A Grammar of the English Language*", Printed by Mills, Jowett and Mills, Bolt Court, Fleet Street, London.

3. **Lawless, L.K.,** 2020, " *English Lessons And Language Tools*", hosted by "PeoplesHost" online.

4. **Murray**, L., 2014, "*English Grammar*", Publisher: Cambridge University Press, (ISBN:9781107049659).

5. **National Council** of Teachers of English, Ncte, 1973, "*English For Today*", Book Two, pp. 70, 71, 130, 2nd. Ed., McGraw-Hill book Company, U.S.A.

6. **Soanes**, C. and Stevenson, A., "*Concise Oxford English Dictionary*", Oxford University Press, London, and some Other Dictionaries.

7. **Strunk**, O., White, E. B., Professor Strunk Jr. W., and Tenney, E.A., 2003, "*The Elements Of Style*", 4th edition, 'The New Yorker Magazine', Publisher Allyn & Bacon, 'A Pearson Education Company, ISBN 0-205-30902-X.

8. **Sweet**, H, 1964, "*The Practical Study of Languages*", Language and Language Learning, Oxford University Press, London.

9. **Thomson**, A.J., and Marinet, A.V. , 1974, "*A Practical English Grammar*", pp. 8, 12, 13, 14, 59, 60, 2nd. Ed., Oxford University Press, London.

10. **Waldhorn**, A., Ph.D., and Zeiger, A., Ph.D., South, R., M.A., Ph.D. and South, J., "*English Made Simple*", Publisher: Made Simple Book, Allen, W.H. London, (ISBN: 9780491005906).

11. **Weiner**, E. S. C., 1984, "*The Oxford Guide To English Usage*", 2nd. Ed., Oxford University Press, London.

ABOUT THE AUTHOR

M. A. Al Tamimi

M.A. in English Language and Literature, Higher Diploma Ped-Andragogy, University of Utrecht, Faculty of Arts, Department of Languages and Cultures of German and Anglo-Saxonspeaking Regions, English Language and Literature.
Utrecht, The Netherlands.
Member of Iraqi Translators Association, since 1986

إعداد وتأليف
مُحَمَّد عَلي التَّميمي

ماجستير اللُّغة الإنجليزية وآدابها
دبلوم عالي تدريس اللُّغة الإنجليزية لليافعين والبالغين
جامعة أوتريخت، كلية الآداب، قسم اللُّغات والآداب للمناطق الناطقة بالألمانية والأنجلو
ساكسونية، فرع اللُّغة الإنجليزية وآدابها.

أوتريخت ـ هولندا

عضو جمعية المترجمين العراقيين، منذ 1986

BOOKS BY THIS AUTHOR

**Simplified English For Arabs
Learn Englisg From Home**

Simplified English For Arabs
Learn English From Home
Book 1. Sentence and Parts of Speech

Simplified English For Arabs
Learn English From Home
Book 2. Spelling and Punctuation in Creative Writing

Simplified English For Arabs
Learn English From Home
Book 3. Pronunciation

Simplified English For Arabs
Learn English From Home
Book 4. Sentence Errors